BIBLIOTHEK
DER KLASSISCHEN
ALTERTUMSWISSENSCHAFTEN

Herausgegeben von
JÜRGEN PAUL SCHWINDT

Neue Folge · 2. Reihe · Band 160

MELANIE MÖLLER (Hg.)

Excessive Writing

Ovids Exildichtung

Universitätsverlag
WINTER
Heidelberg

Bibliografische Information der Deutschen Nationalbibliothek

Die Deutsche Nationalbibliothek verzeichnet diese Publikation in der Deutschen Nationalbibliografie; detaillierte bibliografische Daten sind im Internet über *http://dnb.d-nb.de* abrufbar.

UMSCHLAGBILD

Eugène Delacroix: *Ovid among the Scythians* (1862)

ISBN 978-3-8253-4723-9

Imprimé en Allemagne · Printed in Germany
Umschlaggestaltung: Klaus Brecht GmbH, Heidelberg
Druck: Memminger MedienCentrum, 87700 Memmingen

Gedruckt auf umweltfreundlichem, chlorfrei gebleichtem und alterungsbeständigem Papier

Den Verlag erreichen Sie im Internet unter:
www.winter-verlag.de

Vorbemerkung

Die in vorliegendem Band versammelten Beiträge basieren auf der Jahrestagung des *Réseau „La poésie augustéenne"*, die Ovids Exildichtung gewidmet war und vom 14.-16.12.2017 an der Freien Universität Berlin stattfand. Die Tagung war als Abschlussveranstaltung des Ovid-Bimillenniums 2017 konzipiert und wurde von einer Lesung Christoph Ransmayrs aus seinem Roman *Die letzte Welt* gekrönt. Dem engagierten Autor und den zahlreichen Gästen sowie Helferinnen und Helfern, die zum Gelingen dieser Veranstaltung beigetragen haben, sei an dieser Stelle herzlich gedankt.

Danken möchte ich auch meinem Team (namentlich Johanna Schubert, Laura Loporcaro, Sophie Buddenhagen und Martin Bisse), das nicht nur mit der Durchführung, sondern auch mit der Vor- und Nachbereitung betraut war, welche schließlich in die Entstehung des vorliegenden Bandes einmündete.

Die Manuskripte hat einmal mehr Vera Engels eingerichtet, wie stets mit großer Sorgfalt und unermüdlichem Einsatz; maßgeblich unterstützt wurde sie dieses Mal von Christian Badura, Matthias Grandl und Sophie Borgenhagen. Ihnen allen bin ich zu größtem Dank verpflichtet. Mein Dank gebührt außerdem den Beiträgerinnen und Beiträgern für ihre anspruchsvollen Texte und die lebhaften Diskussionen, Herrn Dr. Andreas Barth als dem Leiter des Heidelberger Universitätsverlags Winter und dem Herausgeber der „Bibliothek der klassischen Altertumswissenschaften", Herrn Prof. Dr. Jürgen Paul Schwindt, für das entgegengebrachte Vertrauen.

Berlin, im Frühjahr 2020

Melanie Möller

Inhaltsverzeichnis

Melanie Möller

Einführung

Durch die jüngsten politischen Entwicklungen mit ihren dramatischen Fluchtbewegungen hat auch das Thema „Exilliteratur" neue Brisanz erhalten. Menschen verändern ihren Ort unter oftmals bedrohlichen Umständen; für einige von ihnen wird das Schreiben im Exil zu einer (neuen) Überlebensmöglichkeit. Dabei stellt sich vor allem die Frage, was unter „Exil" zu verstehen ist: Während die einen glauben, darunter dürfe nur eine Situation begriffen werden, in der jemand unter Zwang und Verlust seiner existentiellen Grundlagen seinen angestammten Wohnort verlassen muss, wird der Begriff von anderen weiter gefasst; „Exil" kann demnach auch eine selbstgewählte Situation (wie eine freiwillige Ausreise) meinen und muss nicht unbedingt persönliche Verluste wie Staatsbürgerschaft und Heimatrecht oder ökonomische Einbußen umfassen.[1] Bei genauerem Vergleich erweist sich der weitere Begriff als tragfähiger: Gründe, Umstände und Folgen des Exils sind zu unterschiedlich, als dass man sie problemlos mit den Kategorien der Unausweichlichkeit oder des Verlusts beschreiben könnte. Mit Blick auf die Exil-Literatur meint „Exil" also jede Situation, in der ein Autor sich von einem vertrauten Umfeld – sei es geographisch oder sozial – ausgeschlossen fühlt; das kann auch ein ‚inneres Exil' sein, das sich nicht in einem wie auch immer begründeten äußeren Ortswechsel manifestieren muss. Unter „Exilliteratur" fällt folglich jede Art von Text, der in einer erzwungenen oder selbstgewählten Isolation entstanden ist. Ein besonders pikantes Beispiel für eine solche ‚offene' Exilsituation, die zugleich alle Aspekte des engeren Konzepts berührt, stellt die Verbannung Ovids nach Tomis dar, die nach der verbreiteten Ansicht im Jahre 8 n. Chr. auf Betreiben des Augustus erfolgt ist. Es wird sich bei der Verbannung indes um die mildere Form der *relegatio* gehandelt haben, die es dem Autor ermöglichte, sein Vermögen sowie sein

[1] S. z.B. die einschlägigen (Selbst-)Bestandsaufnahmen von J. Brodsky, *The Condition We Call Exile: An Address*, in: M. Robinson (Hg.), *Altogether Elsewhere. Writers on Exile*, San Diego/New York/London 1994, S. 3-11, und E.W. Said, *Reflections of Exile and other Literary and Cultural Essays*, London 2001. – Zu den verschiedenen Perspektiven mit Bezug auf Ovid vgl. etwa E. Doblhofer, *Exil und Emigration. Zum Erlebnis der Heimatferne in der römischen Literatur*, Darmstadt 1987; J.F. Gaertner, *Ovid and the ‚Poetics of Exile': How Exilic is Ovid's Exile Poetry?*, in: Ders. (Hg.), *Writing Exile: The Discourse of Displacement in Greco-Roman Antiquity and Beyond*, Leiden 2007, S. 155-172, sowie C. Walde, *Von Ovid bis Joseph Brodsky. Römisches Exilium und modernes ‚Exil'*, in: V. Coroleu Oberparleiter/G. Petersmann (Hg.), *Exil und Literatur. Interdisziplinäre Konferenz anlässlich der 2000. Wiederkehr der Verbannung Ovids*, Salzburg 2010, S. 19-37.

römisches Bürgerrecht zu behalten.[2] Unter diesen Bedingungen war es ihm verstattet, seine Werke weiterhin auch in der Hauptstadt verbreiten zu lassen. Als Gründe für seine Verbannung führt er die formelhafte Verbindung *carmen et error* an. Hinter dem *carmen* dürfte sich seine *Ars amatoria* verbergen: Augustus soll moralische Vorbehalte gegen die erotodidaktische Dichtung gehegt haben. Es bleibt befremdlich, dass diese Dichtung bereits mehrere Jahre kursierte, als ihren Verfasser das Verbannungsurteil ereilte. Die moralische Kehrtwende des Augustus hätte sich nach einiger Verzögerung vollzogen. Wenn es Aktualisierungen der von Augustus verabschiedeten Ehegesetze gegeben hat, die die öffentliche Debatte längerfristig bestimmen konnten, wären damit kaum alle zeitlichen und logischen Unstimmigkeiten aus dem Weg geräumt.[3]

Der zweite von Ovid angeführte Anlass für seine Verbannung, der „Fehler" (*error*), hat die Spekulationen noch weiter befeuert: Die Ovid-Forschung schließt aus seinen Andeutungen (*cur aliquid vidi?* / „Warum bloß musste ich etwas sehen?", *Trist.* 2, 103), dass er ein Mitglied der Familie des *princeps* in einer prekären Lage beobachtet habe; zur Strafe sei er vom Ort des Geschehens entfernt und dadurch mundtot gemacht worden. Aufklären lässt sich dies alles freilich nicht mehr, nicht zuletzt deshalb, weil es zwischen den als verbürgt geltenden Fakten und den dichterischen Ausgestaltungen einige Widersprüche gibt: Was man bei anderen Autoren über den Ort seines Exils und die ihn umgebende Region lesen kann, steht bisweilen in markantem Gegensatz zu den Einlassungen Ovids. Offensichtlich geht es Ovid nicht darum, einen in jeder Hinsicht authentischen Eindruck von seiner äußeren Exilwelt zu erzeugen; vielmehr ist ihm daran gelegen, vor den Augen seiner Leserschaft einen Ort des Rückzugs zu entwerfen, der als ein – wenn auch *ex negativo* konzipiertes – Ideal für die Reflexion der eigenen Künstler-*vita* fungiert.[4]

Ovid selbst jedenfalls macht das Exil fortan zum Fixpunkt seiner literarischen Existenz. Die beiden im Exil entstandenen Elegiensammlungen, die *Tristien* und die *Epistulae ex Ponto*, kreisen beständig um das Thema, seine möglichen Auslöser und die so zahlreichen wie erfolglosen Versuche, bei Augustus oder seinem Nachfolger Tiberius die eigene Rückberufung zu erwirken. Auf seine Rehabilitation hätte Ovid in der Tat noch gut 2000 Jahre warten müssen – erst im Jahre 2017 hat die Regierung der Stadt Rom das Verbannungsurteil tatsächlich aufgehoben. An dieser zeitlichen Dimension mag man ablesen, mit welch komplexen Konzepten von Wirklichkeit man es als Leser der Texte Ovids und als Deuterin der in ihnen verschlüsselten Situationen zu tun hat. Obwohl alle mit

[2] Vgl. hierzu u.a. H.-P. Stahl, *Exile under the Emperor Augustus: The Poet's Freedom versus Imperial Policies*, in: H. Koopmann/K.D. Post (Hg.), *Exil. Transhistorische und transnationale Perspektiven*, Paderborn 2001, S. 33-52. Weitere einschlägige Literatur dazu und zum Exil überhaupt in den hier versammelten Beiträgen.

[3] Vgl. dazu die Ausführungen von Möller 2016, S. 86f.

[4] S. hierzu v.a. M.-J. Claassen, *Displaced Persons. The Literature of Exile: From Cicero to Boethius*, London 1999, und Dies., *Ovid Revisited. The Poet in Exile,* London 2008.

Ovids Exil verbundenen ‚Fakten' umstritten sind, ist das Verlangen der Ovid-Forschung nach rückhaltloser Aufklärung der Umstände des Exils nie versiegt. Woran liegt das? Und wie ‚ergebnisorientiert' könnte ein solcher Zugriff sein, ohne fragwürdige Voraussetzungen zu konstruieren oder in die schwierigen Fahrwasser des „Postfaktischen" sowie verwandter Phänomene zu geraten? Antworten auf diese Fragen können wohl nur Ovids Texte selbst geben.

Die in vorliegendem Band versammelten Beiträge, denen die im Rahmen des Ovid-Bimillenniums veranstaltete, der Exildichtung Ovids gewidmete Berliner Tagung des *Réseau „La poésie augustéenne"* (14.-16.12.2017) vorausging, befassen sich daher schwerpunktmäßig mit Ovids Exildichtung, ihren poetologischen Strukturen und ästhetischen Existentialen. *Tristien* und *Epistulae ex Ponto*, aber auch weitere der in die Exilzeit zu datierenden Texte und Fragmente sowie frühere Werke des Autors (vor allem *Metamorphosen* und *Fasti*) werden intensiven, problemorientierten Lektüren unterzogen. Dabei stellt die Situation des Exils selbst naturgemäß nur einen, wenngleich zentralen Aspekt dar. Vielmehr wird auch untersucht, welche generischen und psychologischen, welche sozialen und politischen Dimensionen Ovid in seinen Texten verhandelt. Welche Rolle spielt das Prinzip ‚Metamorphose' für seine Exildichtung? Wie ist die Beziehung zu seinen anderen Werken konturiert? Welche Identitätskonzepte werden entfaltet, wenn Ovid sich selbst in der Exildichtung konsequent mit seinem Beinamen Naso adressiert? In seinen Texten lässt er verschiedene „Ichs" auftreten, die sich auf komplizierter Identitätssuche befinden; Unsicherheiten ergeben sich sowohl hinsichtlich der nationalen als auch der künstlerischen Identität. Der Ortswechsel wird flankiert von verschiedenen zeitlichen Dimensionen, die zum Teil miteinander verschränkt werden; diese Strategie trägt auch dazu bei, allen widrigen Umständen zum Trotz den Eindruck der Geschlossenheit seines Werkes zu erwecken. Diesem Zweck dient auch auch die konsequente Referenz auf den Mythos bei: Um die Tragik seines Schicksals zu veranschaulichen, greift Ovid immer wieder auf mythische Beispiele zurück. Darin verrät sich zugleich sein hohes Selbstbewusstsein: So wie die Helden bis in die Mythologeme hinein in ihre Mythen gehören und damit zum festen Bestandteil einer ungebrochenen Tradition, so gehört der Autor Naso in die Geschichte der literarischen Tradition, welche auf ihre eigene Zukunft vorausweist. Es ist der mythische Heros schlechthin, Odysseus, auf dem ein besonderes Augenmerk ruht: Mit ihm vor allem identifiziert er sich, seine Irrfahrten sind es, in denen Naso seinen Weg ins Exil gespiegelt sieht. Insofern sind vor allem die *Tristien* als eine transformierte *Odyssee* gedeutet worden.[5] Diese mythische Rückkoppelung befördert die beständige Gratwanderung der Exilgedichte zwischen Fakten und Fiktionen.[6] Welche Folgen ergeben sich daraus für die literarische Verhandlung des Themas ‚Exil'? Ist ein Exil unter diesen Umständen überhaupt möglich? Wie werden die Kategorien ‚Erinnern' und ‚Vergessen'

[5] S. u. a. V. Broege, *Ovid's Autobiographical Use of Mythology in the* Tristia *and* Epistulae ex Ponto, in: *EMC* 16 (1972), S. 37-42, sowie J.-M. Claassen, *Ovid's Poems from Exile. The Creation of a Myth and the Triumph of Poetry*, in: *A&A* 34 (1988), S. 158-169.

[6] Vgl. grundsätzlich P. Hardie, *Ovid's Poetics of Illusion*, Cambridge 2002.

definiert? Und welche Rolle spielen die Leser der Exilwerke? Für alle diese Fragen ist die Ausrichtung am Exzessiven von entscheidender Bedeutung. Zum einen ist dabei an räumliche Verfahren gedacht: Ovid muss die Grenzen des römischen Reiches überschreiten, der Verbannte hat sich im Außenbereich des ihm vertrauten Kosmos anzusiedeln. Auch zeitliche Grenzen werden außer Kraft gesetzt: Ovid dehnt seine Perspektive in alle temporalen Dimensionen aus, um sie mit seinem literarischen Selbst zu überschreiten und zu überschreiben. Dabei werden auch Anfang und Ende Positionsveränderungen unterzogen, die bis zum gegenseitigen Austausch reichen können. Schließlich die Grenzen von Kunst und Leben: Durch seine radikale Ästhetik der Form überblendet Ovid deren Inkommensurabilität. Übermaß und Maßlosigkeit werden zu zentralen ästhetischen Kategorien auch der literarischen Exzesse Ovids, die sich nicht zuletzt in den schier unermesslichen Wiederholungen und dem konsequent lamentierenden Duktus kundtun.

Im Mittelpunkt des Bandes steht, wie bereits erwähnt, die Analyse der Texte Ovids. Aufschlussreich sind jedoch auch Vergleiche mit solchen Texten aus späterer Zeit, die eindeutig auf Ovid und sein Exilmodell Bezug nehmen. Die aus dieser Perspektive heraus der Rezeption Ovids gewidmeten komparatistischen Beiträge (z.B. zu Giovanni Boccaccio, Charles Baudelaire oder Christoph Ransmayr) sollen den Band und seine spezifische Fragestellung bereichern.

Der Band gliedert sich in zwei Teile, die aufeinander verweisen: Ein erster Teil („‚Leben' im Exil") versammelt Beiträge, die sich stärker mit dem Exil als künstlerisch überformter Lebenshaltung Ovids befassen und dabei die vielfältigen, impliziten und expliziten Auseinandersetzungen mit der literarischen und historischen Tradition sowie der politischen Situation mit all ihren Machtstrukturen in engen Lektüren von Ovids Texten in den Blick nehmen. Dabei werden auch die in diesen Texten verarbeiteten Rom-Aitiologien sowie Ovids Verhältnis zu den nächsten Dichterkollegen, darunter Vergil, Horaz und Properz, analysiert.

Im zweiten Teil („Exil und Exzess") wird Ovids Lebensexil ebenfalls auf der Basis von Ovids Texten verhandelt, aber stärker in Anlehnung an deren Rezeption betrachtet. Der exilierte Ovid dient prominenten Dichtern bzw. Schriftstellern von der Spätantike bis in die Moderne, von Rutilius bis Baudelaire und Ransmayr als Provokationsfigur, mit der man sich so produktiv wie kontrastiv auseinandersetzt und an der man auch den eigenen Status als Außenseiter oder Exilierter erprobt.[7] Der Kategorie des Exzessiven als einer von Maßlosigkeit gekennzeichneten Technik der Grenzüberschreitung kommt dabei eine zentrale Rolle zu.

Am Ende steht als Nachspiel der Beitrag von Jürgen Paul Schwindt, der beide Facetten: den schreibenden und den geschriebenen Ovid, miteinander verschränkt, indem er das Ende selbst zum Gegenstand der Reflexion macht. Das Ende – des Textes, des Lebens, der Gattung, der Geschichte – schwebt wie ein Damoklesschwert über dem künstlerischen Lebensentwurf Ovids. Die Erscheinungsformen des Endes bilden für Ovid die eigentliche Herausforderung; ihnen rückt er mit Exil und Exzess, in Kunst und Leben, zu Leibe.

[7] Hierfür exemplarisch: D. Malouf, *An Imaginary Life*, London 1978, und C. Ransmayr, *Die letzte Welt. Roman. Mit einem Ovidischen Repertoire,* Nördlingen 1988.

Teil I: ‚Leben' im Exil

In ihrem Beitrag „Exilés et indigènes dans le Latium originel (Saturne, Évandre, Énée): émigration, identité et culture italique selon l'Ovide des *Fastes*" richtet **Jacqueline Fabre-Serris** den Blick auf die historischen Konstellationen in Ovids Texten und untersucht, wie das Verhältnis von ‚Ur'-Einwohnern und Neuankömmlingen im Latium der Frühzeit gestaltet ist. In den *Fasti* werden die Prozesse der Akkulturation mit Blick auf die Genese des römischen Kalenders dargestellt, welche wiederum auf dem kulturellen Gedächtnis der Römer basiert. Jedoch lassen sich in den aitiologischen Verfahren keine einheitlichen Intentionen im Blick auf die ‚Ordnung' von Tradition und Innovation fixieren. Vielmehr besticht die Ausnahmerolle des genuin römischen Gottes Janus, der den Anfang als solchen so unvordenklich wie undurchsichtig macht. Fabre-Serris stellt ihm in ihrer Analyse die ekstatische, Geburts- und Weissagekunst in sich vereinende Nymphe Carmentis an die Seite. Beide inaugurieren Ovids *carmen*: Während das Ende (der Dichtung) als Übergang oder Umbesetzung und darin als metaphorische Konkretion des Janusprinzips erscheint, ist der Dichter als *vates* einmal mehr Prophet, in dessen Stimme und Schrift sich Vergangenheit, Gegenwart und Zukunft zu einer unergründlichen Einheit verdichten. Insofern hierin immer auch eine politische Dimension mitschwingt, erscheint der Dichter bereits vor seinem, aber erst recht *in* seinem Exil, in welchem er die *Fasti* einer Redaktion unterzogen hat, als vorausschauender Regisseur seiner Kunst.

Aitiologische Verfahren beschäftigen auch **Maria Luisa Delvigo** in ihrem Beitrag „Verso Tomi: il poeta epico ritrova l'elegia" zu den literarhistorischen und poetologischen Facetten der Elegie, sofern sie die Rückkehr des Exilierten zu den Anfängen der Gattung umfassen; Delvigo ist dabei vor allem am Vergleich mit Properz und Horaz interessiert. Zur Sprache kommen die vom Dichter exponierten generischen Optionen: Soll der Geschädigte vielleicht sogar den kleinen Formen abschwören, um sich ganz der in der Führungselite beliebten Großepik hinzugeben? Delvigo macht in diesem Kontext die Öffentlichkeit und Anlassbezogenheit von Ovids Dichtung stark: Den politisch-institutionellen Rahmen seines Exil-Modells sowie den gesamten Entwurf (s)einer literarischen Existenz versucht sie mit dem Begriff des Metaphorischen einzufangen. Die Metapher des Reisens mit ihren Implikationen der Gattungsüberschreitung steht dabei im Mittelpunkt; sie gipfelt in der *tempestas*-Metapher, in der Aufbruch und Scheitern, Unsicherheit und Selbstbewusstsein des Schreibenden ins Bild gesetzt werden. In Ovids literarischem Exil liegen „episches" und „elegisches Unwetter" über Kreuz.

Der zentrale Referenztext für die große Reise und das ihr eingeschriebene Scheitern ist die *Odyssee*, deren Bedeutung **Melanie Möller** in ihrem Beitrag „Ovid und Odysseus. Zur Rhetorik des Exils" herausarbeitet. In Ovids *Tristien* und *Epistulae ex Ponto* wird das Exil als ein Ausnahmezustand stilisiert, dessen Kriterien in beständiger Orientierung an der Metropole Rom entwickelt werden.

Bei diesem Exil werden nicht etwa historische Realitäten gegen fingierte Daseinsbedingungen ausgespielt; es ist die Metaphorizität des eigenen Lebensentwurfs, die der Leserschaft vor Augen geführt wird. Im Beitrag werden deren Koordinaten an den in den Texten fassbaren Vergleichen zwischen Naso und Odysseus ermittelt und auf ihre Eignung für Adaptionen an moderne und postmoderne Konfigurationen von Exil befragt.

Die Beiträge von Mario Labate und Gianpiero Rosati nehmen die prekären Machtverhältnisse ins Visier, die Ovid in seinem Exil-‚Projekt' abbildet. **Mario Labate** („La carriera spezzata: letteratura e potere nell'autodifesa ovidiana") rückt dabei das Konzept der autobiographisch basierten Selbstverteidigung („autodifesa") in den Fokus und arbeitet dessen Feinheiten und Abgründe unter anderem im Vergleich mit Horaz heraus, bei dem es deutlich weniger didaktisch zugehe. Augustus wird als ein Spielstein auf dem Brett der großen Schachfiguren betrachtet, wobei er auch in Relation zu Alexander Magnus gestellt wird. Labate hebt den von Ovid begründeten Vorwurf an den *princeps* hervor, demzufolge dieser offenbar keine Zeit für eigene Lektüren von Ovids Texten finde und sich auf seine hermeneutisch unvollkommenen Stellvertreter verlasse. In Ovids subtiler „autodifesa" ist ein versatiles Schattenkabinett am Werke, das effizient die Strategien der römischen Konvention kopiert. So gelingt es ihm, ein Bild seiner selbst zu zeichnen, das von Loyalität geprägt ist und es auch an ‚Aufrichtigkeit' (*animus sincerus*) mit dem (Bild), das Augustus selbst von sich entwirft, aufnehmen kann.

Bei **Gianpiero Rosati** („Microfisica del potere nelle opere ovidiane dell'esilio") steht die Distanz im Mittelpunkt, die aus Ovids literarischer Perspektive spricht und zu der er sich unentwegt ins Verhältnis setzt, theoretisch wie poetisch. So verweist Rosati auf die beständigen Versuche Ovids, Lücken in diesem Gefüge zu markieren und Abgründe offenzulegen. Bei Rosati erscheint Naso, in einer Formulierung A. Barchiesis, als ein bis zum Ende durchkonstruierter „paranoid overreader". Einerseits schafft er so etwas wie eine private Sprache in der Welt des subjektiv-elegischen Briefaustauschs, die als Gegengift und Störfaktor gegen die verschlossene Welt eingesetzt wird; andererseits beharrt er auf seinem festen, römisch geprägten sozialen Netzwerk, das er immerzu adressiert. So versucht er, die als maßlos inszenierten Distanzen zu überwinden. Dass sie hinfällig sind, geht schließlich auch aus der symbolischen Verortung von Jupiter-Augustus als *deus praesens* an einem Himmel hervor, der über allen Regionen offensichtlich der gleiche ist.

Die politische Dimension ist von einigem Gewicht auch in **Edoardo Galfrés** Beitrag zu Ovids Position in der gespannten Personenkonstellation von Germanicus und Augustus („Ovid, Germanicus, and the Sorrows of Old Augustus"). Sie wird in der Gegenüberstellung der in den *Tristien* vorherrschenden Anonymität der Protagonisten und der persönlichen Ansprachen der *Pontus*-Briefe ausgehandelt. Ovids Selbstinszenierungsstrategien kommen besonders im Abgleich mit *fama* und *rumor* in Vergils *Aeneis* zum Tragen, soweit es den Dichter als *vates* mit auch im Exil ungebrochener Schöpfer- und vor allem

Seherkraft betrifft. Er ist es, der – tatsächliche wie auch verhinderte oder gebrochene – Triumphe vorhersagt. In dieser seiner prophetischen Gabe liegt schließlich, so können wir mit Galfré lesen, seine spezifische Macht über Augustus, der sich zumindest als sentimentaler Greis danach sehnt, die – in seinem Sinne formulierten – Ankündigungen des Exilierten möchten zutreffen.

Teil II: Exil und Exzess

Ovids vielseitige Typographie eines Exilierten hat nicht nur bemerkenswerte Nachahmer gefunden, sondern auch zu mannigfaltigen Auseinandersetzungen mit diesem Lebensentwurf angeregt. **Philip Hardie** arbeitet in seinem Beitrag „Ovidian Exile, Presence, and Metamorphosis in Late Antique Latin Poetry“ die Unterschiede zwischen paganer und christlicher Rezeption von Ovids Exilmodell heraus. Er konzentriert sich dabei auf Rutilius Namatianus' Gedicht *de reditu suo* und Paulinus von Nolas in der Tradition des Propemptikon stehendes *carmen* 17. Paganer Autor und christlicher Bischof teilen doch ähnliche Perspektiven: Beider Texte handeln von Trennung und Verlust, von Versuchen, (nicht nur) räumliche Distanzen zu überwinden, und von der Sehnsucht nach der Heimat. Während diese bei Rutilius das heidnische Rom ist – im christianisierten muss er sich bereits wie im Exil fühlen –, bedeutet Heimat für den Christen Paulinus der kampanische Landstrich, in welchem er sich nahe dem Schrein des verehrten Felix von Nola niedergelassen hatte. Neben Ovids *trist.* 3, 10 nutzt Paulinus indes eher die Sprache Vergils, vor allem für die Topoi der weltlichen Flucht in christliche Ewigkeit, wobei das Dasein auf Erden als eine exilartige *peregrinatio* konzipiert ist.

Alessandro Barchiesi legt in seinem Text über „Ovid, Boccaccio and the equites: autography and the question of the audience" den Fokus auf das Konzept der Autographie, um das Verhältnis von Kunst und Leben in Ovids Exildichtung zu bestimmen. Dabei nimmt er Anregungen aus dem Blog „scatterthought“ von Russell Wong auf, welche ihm zur Beschreibung der Inkommensurabilität beider Größen dienen. Es zeigt sich, dass Ovid nicht nur seine Dichterwerdung von Beginn an wie eine *self-fulfilling prophecy* gestaltet, sondern sein Exil gleichsam „inkorporiert“, das heißt, dass er mit dem Material des Textes verwächst, auch ganz konkret als Buch(Kollektion), was durch die strukturbildende, (lebens)ordnende Kraft des Exils forciert wird. Barchiesi rückt aber auch die Rolle der Leser in den Vordergrund: Bei der Konstitution und Rezeption des ovidischen Exils seien schließlich die öffentlichen Debatten zu berücksichtigen; gerade mit Blick auf erotische Themen sei von einer *communis opinio* über das Lesbare auszugehen. Als Beleg hierfür zieht er unter anderem einen epigraphischen Fund heran, eine Inschrift aus Moesia, die auf eine Verschärfung der *leges Iuliae* des Augustus verweist. Wie Dichtung und Poetologie sei auch die Gesetzeslage als diskursive Handlung zu betrachten. Das habe auch Dichter der Rezeption fasziniert, vor allem Boccaccio, der von Ovids „Exillebensdichtung“ eher das „Friktive“, die diskursiven Reibungen weitergeführt habe, als sich um den Grad ihrer Fiktionalität zu bekümmern.

Den – sozusagen exzessiv kultivierten – Außenseiterstatus von Dichtern stellt **William Fitzgerald** in seinem Aufsatz „Poets Are Exiles“ auf den Prüfstand, indem er den Wegen von Ovids *Naso poeta* bis zu Charles Baudelaires *poète maudit* nachspürt. Immer wieder wird in diesen Texten ein „Schreibzwang“ inszeniert, der den Außenseiterstatus des Schreibers evoziere; Fitzgerald fragt nach den Bedingungen und Möglichkeiten dieses Schreibzwangs, indem er ihn zwischen stilisierter Manie und narzistischem Masochismus verortet. Ovid entfaltet in seiner Exildichtung seine Beziehung zu allen am Schreibprozess beteiligten Instanzen: den Musen, dem Kaiser, dem Leser, nicht zuletzt zu sich selbst – mit dem Fixpunkt der *Roma aeterna*, an welchem sich die paradox gestaltete Abhängigkeit seiner eigenen Ewigkeit von der Roms zeigt, die am Ende zu seinen, des exilierten Dichters, Gunsten ausfällt.

Maximilian Haas schließlich („Exzessives Schreiben. Von Ransmayr zu Ovid [*trist.* 4, 1 und *Pont.* 1, 2]“) liest ‚seinen‘ Ovid mit dem Text, der für dessen Exil als Lektüreschlüssel schlechthin angesehen werden kann: mit Christoph Ransmayrs Roman „Die letzte Welt“. Wie bei Fitzgerald wird auch hier die konstituierende Kraft des Exzesses besonders deutlich: Sie gewinnt Kontur – oder verliert sich im Gegenteil – im Vorgang des Maßnehmens und der daran gekoppelten Tätigkeit des Vermessens. Das Exil begründet den Exzess, und die Dichtung, die den Exilierten therapieren sollte, entpuppt sich als Rauschmittel. Von zentraler Bedeutung ist in Ransmayrs Ovid-Version die Metamorphose als Denkfigur, da sie nicht nur Grenzen, sondern auch das Ende (oder doch die Vorstellung davon) überschreitet, wie Haas am Beispiel der Mythen von Echo und den Heliaden zeigt. Bei Ovid wird eine Identifikation von „Dichterkörper“ und „poetischem *corpus*“ wirksam (vgl. dazu die Beiträge Barchiesis, Fitzgeralds und Schwindts in diesem Band), die einer Metamorphose des Endes gleichkommt – wenn sie auch nicht zwangsläufig in einem neuen Anfang ‚endet‘.

Nachspiel zum Ende

Überhaupt, das Ende: Am Ende *dieses* Bandes soll ein Text stehen, der nicht nur explizit dem Ende als Gegenstand künstlerischer Inspiration gewidmet ist, sondern auch dem formalen Procedere ein gewisses Ende setzt, da er als Essay gestaltet ist. **Jürgen Paul Schwindt** fasst in „Sterbende Stimmen. Ovids *minimal art* oder Wie endet die augusteische Literatur?“ das Ende als eine Art Erschöpfungszustand – angeregt vor allem von Roland Barthes' Vorstellung des Endes als Form der Intensität bzw. als das „Neutrum“ der Erschöpfung, die ihr Präfix („Er-“) verliert, um Räume für (neue, andere) Schöpfung zu schaffen. In der römischen Elegie hat solche Er-Schöpfung ihren Ort schon in ihren Anfängen bei Properz; doch ist es

Ovid, der, wie bereits die zuletzt genannten Beiträge aufzeigen, im Besonderen „an seiner Auflösung im Textkörper“ arbeitet, sich also in seiner Exildichtung zunehmend (ent)materialisiert. Im Dienste dieser Auflösung stehen sowohl sein stilisierter Schreibzwang als auch seine exzessive Wiederholungskunst: Freilich geht es hier auch um das alles entscheidende Arrangement mit dem Tode. Die Symbiose von Buch und Dichter dient zur Überwindung der schmerzlichen Trennung von Kunst und Leben. Von außen können wir auf den in seiner (Lebens)Kunst entschwindenden Dichter wiederum nur als eine *mise-en-abyme*-Konstellation blicken, in welcher Mensch und Buch in einer Endlosschleife aufeinander verweisen.

Am Schluss dieser Einführung noch ein Wort zur Mehrsprachigkeit des Bandes, der sich auch in diesem Punkt an der zugrundeliegenden Tagung orientiert: Tagungssprachen waren neben Englisch und Deutsch auch Italienisch und Französisch, und da es gerade für das Thema Exilliteratur von besonderer Relevanz ist, die ‚Muttersprache‘ auch in neuer Umgebung bewahren zu dürfen, ergab sich das Bedürfnis nach sprachlicher Homogenisierung zu keinem Zeitpunkt. Es ist ja nicht zuletzt Ovid, der – ungeachtet der immer möglichen genretypischen Übertreibungen – die wesentliche Bedeutung des Lateinischen für seine literarische Existenz im Schwarzmeerexil hervorhebt. Dass bisweilen aber auch Sprachverbindungen sehr hilfreich sein können, um die Nuancen eines Themas zu formulieren, soll der englisch-deutsche Mischtitel anzeigen: „Excessive Writing. Ovids Exildichtung“.

***

Literatur

Brodsky, J.: *The Condition We Call Exile: An Address*, in: M. Robinson (Hg.), *Altogether Elsewhere. Writers on Exile*, San Diego/New York/London 1994, S. 3-11.

Broege, V.: *Ovid's Autobiographical Use of Mythology in the* Tristia *and* Epistulae ex Ponto, in: *EMC* 16 (1972), S. 37-42.

Claassen, J.-M.: *Ovid's Poems from Exile. The Creation of a Myth and the Triumph of Poetry*, in: *A&A* 34 (1988), S. 158-169.

———: *Displaced Persons. The Literature of Exile: from Cicero to Boethius*, London 1999.

———: *Ovid Revisited. The Poet in Exile,* London 2008.

Doblhofer, E.: *Exil und Emigration. Zum Erlebnis der Heimatferne in der römischen Literatur*, Darmstadt 1987.

Gaertner, J.F.: *Ovid and the ‚Poetics of Exile': How Exilic is Ovid's Exile Poetry?*, in: Ders. (Hg.), *Writing Exile: The Discourse of Displacement in Greco-Roman Antiquity and Beyond*, Leiden 2007, S. 155-172.

Hardie, P.: *Ovid's Poetics of Illusion*, Cambridge 2002.

Malouf, D.: *An Imaginary Life*, London 1978.

Möller, M.: *Ovid. 100 Seiten*, Stuttgart 2016.

Ransmayr, C.: *Die letzte Welt. Roman. Mit einem Ovidischen Repertoire,* Nördlingen 1988.

Said, E.W.: *Reflections of Exile and other Literary and Cultural Essays*, London 2001.

Stahl, H.-P.: *Exile under the Emperor Augustus: The Poet's Freedom versus Imperial Policies*, in: H. Koopmann/K.D. Post (Hg.), *Exil. Transhistorische und transnationale Perspektiven*, Paderborn 2001, S. 33-52.

Walde, C.: *Von Ovid bis Joseph Brodsky. Römisches Exilium und modernes ‚Exil'*, in: V. Coroleu Oberparleiter/G. Petersmann (Hg.), *Exil und Literatur. Interdisziplinäre Konferenz anlässlich der 2000. Wiederkehr der Verbannung Ovids,* Salzburg 2010, S. 19-37.

Teil I: ‚Leben' im Exil

Jacqueline Fabre-Serris (Lille)

Exilés et indigènes dans le Latium originel (Saturne, Évandre, Énée): émigration, identité et culture italique selon l'Ovide des *Fastes*

Selon les historiens et les poètes, l'Italie a été une terre d'émigrations. Dans les *Fastes*, Ovide s'intéresse plus précisément à l'arrivée de trois exilés dans le Latium, Saturne, Évandre et Énée, tout en donnant au livre 4 une liste plus importante d'étrangers dans la même situation ou de passage: Hercule, Ulysse, Télégone, les petits-fils d'Amphiaraus, Halésus, Anténor, Diomède et Solymus (4, 66-81).[1] Saturne, Évandre et Énée sont les protagonistes de trois histoires fictives grecques, qui ont été accueillies dans le Latium du 4ième au 3ième siècle av. J.-C. Ces récits ont été intégrés dans l'histoire des origines romaines, ancrés dans la topographie locale et associés à des cultes à des moments divers où cette intégration correspondait à différents enjeux politiques dans le contexte des compétitions entre grandes familles durant la République.

Un texte comme les *Fastes* a l'avantage de proposer un regard rétrospectif sur les origines, qui est particulièrement bien informé en raison de l'intérêt déployé au 1er siècle av. J.-C. pour les commencements de la ville, mais qui témoigne aussi de l'actualité littéraire, politique et personnelle de l'auteur. Les *Fastes* dialoguent avec l'*Énéide,* l'épopée qui avait mis un point d'orgue à la réactivation de la légende troyenne par la *gens Julia*, dont deux représentants furent successivement à la tête de l'état romain, César et Auguste. C'est aussi un texte dont l'auteur est alors en exil, une situation qui l'a amené à remanier certains passages, entre autres, ceux concernant les émigrés du Latium.[2]

Mon article abordera plusieurs questions. Rome s'est constitué un immense empire non seulement au cours de siècles de guerres, mais en pratiquant, après ses victoires, une politique d'ouverture et d'intégration, qu'il s'agisse des hommes, des modes de vie, des croyances religieuses, de la philosophie, de la littérature, des sciences et des arts. Les successives confrontations avec les autres cultures ne se sont pas faites sans répercussions profondes sur celle des conquérants, qui entre en crise durant le 1er siècle av. J.-C. Les apports étrangers sont alors souvent dénoncés comme ayant dangereusement influencé les mœurs et contribué au dysfonctionnement des institutions de la République. Qu'est-ce que les *Fastes*, un texte écrit au début du siècle suivant, révèlent de la vision qui peut alors être

1 Texte latin d'après Ovide: *Les Fastes*, texte établi, traduction et commentaire par H. Le Bonniec, Bologna 1970.

2 Fantham 1992, p. 167, Green 2004, pp. 15-22.

proposée des étrangers censés avoir émigré ou être passés dans le Latium avant même la fondation de la ville? En quoi auraient consisté leurs apports en ce qui concerne les lieux et les cultes, deux éléments qui jouent un rôle majeur dans la conception que les Romains se font de la spécificité de leur cité par rapport au reste du monde? Y a-t-il une hiérarchie entre ces exilés du point de vue de l'impact de ces apports sur l'élaboration, ultérieure à leur venue, de la culture romaine?

1 Saturne, Évandre, Énée: des coexistences pacifiques et/ou une fusion entre peuples

Le point commun dans la venue de Saturne, d'Évandre et d'Énée (quoique, dans son cas, ce détail ne soit pas mentionné, mais il l'est dans l'*Énéide*)[3] est qu'ils sont tous arrivés, en remontant le Tibre, dans des lieux plus ou moins habités. Après son exil du ciel (*caelitibus regnis a Ioue pulsus*, 1, 236), Saturne aurait débarqué dans un lieu annoncé comme l'emplacement futur de Rome et décrit comme inhabité (1, 243 sq.): *Hic, ubi nunc Roma est, incaedua silua uirebat / tantaque res paucis pascua bubus erat* («Là où est aujourd'hui Rome verdoyait une forêt qui n'avait jamais été coupée, et, ce qui est à présent si grand, c'était un pâturage pour un petit nombre de bœufs»).

Des siècles après, le lieu n'est pas davantage habité, quand Évandre arrive à son tour, ce qui, vu la légère incohérence que ce détail introduit, suggère deux interprétations. Soit l'endroit où arrive un exilé, dont la venue a contribué à particulariser et valoriser le lieu de Rome avant Rome, est toujours imaginé comme déjà occupé, et on a donc ce même motif pour Saturne et pour Évandre. Soit la venue de Saturne est une pièce rapportée, plus ou moins bien adaptée à un ensemble plus ancien, où le premier établissement grec était constitué par l'installation d'Arcadiens dans le Latium. En tout cas, voici comment l'endroit où débarque Évandre est décrit à trois reprises:

Fluminis illa latus, cui sunt uada iuncta Tarenti,
adspicit et sparsas per loca sola casas.

Elle [Carmentis] aperçoit le côté du fleuve auquel est jointe la dépression de Tarentum et des cabanes éparses à travers des lieux déserts (1, 501 sq.).

Puppibus egressus Latia stetit exul in herba.

Sorti du bateau, il [Évandre] se tint debout, en exilé, sur l'herbe du Latium (1, 539).

Exul ab Arcadia Latios Euander in agros
uenerat [...]

[3] Virgile, *Aen.* 8, 86-101.

Hic, nunc Roma est, orbis caput, arbor et herbae
et paucae pecudes et casa rara fuit.

Exilé d'Arcadie, Évandre était venu dans les champs du Latium [...] Là où est aujourd'hui Rome, maîtresse du monde, il y avait des arbres, de l'herbe, quelques troupeaux et de rares cabanes (5, 91 sq., 93 sq.).

La situation est différente, quelques années après, quand arrive Énée, dont le lieu de débarquement n'est pas précisé. Il ressort de divers passages que la région, prise au sens large, était habitée par plusieurs peuples, les Latins (3, 601 sq.), les Rutules et les Étrusques (4, 879 sq.).

Quel que soit le degré de solitude des lieux où Saturne, Évandre et Énée se sont arrêtés, qu'en est-il de leur confrontation avec les habitants voisins? Les informations sur Saturne sont données à Ovide par Janus, qui se présente comme l'alter ego indigène du dieu grec. Dans le dialogue qu'il est censé avoir tenu avec le poète, Janus se décrit en effet d'une part comme un dieu originel, celui que l'on appelle en grec Chaos,[4] antérieur donc à Saturne: *Me Chaos antiqui – nam sum res prisca – uocabant* («les anciens m'appelaient Chaos car je suis chose primitive», 1, 103), d'autre part comme un roi local, ayant régné (avant Saturne) dans une partie du Latium, la rive gauche du fleuve:

Ipse solum colui, cuius placidissima laeuum
radit harenosi Thybridis unda latus [...]
Arx mea collis erat, quem uolgus nomine nostro
nuncupat, haec aetas Ianiculumque uocat.
Tunc ego regnabam; patiens cum terra deorum
esset, et humanis numina mixta locis.

Moi-même j'habitais la région dont l'onde du Tibre sablonneux rase très paisiblement le côté gauche. [...] Ma citadelle c'était la colline que les gens désignent par mon nom, votre époque l'appelle Janicule. C'est alors que, moi, j'étais roi, quand la terre supportait la présence des dieux et que dans les lieux fréquentés par les hommes les divinités se mêlaient à eux (1, 241 sq., 245-248).

Quand Janus indique que Saturne «a été reçu sur cette terre» (*hac ego Saturnum memini tellure receptum*, 1, 235), le lecteur peut supposer que c'est par lui. Le verbe *memini* est habituellement utilisé pour signaler un texte-source ou plus largement une tradition. L'un ou l'autre sont à l'origine de l'étiologie des pièces de bronze à propos de laquelle Ovide interroge Janus. Selon le dieu, une figure à deux têtes gravée sur l'un des côtés le représenterait, tandis que, sur l'autre côté, le dessin d'un navire rappellerait la venue de Saturne. Cette coprésence suggère

[4] Comme le rappelle Green 2004, p. 75, Chaos viendrait du verbe χάσκειν et Janus du verbe latin *hiare*, qui serait son équivalent en grec. C'est une étymologie indiquée par Verrius Flaccus (Fest. 45 L).

une concomitance, dont les habitants du Latium auraient gardé le souvenir, si le navire est bien à prendre comme une allusion à Saturne. Est-ce parce qu'Évandre arrive dans des lieux décrits comme quasiment déserts? Ovide n'indique pas de présence humaine dans l'environnement immédiat de l'endroit où l'Arcadien a débarqué. Deux vers après *Puppibus egressus Latia stetit exul in herba* (1, 539), il signale la construction d'un habitat et l'importance acquise par l'exilé au sein de populations locales non précisées: *nec mora longa fuit: stabant noua tecta, neque alter / montibus Ausoniis Arcade maior erat* («Au bout d'un court délai, de nouveaux toits s'élevaient et sur les monts d'Ausonie personne n'était plus grand que l'Arcadien», 1, 541 sq.). Qu'il s'agisse de Saturne ou d'Évandre, les circonstances de l'installation des deux exilés sont donc différentes de celles décrites par Virgile. Dans l'*Énéide*, au dire d'Évandre, les bois de Latium étaient habités, au moment de l'arrivée de Saturne, par des faunes, des nymphes et des hommes nés du tronc des arbres (Verg. *Aen.* 8, 314 sq.). Selon le Tibre, qui conseille à Énée de rechercher leur alliance, les Arcadiens sont perpétuellement en guerre avec leurs voisins latins (*Hi bellum adsidue ducunt cum gente Latina*, Verg. *Aen.* 8, 55). D'après Ovide, cette situation est celle à laquelle Énée est rapidement confronté. C'est ce qui est indiqué d'abord au livre 1 par Carmentis: *Et iam Dardaniae tangent haec litora pinus, / hic quoque causa noui femina Martis erit* («et bientôt les pins dardaniens toucheront ces rivages et ici aussi une femme sera la cause d'une nouvelle guerre», 1, 519 sq.), puis au livre 4 où l'enjeu de la guerre est davantage explicité: *Turnus an Aeneas Latiae gener esset Amatae, / bellum erat: Etruscas Turnus adorat opes* («Il y avait la guerre pour décider qui sera le gendre de la latine Amata, Énée ou Turnus. Turnus implore l'aide étrusque», 4, 879 sq.). La coexistence pacifique, immédiate dans le cas de Saturne et d'Évandre, se produit ultérieurement pour ce qui est d'Énée, sous la forme d'une fusion entre les éléments locaux et étrangers qui suit la victoire: *Iam pius Aeneas regno nataque Latini / auctus erat populos miscueratque duos* («Déjà le pieux Énée avait accru ses biens par la possession du royaume et de la fille de Latinus et il avait fusionné les deux peuples», 3, 601 sq.).

Aucun des trois exilés n'est représenté comme regrettant, une fois installé dans le Latium, le sol qu'il a quitté. Ovide explique à deux reprises, en comparant son sort à celui de deux étrangers grecs, Évandre et Solymus, que ces derniers ont eu de la chance d'être exilés, l'un à Rome (*felix exilium cui locus ille fuit !* «Heureux celui pour qui l'exil fut ce lieu!», 1, 540), l'autre sur l'emplacement de sa patrie, Sulmone:

Huius erat Solymus Phrygia comes unus ab Ida,
a quo Sulmonis moenia nomen habent,
Sulmonis gelidi, patriae, Germanice, nostrae.
Me miserum, Scythico quam procul illa solo est!

> Un de ses compagnons était Solymus, venu de l'Ida, qui donna son nom à la ville de Sulmone, la fraîche Sulmone, ma patrie, ô Germanicus. Malheureux que je suis! Combien elle est loin du pays des Scythes! (4, 79-83).

Les seuls étrangers, installés dans le Latium, qui, selon Ovide, eurent le regret de leur patrie ne sont pas à proprement parler des exilés. Certains compagnons d'Hercule, pour la plupart originaires d'Argos, auraient en effet choisi de ne pas revenir chez eux. Mais au moment de mourir, repris par le doux amour de la patrie (*saepe tamen patriae dulci tanguntur amore*, 5, 653), ils demandaient à ce que leur corps fût jeté dans le Tibre avec l'espoir qu'il parvienne au rivage de l'Inachus. E. Fantham[5] a, à juste titre, rapproché ce souhait de celui exprimé par Ovide dans les *Tristes* 3, 3, 64-76, demandant que ses cendres au moins soient ramenées dans sa patrie.

2 Destin des exilés et destin de Rome

Il a été remarqué qu'entre les exilés la balance n'est pas égale, ce qui est aussi le cas chez Virgile, sauf que l'exilé privilégié n'est pas le même. Dans les *Fastes,* c'est l'Arcadien, qu'il s'agisse du nombre ou de l'importance des passages qui lui sont consacrés. Je m'arrêterai sur le choix qu'a fait Ovide de faire intervenir la mère d'Évandre, par des discours directs, à divers moments de son voyage d'exil. La première fois, c'est lorsqu'Évandre quitte en larmes sa patrie; la deuxième fois, c'est lors de sa remontée du Tibre. La première circonstance rappelle l'élégie 2, 5 de Tibulle, où la Sibylle fait des révélations à Énée sur le destin et le lieu de son exil alors qu'il est désespéré de devoir abandonner sa patrie:

> *Haec dedit Aeneas sortes, postquam ille parentem*
> *dicitur et raptos sustinuisse Lares*
> *nec fore credebat Romam cum maestus ab alto*
> *Ilion ardentes respiceretque deos.*

> C'est elle [la Sibylle] qui fit entendre une prophétie à Énée après qu'il eut, dit-on, emporté son père et les Lares en les enlevant et quand il ne croyait pas qu'existerait un jour Rome, alors que, désespéré, il regardait derrière lui, depuis la haute mer, Ilion et ses dieux en flammes (Tib. 2, 5, 19-23).

Avant de retranscrire la prophétie de la Sibylle, Tibulle décrit le lieu où Énée va débarquer: des pâturages et d'humbles cabanes (*sed tunc pascebant herbosa Palatia uaccae / et stabant humiles in Iouis arce casae*, Tib. 2, 5, 25 sq.), ce qui est une allusion à l'établissement arcadien décrit par Virgile: *ad tecta subibant / pauperis Euandri passimque armenta uidebant* / [...] *mugire* («ils s'approchaient

[5] Fantham 1992, p. 169.

des toits du pauvre Évandre et partout ils voyaient mugir des troupeaux», Verg. *Aen.* 8, 359-61). Tibulle ne donne pas le nom des habitants, mais de deux des dieux qu'ils honorent, dont l'un, Pan (Tib. 2, 5, 27), est arcadien. Dans sa prophétie, la Sibylle évoque rapidement le destin d'Énée, une fois arrivé dans les champs des Laurentes. Il est remarquable que les visions qui l'affectent aient pour objets des lieux (Laurente, Lavinium, Albe-la-Longue, les bords du Tibre) et que les noms de protagonistes y soient rares (Ascagne, Ilia, Mars) jusqu'au moment où elle évoque le destin de la ville qui s'élèvera sur ces collines et perpétuera Troie:

Carpite nunc, tauri, de septem montibus herbas
dum licet: hic magnae iam locus urbis erit.
Roma, tuum nomen terris fatale regendis,
qua sua de caelo prospicit arua Ceres,
quaque patent ortus et qua fluitantibus undis
Solis anhelantes abluit amnis equos.
Troia quidem tunc se mirabitur et sibi dicet
uos bene tam longa consuluisse uia.

Broutez maintenant, taureaux, l'herbe des sept collines, tandis que vous le pouvez: ce sera un jour le lieu d'une grande ville. Rome, à ton nom sera assigné le destin de gouverner les terres partout où Cérès du haut du ciel contemple les champs cultivés, dans les contrées du levant et dans les ondes toujours agitées du fleuve où le Soleil baigne ses chevaux haletants. Troie alors, certes, s'étonnera elle-même et elle s'avouera que vous l'avez bien servie par un si long voyage (Tib. 2, 5, 55-62).

Dans les *Fastes*, Carmentis, qui a déjà instruit son fils de la venue de troubles, s'adresse à lui de nouveau au moment où, banni (*fugatus*, 1, 477) et en larmes (*flenti*, 1, 479), il quitte l'Arcadie. Elle cherche à le réconforter d'une part à propos des raisons de son exil, avec des paroles qui ont une résonnance particulière, si Ovide les a écrites alors qu'il subissait le sort appréhendé par Évandre. C'est ce que l'on a supposé à partir de la précision ajoutée par Carmentis: son fils est banni par «la colère d'un dieu», d'autant que l'expression *numinis ira* est utilisée à plusieurs reprises dans les *Tristes* (Ov. *Trist.* 1, 5, 44; 3, 6, 23; 4, 8, 50; 5, 4, 17):

Sic erat in fatis, nec te tua culpa fugauit,
sed deus: offenso pulsus es urbe deo.
Non meriti poenam pateris, sed numinis iram:
est aliquid magnis crimen abesse malis!

C'est ce que les destins ont décidé: tu n'es pas banni par une faute que tu aurais commise, mais par un dieu: un dieu offensé t'a chassé de la ville. Tu n'es pas puni parce que tu l'as mérité, mais par la colère d'une divinité: c'est quelque chose dans de grands malheurs que de ne pas être criminel (1, 481-484).

J'ai rapporté seulement le début de ces paroles de consolation, qui alternent exhortations au courage et exemples d'exilés illustres, et dont un détail important est l'affirmation que l'exil d'Évandre n'est dû à aucun *crimen*, ce qui rappelle certains passages des poèmes de l'exil.[6] La prophétie que Carmentis délivre lors de la remontée du Tibre est, dans son mouvement d'ensemble, calquée sur les paroles en style direct adressées par la Sibylle à Énée dans l'élégie 2, 5 de Tibulle. Elle porte en effet sur le destin des lieux (*terra*, 1, 510; *flumina, fontes*, 1, 511; *siluae*, 1, 512; *colles*, 1, 515), que le bateau des Arcadiens côtoie. Ces collines se changeront en de puissants remparts, cette terre donnera des lois à toutes les autres, à ces monts est promis l'empire du monde: *Montibus his olim totus promittitur orbis: / quis tantum fati credat habere locum?* («À ces monts est promis un jour l'empire sur le monde entier: qui croirait que ce lieu ait un si grand destin?», 1, 517 sq.).

Le destin d'Évandre est ainsi englobé dans celui des collines du Latium, avant que ce ne soit le cas pour celui d'Énée (comme dans l'élégie Tib. 2, 5): *Et iam Dardaniae tangent haec litora pinus, / hic quoque causa noui femina Martis erit* (1, 519 sq.; j'ai déjà cité ce vers plus haut). La venue des Troyens est d'abord considérée du point de vue des Arcadiens: Carmentis a une vision de la participation de son petit-fils Pallas, qui mourra mais sera vengé par Énée. Puis, comme la Sibylle tibulléenne, elle célèbre la survie de Troie grâce à la ville qui naîtra de ses cendres, laquelle n'est jamais nommée dans sa prophétie: *num minus hic toto est altior orbe cinis?* («est-ce que ces cendres n'en domineront-elles pas moins le monde entier?», 1, 526).

L'évocation de la venue d'Énée avec son père et les dieux d'Ilion, qui seront accueillis par Vesta, sert ensuite surtout de préalable à l'annonce du destin de sa famille, qui, par le biais d'*Augusti* («gens de la maison d'Auguste», 1, 531),[7] tiendra les rênes de l'empire. Le fil conducteur dans ce final est l'idée de divinisation. Carmentis clôt sa prophétie sur la mention des chefs contemporains, Tibère et Auguste, en les désignant, sans les nommer, par l'expression *nepos natusque dei* («le petit-fils et le fils d'un dieu», 1, 533), mais en donnant en revanche celui, acquis officiellement après la mort de son époux par Livie, Iulia Augusta et en signalant qu'elle aussi, Carmentis, deviendra une déesse.[8]

On peut s'étonner que la première prophétie sur le destin historique des sept collines soit délivrée à Évandre et non à Énée. En fait Ovide a mis à profit une indication trouvée chez Virgile à propos de la porte Carmentale: «antique honneur rendu à la nymphe Carmentis, une prophétesse annonçant les destins, qui chanta la première les futurs grands Énéades et l'illustre Pallantée» (*nymphae priscum Carmentis honorem, / uatis fatidicae, cecinit quae prima futuros / Aeneadas magnos et nobile Pallanteum*, Verg. *Aen.* 8, 339-341). Ovide conforte cette préférence accordée à l'Arcadien en évoquant, à plusieurs autres reprises, son

6 Fantham 1992, p. 168.

7 Sur le sens à donner à *Augusti*, voir Green 2004, p. 243.

8 C'est un des passages des *Fastes* qui laisse supposer que le poème a été remanié durant l'exil. Voir Green 2004, p. 235.

arrivée dans le Latium et en soulignant, chaque fois, le destin assigné à ces lieux. Après le livre 1, c'est le cas dans le livre 2: *hic, ubi nunc urbs est, tum locus urbis erat* («là où il y a maintenant la Ville, il y avait alors l'emplacement d'une ville», 2, 280). *Locus urbis erit* est une *iunctura* déjà utilisée par Tibulle pour évoquer la fondation de Rome (*hic magnae iam locus urbis erit*, «il y aura ici déjà l'emplacement d'une grande ville», Tib. 2, 5, 56). C'est une expression virgilienne, appliquée à Albe dans la prophétie délivrée par Hélénus à Énée: *is locus urbis erit, requies ea certa laborum* («ce sera l'emplacement d'une ville, et le repos assuré de tes épreuves», Verg. *Aen.* 3, 393). Ovide renvoie donc ici à Tibulle, tout en se démarquant doublement de Virgile, puisqu'il utilise cette expression à propos de Rome et non d'Albe dans un contexte où il évoque Évandre et non Énée. Au livre 5, il insère une variation sur cette expression dans la déclaration qu'il prête à Carmentis qualifiée de *praescia* («qui connaît l'avenir», 5, 95), lorsqu'arrivée à proximité du futur emplacement de Rome, elle ordonne un arrêt du bateau avec cet argument: *nam locus imperii rus erit istud* («en effet cette campagne sera l'emplacement d'un empire», 5, 96). Le livre 5 renferme une autre variation sur l'*Énéide*, Ovide s'amusant à se faire informer par le Tibre comme jadis Énée. Le fleuve évoque deux étrangers venus dans ses parages: Évandre, présenté comme le (plus) fameux étranger venu battre ses eaux (*Arcadis Euandri nomen tibi saepe refertur: / ille meas remis aduena torsit aquas,* «on te rapporte souvent le nom d'Évandre: cet illustre étranger vint battre mes eaux de ses rames», 5, 643 sq.) et Hercule, à qui il donna l'hospitalité. Le Tibre virgilien évoquait, lui aussi, la venue des Arcadiens, qu'il mentionnait en conseillant à Énée de leur demander une aide guerrière. Mais on s'attendrait évidemment que, des siècles après, l'étranger désigné comme le plus illustre à son nouvel interlocuteur soit le héros de l'*Énéide*. Pour conclure, ces jeux intertextuels confirment et confortent le choix d'Ovide de mettre Évandre à la place d'Énée, le signe le plus patent étant le fait qu'Évandre soit le destinataire des premières prophéties sur le destin du lieu dans lequel il débarqua avant Énée.

3 Apports culturels des trois exilés: les choix d'Ovide

Qu'est-ce que ces trois étrangers, exilés dans le Latium, ont apporté aux populations de la région et/ou aux futurs habitants de Rome? Je commencerai par Saturne, à propos duquel Ovide prend nettement le contrepied de Virgile. Au livre 8, ce dernier fait évoquer par Évandre les effets bénéfiques de la venue de Saturne dans le Latium, dont le dieu aurait fait passer les habitants de la sauvagerie à la culture. La race née des troncs, qui, selon Évandre, aurait coexisté aux côtés de divinités agrestes, les Faunes et les nymphes, n'avait aucun usage culturel (*neque mos neque cultus*, Verg. *Aen.* 8, 316), elle ignorait l'élevage et l'agriculture, sa nourriture étant limitée aux produits de la chasse et de la cueillette. Mais Saturne fit mieux que rassembler ces premiers habitants du Latium et les gouverner. Il fit régner la paix et c'est la raison pour laquelle on parle d'âge d'or à son propos: *Aurea quae perhibent, illo sub rege fuere / saecula: sic placida populos in pace regebat* («Les siècles que l'on appelle d'or se déroulèrent sous son règne, tant il gouvernait les peuples dans une paix tranquille», Verg. *Aen.* 8, 324 sq.). Le Janus d'Ovide commence par tempérer cette vision idéale par une remarque-boutade: le goût de l'argent avait cours, y compris sous le règne de Saturne: *uix ego Saturno quemquam regnante uidebam / cuius non animo dulcia lucra forent* («Moi-même, c'est à peine si sous le règne de Saturne je pouvais voir un homme dont l'esprit n'ait pas trouvé de douceur au gain», 1, 193 sq.). Et surtout il décrit peu après son propre règne, antérieur à la venue du dieu, en lui associant deux traits de la thématique romaine de l'âge d'or depuis le *carmen* 64 de Catulle: la coprésence sur terre des hommes et des dieux (Catull. 64, 384-386)[9] et la pratique spontanée de la justice (versus la cupidité, Catull. 64, 397 sq.).[10] J'ai déjà cité les vers 1, 247 sq.: *Tunc ego regnabam; patiens cum terra deorum / esset, et humanis numina mixta locis*. Dans la *Bucolique* 4, la présence de la Justice était clairement mise en rapport avec le règne de Saturne: *Iam redit et Virgo, redeunt Saturnia regna* («Voici qu'à présent revient la Vierge, revient le règne de Saturne», Verg. *ecl.* 4, 6). Janus reprend le même détail:

> *Nondum Iustitiam facinus mortale fugarat [...]*
> *proque metu populum sine ui pudor ipse regebat:*
> *nullus erat iustis reddere iura labor*

> Les crimes des mortels n'avaient pas encore fait fuir la Justice [...] au lieu de la peur, c'était le sentiment de l'honneur lui-même qui gouvernait sans contrainte le peuple. Ce n'était pas une peine de rendre la justice à des justes (1, 249; 251 sq.).

Si Saturne n'a pas instauré de pratiques culturelles inconnues sur la terre de son exil, a-t-il au moins laissé des traces? Pour Ovide, elles furent seulement linguistiques. La terre a gardé longtemps le nom de saturnienne (*Saturnia nomen*, 1, 237)[11] et l'endroit où le dieu demeura, celui de Latium parce qu'il s'y cachait (1, 238).

Ovide ne s'étend guère non plus sur ce qu'Énée apporta au Latium. Concrètement ce furent son père et les dieux de Troie, et pas davantage, semble-t-il[12]: *Iam pius Aeneas sacra et, sacra altera, patrem / adferet:* ***Iliacos accipe, Vesta,***

[9] *Praesentes namque ante domos inuisere castas / heroum et sese mortali ostendere coetu / Caelicolae nondum spreta pietate solebant:* «en effet auparavant les dieux du ciel avaient coutume de venir en personne dans les demeures pures des héros et se montraient dans les assemblées des hommes quand la piété n'était pas encore méprisée».

[10] *Sed postquam tellus scelere est imbuta nefando, / iustitiamque omnes cupida de mente fugarunt* [...]: «Mais depuis que la terre a été souillée par le meurtre abominable et que tous ont chassé la justice de leur cœur cupide [...]».

[11] Voir Ennius, *ann.* 25 (*Saturnia terra*); Varron, *ling.* 5, 42; Fest. 430.

[12] Comme le remarque Green 2004, p. 217, Ovide ne fait aucune allusion à la fondation d'une cité.

deos («Bientôt le pieux Énée apportera ses objets sacrés, et autre objet sacré, son père: reçois, Vesta, les dieux de Troie», 1, 527 sq.); *attulit Aeneas in loca nostra deos* («Énée a apporté dans nos lieux ses dieux», 4, 78). La divergence avec l'*Énéide* tient au nombre de mentions, bien plus nombreuses chez Virgile. La première intervient dans les premiers vers du livre 1: *dum conderet urbem / inferretque deos Latio* («jusqu'à ce qu'il fonde une ville et apporte ses dieux dans le Latium», Verg. *Aen.* 1, 5 sq.). *Sacra suosque tibi commendat Troia penatis* («Troie te confie ses objets sacrés et ses pénates», Verg. *Aen.* 2, 293), révèle Hector à Énée au livre 2 et il lui apporte, en la tirant du sanctuaire, *uittas Vestamque potentem / aeternum* [...] *ignem* («la puissante Vesta, ses bandelettes et son feu éternel», Verg. *Aen.* 2, 296 sq.). Panthus, qu'il rencontre ensuite chargé des *uictosque deos* («des dieux vaincus», Verg. *Aen.* 2, 320) les lui remet, d'où la mention au livre 3 des *penatibus et magnis deis* («les Pénates et les grands dieux», Verg. *Aen.* 3, 12).

Qu'en est-il d'Évandre? Lui aussi, comme Ovide le rappelle à deux reprises, il amena ses dieux dans le Latium, Pan et Mercure. La différence avec Énée est que ce transfert, en ce qui concerne Pan, eut pour effet l'institution d'une fête célébrée encore par les Romains:

Pan erat armenti, Pan illic numen equarum;
munus ob incolumes ille ferebat oues.
Transtulit Euander siluestria numina secum,
hic, ubi nunc urbs est, tum locus urbis erat.
Inde deum colimus deuectaque sacra Pelasgis.

Pan était, là-bas (en Arcadie), le dieu du bétail, il était aussi le dieu des cavales, il recevait des présents pour la sauvegarde des brebis. Évandre amena avec lui cette divinité sylvestre. Là où il y a maintenant la Ville, il y avait alors l'emplacement d'une ville. Depuis nous pratiquons le culte du dieu et les cérémonies amenées par les Pélasges (2, 277-281).

Ovide redonne une information similaire au livre 5, où il la met dans la bouche de Calliope venue défendre les droits de Maïa sur le cinquième mois de l'année. Maïa est, dit-elle, la mère de Mercure, à qui les Arcadiens rendent un culte dans leur pays. C'est un des dieux amenés par Évandre dans le Latium:

Exul ab Arcadia Latios Euander in agros
uenerat impositos attuleratque deos [...]
inque peregrina constitit hospes humo,
sacraque multa quidem, sed Fauni prima bicornis
has docuit gentes alipedisque dei.
Semicaper, coleris cinctutis, Faune, Lupercis,
cum lustrant celebres uellera secta uias;
at tu materno donasti nomine mensem,
inuentor curuae, furibus apte, fidis.

> Exilé d'Arcadie, Évandre était venu dans les champs du Latium et y avait apporté ses dieux, embarqués avec lui. [...] Il enseigna certes beaucoup de cultes à ces populations, mais d'abord celui de Faunus aux deux cornes, et du dieu aux pieds ailés. C'est toi, Faunus à demi-bouc, qui es honoré par les Luperques ceints d'un pagne, quand ils parcourent, pour les purifier, en se servant de peaux de bêtes coupées en lanières, les rues pleines de monde. Mais c'est toi qui as donné le nom de ta mère à un mois, toi, l'inventeur de la lyre recourbée, qui sers bien les voleurs (5, 91 sq.; 98-104).

Selon Denys d'Halicarnasse (Dionys. *ant.* 1, 32),[13] Évandre chercha un lieu où honorer le dieu qu'il amenait avec lui et le trouva dans une grotte, utilisée encore (à son époque) par les Romains: «le premier (temple) fut dédié à Pan Lykaios sur les ordres de Thémis (pour les Arcadiens en effet le plus ancien et le plus honoré des dieux est Pan), quand ils eurent trouvé un emplacement approprié, que les Romains appellent Lupercal, ce que nous pourrions traduire par Lykaion»[14]. L'appellation 'Lupercal' est ici implicitement présentée comme une invention romaine, calquée sur le grec Λυκαῖον, parce que le culte rendu ensuite par les Romains à cet endroit serait calqué sur celui institué par les Arcadiens. On a là un exemple typique de la façon dont les récits s'ancrent sur les noms et les lieux. Le nom de Lupercal a préexisté à l'ingénieuse idée de le concevoir comme forgé sur Λυκαῖον. Du fait qu'on y célébrait le culte d'une divinité dont une des épithètes est Lupercus parce que sa faveur se marquait par la protection des troupeaux contre les loups (*lupus*),[15] il a été aisé de lui assimiler Pan, dont une des épithètes Λυκαῖος était de la même manière en relation avec un lieu, le mont Lycée, et le mot grec signifiant loup (λύκος). Ovide reprend l'étymologie Λυκαῖον, mais comme un second choix. Il explique d'abord le nom Lupercal, en suivant Varron, par *lupa pepercit.*[16] Il rattache Lupercal à la louve qui allaita les deux jumeaux: *illa loco nomen fecit, locus ipse Lupercis* («Elle [la louve, *lupa*] a donné son nom au lieu [*Lupercal*]; le lieu à son tour a donné le sien aux Luperques [*Luperci*]», 2, 421). Puis Ovide ajoute que «rien n'empêche d'expliquer le nom des Luperques par celui d'une montagne d'Arcadie, Faunus Lycaeus (du Lycée) ayant un temple en Arcadie» (*Quid uetat Arcadio dictos a monte Lupercos? / Faunus in Arcadia templa Lycaeus habet*, 2, 423 sq.). L'utilisation du nom Faunus, comme s'il était interchangeable avec celui de Pan s'explique par l'assimilation que les Romains ont faite entre les deux dieux. La famille romaine qui, semble-t-il, a plus particulièrement œuvré pour cette identification est celle des *Fabii*, dont Ovide raconte l'engagement héroïque à la Crémère au moment où il en vient à la fête en

[13] Voir aussi les scholies au *Phèdre* de Platon, où Évandre est présenté comme ayant fondé le culte de Pan à Rome dans un lieu qui est appelé Luperkon (Schol. Plat., *Phaidr.* 244b, Ruhnk. 61). On trouve la même notation chez Clément d'Alexandrie (*strom.* 1, 108, 3).

[14] J'ai utilisé la traduction de V. Fromentin et de J. Schnäbele 1990.

[15] Sur l'identité du dieu célébré au Lupercal, voir Wiseman 1995.

[16] Arnobe, *Aduersus Nationes*, 4, 3.

l'honneur de Faunus aux ides de févriers. Si on ne sait pas exactement quand la croyance en une émigration arcadienne s'est répandue dans la région, plusieurs indices[17] laissent supposer que la *gens Fabia* a largement contribué à son établissement. On peut rapprocher cet intérêt pour le récit de l'émigration arcadienne avec celui que les *Fabii* ont manifesté pour le culte de Faunus à la fin du 4ième siècle. C'est par exemple à un des membres de la *gens Fabia*, Q. Fabius Rullianus, alors censeur, qu'est due, en 304, une importante modification dans le culte des Lupercales: la répartition des Luperques en deux groupes, dont l'un portait le nom de *Fabii.*[18] Cet acte politico-religieux a un pendant narratif, dont on ne connaît pas l'origine: un récit 'mythique' qu'Ovide[19] nous a transmis, dans les *Fastes*, à propos des Lupercales, où figurent à la fois Romulus[20] et Rémus, considérés comme les instaurateurs du culte (une indication donnée par Varron[21]) et leurs compagnons respectifs, des *Fabii* et des *Quintilii*. Politiquement l'implication des *Fabii* dans le culte des Lupercales est probablement à replacer dans le cadre de leur lutte d'influence avec les *Claudii*, qui, en 312, en la personne du censeur Appius Claudius, avaient réorganisé le culte d'Hercule à l'*Ara maxima*, et plus largement, à resituer dans le contexte des luttes politiques et idéologiques entre la plèbe et l'aristocratie.

Le choix qu'a fait Ovide de valoriser la figure de l'exilé Évandre s'explique en partie du fait de cette double implication de la *gens Fabia* dans la réception du récit de l'émigration d'Arcadiens dans le Latium et dans la célébration des Lupercales. Quand il rattache les Lupercales à Faunus, Ovide suit probablement la tradition gentilice des *Fabii*, avec lesquels il avait des liens personnels tant du fait de son troisième mariage que de son amitié avec Paullus Fabius Maximus. A. Barchiesi a suggéré qu'en insérant le vers *scilicet ut posses olim tu, Maxime, nasci / cui res cunctando restituenda foret* («[...] assurément pour que tu puisses naître un jour, Maximus, toi qui en temporisant devais sauver la république», 2, 241 sq.) à propos de la poursuite de l'implication de la *gens* dans la défense de la patrie, après la défaite à la Crémère, Ovide faisait allusion, outre à Fabius Cunctator et aux guerres puniques, à ce proche d'Auguste et de Germanicus.[22] Selon lui, Ovide lançait à son ami un appel voilé dans un contexte politique rendu

[17] Voir Fabre-Serris 2016 pour les différents indices listés ici.

[18] Wiseman 1995, p. 13.

[19] Ovide, *Fastes*, 2, 35-80.

[20] Sur l'importance de Romulus, conjointement à Évandre, dans les *Fastes*, voir Fantham 1992, p. 157, qui observe «The reader of the *Fasti* will find presented as founding fathers of Rome, not Aeneas, who visited the city only in Virgil's fictitious narrative, but two figures, a Greek and a Latin founder: the immigrant Evander and the eponymous Romulus, inventor of Rome's first primitive calendar, representing between them the successive legends of the Palatine settlement».

[21] Augustin, *Cité de Dieu,* 4, 23.

[22] Sur les allusions possibles à Paullus Fabius Maximus au livre 2 des *Fastes* et les relations d'Ovide avec la *gens Fabia*, voir Harries 1991, pp. 158-162.

incertain par l'âge du Prince et inquiétant pour qui se méfiait de son successeur désigné.[23] Sans que l'on en ait beaucoup de détails,[24] Paullus Fabius Maximus semble avoir œuvré en faveur d'un autre plan de succession.

Comment expliquer par ailleurs le surprenant portrait qu'Ovide donne de la mère d'Évandre, Carmentis, dont la figure semble éclipser celle de son fils? On l'a rapproché de l'importance qu'Ovide donne à Livie, particulièrement dans ses poèmes d'exil, alors qu'il espérait que la femme du Prince pourrait être fléchie et favoriser son retour.[25]

4 L'importance exceptionnelle donnée à Carmentis

Il ressort des renseignements rapportés par Denys d'Halicarnasse (Dionys. *ant.* 1, 31), Plutarque (*qu. R.* 56) et Servius (*Aen.* 8, 336), que Carmentis serait la mère ou l'épouse d'Évandre, avec pour nom primitif Thémis, Nicostraté ou Thespiôdos. Le nom de Carmenta, donnée par les Romains, dériverait, selon Denys d'Halicarnasse et Plutarque, de *carmina.* Servius le met en rapport avec *carmentes* parce que les *uates* étaient appelés ainsi chez les Anciens. Plutarque propose une seconde étymologie: selon quelques auteurs (non nommés), Carmenta signifierait 'privée de sens' à cause du délire qui accompagne l'inspiration prophétique, car en latin *carere* veut dire 'être privé de' et *mens* 'entendement' (Plut. *qu. R.* 21).[26] Ovide fait dériver son nom de *carmen* en mettant donc l'accent

[23] Comme l'a rappelé Barchiesi 1994, pp. 139-141, *cui res cunctando restituenda foret* renvoie à un pentamètre célèbre d'Ennius (*ann.* 463 Sk.): *unus homo nobis cunctando restituit rem* («un seul homme sauve pour nous la république»), vers déjà utilisé par Virgile à propos du Cunctator: [...] *Tu, Maximus ille es / unus qui nobis cunctando restituis rem* («[...] te voici, tu es ce Maximus, qui seul en temporisant sauve pour nous la république», Verg. *Aen.* 6, 845 sq.). Paullus Fabius Maximus, à qui Ovide ferait ici allusion, a apparemment été le principal opposant à Tibère dans les dernières années de la vie d'Auguste. Barchiesi ajoute à l'appui de son hypothèse, que, dans une lettre adressée à Tibère, Auguste avait fait son éloge en utilisant (et adaptant légèrement) le vers d'Ennius: *unus homo nobis* uigilando *restituit rem* («un seul homme par ses soins sauve pour nous la république», Suétone, *Tib.* 21).

[24] Tacite, *ann.* 1, 5, 2.

[25] L'ampleur des remaniements opérés pendant l'exil fait l'objet de discussions. Voir en particulier Herbert-Brown 1994, pp. 130-172 et, à propos de Livie et de Carmentis, Green 2004, pp. 325 sq.

[26] Tite-Live (1, 7, 8) évoque également les dons prophétiques de Carmenta: *Euander tum ea, profugus ex Peloponneso, auctoritate magis quam imperio regebat loca, uenerabilis uir miraculo litterarum, rei nouae inter rudis artium homines, uenerabilior diuinitate credita Carmentae matris, quam fatiloquam ante Sibyllae in Italiam aduentum miratae eae gentes fuerant*; «À cette époque, Évandre, un réfugié du Péloponnèse, gouvernait ces lieux plutôt par son autorité qu'en donnant des ordres. C'était un homme vénéré parce

sur son rôle de prophétesse: *Ipsa, mone, quae nomen habes a carmine ductum* («éclaire-moi, toi-même, toi qui tires ton nom du chant prophétique», 1, 467) et il attribue à Carmentis un nombre considérable de prophéties avant, au moment et après l'exil de son fils. Selon les *Fastes*, l'annonce de son exil et le moment où Évandre le subit auraient provoqué chez lui un trouble et un désespoir que calment progressivement les révélations successives de sa mère et ses exhortations à supporter son sort avec courage. Comme on l'a remarqué, à l'inverse de Virgile, qui joue sur la figure valorisée à Rome du sage vieillard, Ovide a choisi de représenter l'exilé arcadien jeune. Il ne le crédite d'aucun discours direct[27] et son personnage a en fait peu de consistance.[28] Outre le fait qu'elles apportent du réconfort à son fils, les interventions de Carmentis ont pour objet soit d'annoncer la grandeur du lieu où Évandre est exilé, soit l'institution de cultes, dont l'ancienneté est ainsi rappelée au lecteur, soit des divinisations en rapport ou pas avec ces cultes (celles d'Hercule et d'Ino par exemple).

Il est frappant que la propre divinisation de Carmentis fasse l'objet à la fois d'une de ses prophéties mais aussi d'un rappel par Ovide, immédiatement après qu'il lui a attribué l'annonce de celle d'Hercule: *At felix uates, ut dis gratissima uixit / possidet hunc Iani sic dea mense diem* («Quant à l'heureuse prophétesse, après avoir vécu en jouissant de la totale faveur des dieux, elle possède en tant que déesse son jour dans le mois de Janus», 1, 585 sq.). Ovide accorde ensuite un assez long développement aux Carmentalia, *Parrhasiae sacra relata deae* («les fêtes célébrant la déesse de Parrhasie», 1, 618), célébrées deux jours non consécutifs, les 11 et le 15 janvier. Il raconte une curieuse anecdote à propos de l'usage des *carpenta* par les matrones, des voitures à deux roues dont le nom dériverait de celui la déesse: *haec quoque ab Euandri dicta parente reor* («les carpenta aussi, je pense, tirent leur nom de la mère d'Évandre», 1, 620). Sans citer le contexte historique de leur démarche (obtenir l'abrogation de la *lex Oppia*), Ovide rapporte que les matrones, pour récupérer ce privilège qui leur avait été enlevé, usèrent de l'avortement comme moyen de pression auprès de leurs maris. Plutarque donne une version adoucie de cette rébellion (Plut. *qu. R.* 56): les Romaines auraient repoussé leurs époux jusqu'à ce qu'ils cèdent à leur revendication. Dans ces deux versions, l'histoire est en rapport avec le bienfait attendu en retour de la célébration de Carmentis: la naissance d'enfants, dont elle constitue l'*aition: Binaque nunc pariter Tegeaeae sacra parenti / pro pueris fieri uirginibusque iubent* («ils [les sénateurs] ordonnent que désormais le culte en l'honneur de la Mère Tégéenne soit célébré deux fois de la même façon pour favoriser la naissance des garçons et

qu'il avait introduit l'usage jugé prodigieux de l'écriture, une nouveauté parmi ces hommes qui ignoraient les techniques, plus vénéré encore parce que l'on croyait en la divinité de sa mère, Carmenta, qui, avant la venue de la Sibylle en Italie, suscitait en tant que prophétesse l'admiration de ces populations».

[27] Green 2004, p. 216.

[28] Fantham 1992, p. 159, le qualifie, par rapport à l'Évandre de Virgile de «young and colorless».

pour les filles », 1, 627 sq.). Que Carmentis est honorée lors des Carmentalia en tant que mère est aussi mentionné par Plutarque: «quand des enfants naquirent, en tant que mères d'une belle et nombreuse progéniture, elles (les Romaines) bâtirent le temple de Carmenta» (Plut. *qu. R.* 56).[29] Ovide souligne indirectement l'intégration de Carmentis dans la culture romaine en insistant également sur l'ancienneté du culte qui lui est rendu: qui aime les rites anciens (*ueteres ritus*, 1, 631) sera servi en entendant des noms qu'il ne connaît pas, Porrima et Postuerta, les sœurs ou les «compagnes d'exil» (*fugae comites*, 1, 633 sq.) de la déesse, qui chantaient l'une ce qui est révolu (*porro*, «derrière», 1, 635), l'autre ce qui est à venir (*uersurum postmodo quicquid erat*, 1, 636).

Ce qui distingue aussi Carmentis parmi les exilés fameux du Latium, c'est la bienveillance qu'Ovide lui attribue à l'égard des étrangers arrivés après elle dans la région. Quand il raconte la venue d'Hercule dans le Latium, Ovide est le seul à préciser que «la demeure Tégéenne lui donne l'hospitalité» (*dumque huic hospitium domus est Tegeaea*, 1, 545).[30] La formulation choisie est volontairement vague de façon à englober à la fois la mère et le fils. Si la prophétie que fait Carmentis du destin d'Hercule est un détail qu'Ovide a pu trouver chez Tite-Live, celle à l'égard d'Ino semble être de son cru. Chassée de son pays par la haine de Junon, Ino est secourue par Hercule, qui a entendu ses plaintes alors qu'elle est attaquée par les femmes du Latium, excitées contre elle par la déesse (6, 507-522).[31] C'est ensuite de Carmentis qu'Ino reçoit de l'aide, sous la forme, comme dans le cas d'Hercule, d'une hospitalité: *Hospita Carmentis fidos intrasse penates / diceris et longam deposuisse famem* («On dit que tu reçus l'hospitalité dans les pénates sûrs de Carmentis et que tu y apaisas une longue faim», 6, 529 sq.). Non seulement Carmentis accueille Ino dans son foyer mais elle cuisine pour elle à la hâte des gâteaux. Elle lui annonce aussi sa future divinisation, Ovide précisant, ce qui est un détail repris de la description virgilienne de la Sibylle, que Carmentis, quand elle est saisie par l'inspiration, devient alors plus vénérable (*sanctior*, 6, 540) et plus grande (*maior*, 6, 540). La prophétie de Carmentis a ceci de particulier qu'elle constitue le pendant de l'hospitalité qu'elle vient d'accorder à Ino: devenue une déesse, sous le nom grec de Leucothea, Ino sera, sous le nom latin de Matuta, honorée par les populations latines du Latium, dans lesquelles Carmentis s'inclut puisqu'elle use du pronom «nous», preuve s'il en était besoin de sa parfaite intégration locale:

[29] La traduction utilisée est celle de M. Nouilhan, J.-M. Pailler et P. Payen 1999.

[30] Voir Green 2004, p. 251, qui renvoie à Small 1982, pp. 22-24.

[31] Ovide est le premier à introduire une connexion entre Hercule et Ino, favorisée peut-être par la proximité de l'Ara maxima et des temples de Mater Matuta et de Portunus (Fantham 1992, p. 164). C'est Camille qui aurait, selon Tite-Live, bâti le premier temple en l'honneur de Mater Matuta; on n'a aucun témoignage sur l'existence d'un culte en l'honneur de la déesse avant cette date (Fantham 1992, p. 164, n. 26).

Leucothea Grais, Matuta uocabere nostris;
in portus nato ius erit omne tuo,
quem nos Portunum, sua lingua Palaemona dicet.
Ite, precor, nostris aequus uterque locis.

Tu seras appelée Leucothea par les Grecs, Matuta par les nôtres; ton fils aura tout pouvoir sur nos ports, nous le nommerons Portunus, et sa langue maternelle Palémon. Allez et, je vous en prie, soyez tous les deux favorables à notre pays (6, 545-548).

L'anecdote sur les gâteaux est appuyée par un *traditur* (6, 532), qui renvoie, comme le *diceris* (6, 530), utilisé à propos de l'hospitalité donnée par Carmentis à Ino, à une tradition, n'ayant pas laissé d'autres traces[32]. C'est un autre détail qui ancre la mère d'Évandre dans un rituel latin ancien: *nunc quoque liba iuuant festis Matralibus illam* («maintenant encore ces gâteaux plaisent à Ino lors des *Matralia*», 5, 533). Ce choix que fait Ovide de mettre Carmentis en valeur – non seulement à propos des premiers pas accomplis par les exilés arcadiens dans le Latium, mais chaque fois qu'il mentionne la venue d'un autre étranger – est d'autant plus remarquable qu'il se fait au détriment d'une figure indigène dont la bienveillance est traditionnellement soulignée. Le roi Faunus est en effet souvent présenté comme ayant bien accueilli Évandre, avec le détail que cette attitude est mise en rapport avec une des étymologies de son nom, rapproché de *faueo* (Denys d'Halicarnasse, *ant.* 1, 31 sq., Trogue Pompée, via Justin, 43, 6). Ovide, lui, assimile Faunus à Pan, un des dieux apportés par les Arcadiens, mais ne mentionne ni le fait qu'il aurait été un roi du Latium ni qu'il aurait joué un rôle à l'arrivée d'Évandre et de ses compagnons.

Conclusion

Je terminerai en revenant sur le rapprochement instauré, dans le discours prophétique qui est attribué à Carmentis au livre 1, entre elle-même et Livie, toutes deux promises à l'immortalité. Il n'a pas de raison cultuelle: Livie ne passe pas pour s'être préoccupée des Carmentalia. C'est donc une raison politique qui explique ce paragraphe final, probablement écrit lors de l'exil d'Ovide. Outre leur future divinisation, les deux femmes ont en commun un statut de mère qui les amène à jouer un rôle dans l'accomplissement des destins de leur fils et une bienveillance à l'égard des gens du Latium, évoquée dans le cas de Carmentis à d'autres endroits des *Fastes* et bien connue pour ce qui est de Livie. C'est ce que met en évidence par exemple le *Senatus Consultum de Cn. Pisone Patre*. Ce texte dans lequel il est indiqué que Tibère a intercédé auprès du sénat en faveur de

[32] On n'a pas d'autre témoignage d'une rencontre entre Ino et Carmentis. Voir Fantham 1992, pp. 165 sq.

Plancine, à la requête de sa mère, reconnaît l'influence politique de Livie en soulignant qu'elle a mérité de façon exceptionnelle de la république (*optume de r*[*e*]*publica meritae*) non seulement pour avoir enfanté le Prince, mais aussi en raison de ses «grands bienfaits à l'égard des hommes de tout rang» (*magnis erga cuiusq*[*ue*] *ordinis homines beneficis*).[33] L'accent mis d'une part sur le rôle de conseillère joué par Carmentis auprès de son fils, d'autre part sur sa bienveillance active à l'égard de la communauté indigène et des étrangers ou exilés, à qui elle assura une hospitalité sur le sol latin, permet à Ovide d'insérer une prière voilée à Livie, elle aussi mère d'un dirigeant politique, garante de la *pietas* envers les dieux et bienfaisante envers les habitants de Rome.

Il s'agissait d'une toute autre allusion à l'actualité politique que celles résultant d'une façon générale de la valorisation de la *gens Fabia* et plus particulièrement de l'appel indirect lancé à son actuel représentant, Paullus Fabius Maximus, impliqué alors dans les luttes d'influence à propos de la succession d'Auguste. Une des caractéristiques d'Ovide est d'avoir laissé à son lecteur la possibilité, et même attendu de lui,[34] qu'il aille dans l'interprétation de ses textes au-delà de leur sens explicite. Dans le cas des *Fastes*, le manque de convergence entre les différentes potentialités de lecture à la lumière de l'actualité politique s'explique par les variations qui se sont produites dans les engagements et intérêts du poète entre l'époque où il a commencé à écrire les *Fastes* et différentes périodes de son exil avant et après la mort d'Auguste. Ses appels indirects à la bienveillance de Livie n'ont eu apparemment aucun effet sur cette lectrice particulièrement visée. La mère de Tibère aurait-elle pu mais n'a pas voulu, ou a essayé sans succès d'obtenir le retour qu'Ovide espérait y gagner? On ne le saura sans doute jamais.

***

[33] Voir, à propos de ce senatus-consulte, Takur 2014, pp. 187 sq. Dans cet article Thakur défend la thèse que Livie a conservé son pouvoir et, en particulier, sa capacité à l'exercer sous la forme de bienfaits sous le règne de Tibère. Sur les relations entre Livie et Tibère, voir aussi Green 2004, pp. 236 sq.

[34] Dans les *Remèdes à l'amour* juste avant un passage provocateur contre ses censeurs, Ovide demande explicitement à son lecteur «d'en concevoir plus en se servant de son ingéniosité à partir de ce que lui-même écrit» (*ingenio uerbis concipe plura meis*, Ov. *rem.* 360).

Bibliographie

Arrigoni, G.: *Da dove viene Evandro? Genealogia, topografia e culti in Virgilio*, in: *Aevum* 85.1 (2011), pp. 43-64.

Barchiesi, A.: *Il Poeta e il Principe. Ovidio e il discorso augusteo*, Bari 1994.

Barrett, A.: *Livia, First Lady of Imperial Rome*, New Haven and London 2002.

Delcourt, A.: *Evandre à Rome. Réflexions autour de quatre interprétations de la légende*, in: *Latomus* 60.4 (2001), pp. 820-863.

Fabre-Serris, J.: *Jeux et enjeux dans les reconstructions mythographiques des origines chez Virgile et Ovide: les exemples de Faunus et de Pan dans le Latium*, in: *Polymnia* 2 (2016), pp. 1-22.

Fantham, E.: *Ovid, Germanicus and the Composition of the* Fasti, in: *PLLS* 5 (1985), pp. 243-281.

———: *The Role of Evander in Ovid's* Fasti, in: *Arethusa* 25.1 (1992), 155-171.

Fromentin, V./Schnäbele, J. (éds.): *Denys d'Halicarnasse, Les Antiquités romaines*, Paris 1990.

Green, S.J.: *Ovid,* Fasti *1, A commentary*, Leiden, Boston 2004.

Guittard, C.: *Saturnia terra*, in: *Caesarodunum* 15bis (1980), pp. 177-186.

Hardie, P.: *The Janus Episode in Ovid's* Fasti, in: *MD* 26 (1991), pp. 47-64.

Harries, B.: *Ovid and the Fabii:* Fasti *II 193-474*, in: *CQ* 41 (1991), pp. 150-168.

Herbert-Brown, G.: *Ovid and the* Fasti: *An Historical Study*, Oxford 1994.

Newlands, C.E.: *Playing with Time. Ovid and the* Fasti, Ithaca and London 1995.

Nouilhan, M./Pailler, J.-M./Payen, P. (éds.): *Plutarque, Grecs et Romains en parallèle*, Paris 1999.

Ovide: *Les Fastes*, texte établi, trad. et commentaire par H. Le Bonniec, Bologna 1970.

Porte, D.: *L'étiologie religieuse dans les* Fastes *d'Ovide*, Paris 1985.

Scullard, H.H.: *Festivals and Ceremonies of the Roman Republic*, London and Ithaca 1981.

Small, J.P.: *Cacus and Marsyas in Etrusco-Roman Legend*, Princeton 1982.

Thakur, S.: Femina Princeps: *Livia in Ovid's Poetry,* in: *Eugesta* 4 (2014), pp. 175-212.

Wiseman, T.: *The God of the Lupercal*, in: *Journal of Roman Studies* 85 (1995), pp. 1-27.

Maria Luisa Delvigo (Udine)

Verso Tomi: il poeta epico ritrova l'elegia

I tre grandi poeti augustei hanno affermato il loro ruolo di *auctores* riconosciuti in una pluralità di generi, o almeno in più forme letterarie che costruiscono la propria specifica fisionomia all'interno di più ampie partizioni di genere (il *sermo*, l'elegia, per restare ai casi più vistosi). Questa disponibilità di varie opzioni letterarie, di varie possibilità che sono davanti al poeta, lo chiamano a esercitare una scelta che, anche se non priva di condizionamenti sociali, culturali, politici, appartiene pur sempre alla sua responsabilità. Questo tema della scelta, e delle diverse motivazioni di carattere poetologico o personale sottese alla scelta stessa, è un elemento che non a caso diventa topico in tutti i generi che ammettono l'espressione della voce del poeta che parla in prima persona: la poesia augustea, come è ben noto, ospita volentieri occasioni (scene di investitura poetica, *recusationes*, e simili), molto spesso collocate in sedi di grande evidenza nelle raccolte, in cui il poeta rappresenta le circostanze e le motivazioni delle sue scelte, non di rado sottolineando dubbi, esitazioni, correzioni di rotta.[1]

All'idea della scelta può accompagnarsi e sempre più spesso si accompagna, quella di un percorso: si sceglie una determinata possibilità letteraria e si esclude – nel momento attuale – l'opportunità e perfino la possibilità di scelte diverse, ma non si escludono sviluppi futuri in cui le condizioni possano essere cambiate e le valutazioni, per circostanze esterne o per ragioni interne al poeta stesso, possano essere diverse.

Qualche esempio tra quelli più espliciti. Nella satira proemiale del II libro, ad Orazio che lo interroga dubbioso di fronte alle reazioni contrastanti che il suo modo di interpretare il genere satirico suscita nel pubblico, l'amico giurista Trebazio Testa prospetta, ognuna in subordine rispetto all'altra, una serie di possibili opzioni:

1) rinunciare del tutto alla poesia (*serm.* 2, 1, 5-6):
   'ne faciam, inquis, / omnino versus?' 'aio'
2) scrivere poesia epica (*serm.* 2, 1, 10-11):
   aude / Caesaris invicti res dicere
3) scrivere poesia, se non epica, comunque celebrativa di virtù civili e militari (*serm.* 2, 1, 16-7):
   attamen et iustum poteras et scribere fortem / Scipiadam ut sapiens Lucilius

[1] Cfr. Wimmel 1960; Kambylis 1965, pp. 15-16; Thomas 1993; importanti precisazioni in Cameron 1993, pp. 454-83.

Tutte le possibilità suggerite dall'amico (alternative rispetto alla scelta poetica attuale) vengono ovviamente scartate, con motivazioni diverse, ma l'ultima viene solo accantonata *per il momento*: non si esclude affatto che, in futuro e in circostanze adatte, l'opzione ora accantonata possa ripresentarsi come praticabile e opportuna:

Hor. *serm.* 2, 1, 17-20
'haud mihi dero,
cum res ipsa feret: nisi dextro tempore Flacci
verba per attentam non ibunt Caesaris aurem:
cui male si palpere, recalcitrat undique tutus.'

Una complessa elegia del II libro di Properzio presenta il passaggio dal *genus humile* dell'elegia a una scelta letteraria diversa come una urgenza insopprimibile, che imporrebbe l'abbandono della poesia d'amore per i temi (e il corrispondente grande stile) della poesia epica:

Prop. 2, 10, 1-4
sed tempus lustrare aliis Helicona choreis,
et campum Haemonio iam dare tempus equo.
iam libet et fortis memorare ad proelia turmas
et Romana mei dicere castra ducis.

Dopo la lieve esitazione connessa al motivo, caratteristico piuttosto delle *recusationes*, della inadeguatezza delle forze e della ispirazione: (2, 10, 5-6 *quod si deficiant vires, audacia certe / laus erit: in magnis et voluisse sat est*), questa nuova scelta viene collocata nella prospettiva diacronica del naturale sviluppo di una carriera che va di pari passo alla vita del poeta:[2]

Prop. 2, 10, 7-12
aetas prima canat Veneres, extrema tumultus:
bella canam, quando scripta puella meast.
nunc volo subducto gravior procedere vultu,
nunc aliam citharam me mea Musa docet.
surge, anime, ex humili; iam, carmina, sumite vires;
Pierides, magni nunc erit oris opus.

Nello sviluppo successivo dell'elegia l'urgenza e l'attualità del nuovo proposito sembrano slittare in un futuro più incerto e forse meno immediato:

Prop. 2, 10, 19-20
haec ego castra sequar; vates tua castra canendo
magnus ero: servent hunc mihi fata diem!

[2] La specificità e la singolarità di questa *recusatio* properziana è ben illustrata da Fedeli 2005 (in particolare p. 310).

Ma la strada di una progressione verso l'alto e la prospettiva di un dinamismo interno alla carriera del poeta si presenta come chiaramente tracciata, anche se non priva di oscillazioni e incertezze.

Oscillazioni e incertezze sono invece assenti dal modo in cui Ovidio stesso, fin dalla raccolta elegiaca in cui aveva proposto al pubblico i suoi *carmina iuvenalia,* prospettava la sua carriera. Il poeta degli *Amores* rende il suo lettore pienamente consapevole del fatto che la scelta imposta dal bizzarro intervento di Cupido è congenitamente instabile e il mutamento di genere non è per il quarto degli elegiaci un movimento esclusivamente in entrata.[3] Nell'elegia si entra, magari per lo scherzo di un dio birichino, ma se ne può anche uscire, anzi si possono mettere in scena dei tentativi falliti, in attesa di quello che, prima o poi, è destinato a riuscire e che porterà inevitabilmente il poeta fuori dall'elegia. Ciò risulta con piena evidenza nel proemio e nel commiato del terzo libro degli *Amores*.[4] Nel proemio *Elegia* e *Tragoedia* in persona contrappongono le rispettive ragioni per disputarsi le prestazioni del poeta e la scelta, inevitabile, del resto, in un proemio elegiaco, in favore di *Elegia* viene presentata esplicitamente come provvisoria e prefigura già quella uscita dal genere, quella promessa di un passaggio all'"opera più grande che incalza alle spalle", che sarà rispettata nel commiato, con l'addio all'elegia di un poeta che, per l'impulso di una più sublime ispirazione dionisiaca, si sente vincolato a "battere con zoccoli di possenti destrieri una pista più ampia":

Ov. *am.* 3, 1, 67-70
'exiguum vati concede, Tragoedia, tempus!
tu labor aeternus; quod petit illa, breve est.'
mota dedit veniam. teneri properentur Amores,
dum vacat; a tergo grandius urguet opus!

Ov. *am.* 3, 15, 17-20
corniger increpuit thyrso graviore Lyaeus:
pulsanda est magnis area maior equis.
inbelles elegi, genialis Musa, valete,
post mea mansurum fata superstes opus!

Il successivo sviluppo della carriera ovidiana è in effetti molto più complesso di questa schematica opposizione elegia/tragedia o anche, in termini più generali, genere minore/genere grande, rispettivamente corrispondenti alla successione biotico-cronologica giovinezza/età matura. Non serve addentrarsi particolarmente in una materia che negli ultimi decenni è stata oggetto di grande attenzione e di acute analisi da parte di molti studiosi prima di letteratura inglese e poi di letterature classiche. Ma non si può non ricordare alcuni punti cardine di questa discussione, primo fra tutti il ruolo modellizzante esercitato da Virgilio. È meglio

[3] Cfr. Labate 1999, Bretzigheimer 2001, Gardner 2013, Landolfi 2018.
[4] Vedi in particolare Bretzigheimer 2001, pp. 61-90.

rifarsi a quanto Philip Hardie ed Helen Moore ci ricordano nell'introduzione al volume *Classical Literary Careers and their Reception*:

> The Roman literary career finds its fullest and most influential manifestation in the three major works of Virgil: the *Eclogues, Georgics* and *Aeneid*. The perceived upwards progression through these three hexameter works was formalized in the medieval *rota Vergiliana*.[5]

Come a sua volta Ovidio, nello sviluppo e nel dipanarsi delle sue opere, una in successione all'altra, abbia reinterpretato questo modello virgiliano di carriera che, dopo la pubblicazione dell'*Eneide*, si afferma come termine inevitabile di confronto è stato ben indagato da Stephen Harrison, Alessandro Barchiesi, Philip Hardie.[6] Oltre che sulle evidenti somiglianze si è insistito su importanti differenze: da una parte il teleologismo della carriera virgiliana, orientata verso il coronamento dell'*Eneide* e organicamente collegata con la costruzione del principato augusteo; dall'altra, il rapporto più distaccato, ironico e problematico di Ovidio nei confronti delle ragioni augustee e la conseguente tendenza a importanti elementi di persistenza da un'opera all'altra, che compromette la spinta teleologica. Barchiesi e Hardie sottolineano come una certa oscillazione caratterizza la costruzione da parte di Ovidio della propria carriera letteraria "which contains moments of a rise through the genres in conscious emulation of the Virgilian career pattern, moments of unchanging continuity, as well as moments of regression"[7].

Gli stessi studiosi che non dimenticano oscillazioni e persistenze, insistono tuttavia sul fatto che un complessivo movimento ascendente caratterizza, in emulazione con Virgilio, il complesso della carriera ovidiana. La stessa strategia di diversificazione e di sperimentalismo all'interno dell'elegia erotica propone prove sempre più impegnative: le *Heroides*, con il passaggio a una materia che si misura costantemente con la sua provenienza epico-tragica; la didascalica amorosa, che accetta il confronto con una tradizione di impianto sistematico, intellettualmente e formalmente impegnativa; per non dire del poema sul calendario che riprende e porta a compimento la sfida callimachea di Properzio, esplorando le possibilità più ardue della poesia in distici; infine, fuori dall'elegia, il grande poema che accoglie in un grandioso disegno storie di diversa caratterizzazione letteraria in una ambiziosa cornice epica.

Con il quasi-completamento del *maius opus* (le *Metamorfosi*) e con i cavalli della sua poesia lanciati nell'*area maior* dei *Fasti,* la carriera di Ovidio può apparire *lato sensu* parallela e concorrenziale rispetto a quella di Virgilio, ben al di là della limitazione prospettata nei *Remedia amoris*:

[5] Hardie/Moore 2010, p. 4.

[6] Cfr. Harrison 2002, Barchiesi/Hardie 2010.

[7] Barchiesi/Hardie 2010, p. 60.

Ov. *rem.* 389-96
rumpere, Livor edax: magnum iam nomen habemus;
maius erit, tantum quo pede coepit eat.
sed nimium properas: vivam modo, plura dolebis;
et capiunt animi carmina multa mei.
nam iuvat et studium famae mihi crevit honore;
principio clivi noster anhelat equus.
tantum se nobis elegi debere fatentur,
quantum Vergilio nobile debet epos.

Questo coronamento 'virgiliano' della carriera (lo hanno visto benissimo ancora Barchiesi e Hardie)[8] è paradossalmente suggellato proprio dall'evento che sembra interromperla e comprometterla. L'esilio espelle il poeta da Roma e lo sbalza dalla sua prestigiosa cavalcata: le *Metamorfosi* non ricevono l'ultima *manus* e i *Fasti* non doppiano la meta del mese di giugno: è Ovidio stesso a identificarsi con Virgilio come il poeta che dispone la condanna alle fiamme delle *Metamorfosi* con la stessa determinazione (e lo stesso esito) che aveva dettato le ultime volontà di Virgilio sul letto di morte:

Ov. *trist.* 1, 7, 13-22
carmina mutatas hominum dicentia formas,
infelix domini quod fuga rupit opus.
haec ego discedens, sicut bene multa meorum,
ipse mea posui maestus in igne manu.
utque cremasse suum fertur sub stipite natum
Thestias et melior matre fuisse soror,
sic ego non meritos mecum peritura libellos
imposui rapidis viscera nostra rogis:
vel quod eram Musas, ut crimina nostra, perosus,
vel quod adhuc crescens et rude carmen erat.

Questo gesto simbolico presuppone un motivo che è caratteristico delle elegie dell'esilio: l'assimilazione dell'esilio alla morte, con tutto il plesso di immagini, metafore, variazioni sul tema che ad esso è collegato.[9]. Ma proprio qui si tocca un punto determinante per la poetica dell'esilio e per la successiva configurazione della carriera di Ovidio. L'esilio equivale alla morte, ma non è la morte, l'esiliato non è un cadavere ma un cadavere vivente. Ovidio anzi tematizzerà questa differenza tutte le volte che parlerà della sua rinuncia al suicidio (presentato come una concreta possibilità affacciatasi alla sua mente e poi scartata) o della rinuncia di Augusto, principe mite e clemente, alle estreme conseguenze della sua ira e della sua moderazione nell'infliggere la pena:[10]

8 Cfr. Barchiesi/Hardie 2010, pp. 59-88.

9 Il motivo è un topos della *Exilliteratur*: cfr., fra gli altri, Doblhofer 1987, pp. 166-178, Nagle 1980, pp. 23-32.

10 Vedi soprattutto Lechi 1988.

Ov. *trist.* 2, 127-8
vita data est, citraque necem tua constitit ira,
o princeps parce viribus use tuis!

Joe Farrell ha acutamente suggerito che il modello culturale che dà forma alla carriera letteraria è desunto dalla sfera della politica e delle istituzioni.[11] Questo modello pretende un andamento costantemente ascendente che conduce secondo i successivi gradi del *cursus honorum*: raggiunto il culmine, la posizione può essere mantenuta, iterata o variata nel prestigio dei *consulares* o degli autorevoli membri del Senato o di altre funzioni di primo livello. La tumultuosa lotta politica delle *factiones* e delle guerre civili poteva comportare rovesci di fortuna anche tragici, ma nessuna vera 'retrocessione'. Per fare davvero come Virgilio, Ovidio avrebbe dovuto morire, o per lo meno morire come autore, cioè tacere per sempre. Non essendo morto ed avendo continuato a scrivere, Ovidio si trovava a muoversi in uno spazio nuovo e nella fase inedita di una carriera che, dopo aver raggiunto il culmine, deve ora reinventarsi ulteriori possibilità 'minori', esplorare una possibile carriera in discesa dalle vette dei generi grandi, che però non può né vuole ripercorrere, per ovvie ragioni, le strade di prima, né può o vuole dimenticare di aver frequentato con successo l'*area maior*.[12] Le marche di genere di questa nuova carriera sono troppo note per indugiare oltre: il ritorno agli *elegi* e alla poesia personale, il legame stavolta davvero stringente tra l'elegia e la condizione esistenziale del poeta,[13] la rinnovata e non convenzionale caratterizzazione dell'elegia come poesia di sofferenza e di pianto; la conversione in senso matrimoniale della *domina* elegiaca,[14] il legame organico con gli *exempla* mitologici, stavolta curvati in senso epico-tragico,[15] per ricordare solo alcuni tra i più importanti.

È interessante, piuttosto, soffermarsi brevemente su alcuni *landmarks*, che, seppure tutt'altro che inediti per Ovidio, tuttavia segnano fortemente il carattere innovativo di questa imprevista stagione. Ovidio ha volentieri sottolineato il suo dinamismo letterario con immagini di spostamento e di movimento nello spazio. Queste metafore guidano il lettore sia all'interno della singola opera, sia nel passaggio tra un'opera e l'altra: non soltanto quelle relative ai cavalli, ai carri, alle gare di corsa (*meta*, *area*, *cursus*, *rota* e simili), ma anche quelle del viaggio, che a volte si definisce proprio come una specie di viaggio da un genere all'altro:[16]

[11] Cfr. Farrell 2002.

[12] Harrison 2002, pp. 89-93.

[13] Cfr. Lechi 1993, pp. 8-15.

[14] Nagle 1980, p. 43.

[15] Si è studiato in particolare l'*Odysseus-Rolle*, a partire soprattutto da Rahn 1958: sull'argomento vedi, fra gli altri, Williams 1994, pp. 107-15, Seibert 2014, pp. 215 ss. con bibliografia e, in questo stesso volume, il contributo di Melanie Möller. Su altri modelli tragici ha opportunamente richiamato l'attenzione Galasso 1987.

[16] Sugli intricati problemi compositivi del proemio al II libro dei *Fasti*, vedi Robinson 2011, pp. 51-6.

Ov. *fast.* 2, 3-8
nunc primum velis, elegi, maioribus itis:
exiguum, memini, nuper eratis opus.
ipse ego vos habui faciles in amore ministros,
cum lusit numeris prima iuventa suis.
idem sacra cano signataque tempora fastis:
ecquis ad haec illinc crederet esse viam?

Che il viaggio della poesia, come metafora delle scelte letterarie, potesse essere immaginato anche in termini di navigazione non era certo una novità.[17] Properzio, per fare solo un esempio, rappresentava l'opposizione tra generi minori e generi grandi come opposizione tra la sicura navigazione lungo costa dell'elegia e le tempeste in mare aperto del *carmen heroum*:[18]

Prop. 3, 3, 15-24
quid tibi cum tali, demens, est flumine? quis te
carminis heroi tangere iussit opus?
non hinc ulla tibi sperandast fama, Properti:
mollia sunt parvis prata terenda rotis;
ut tuus in scamno iactetur saepe libellus,
quem legat exspectans sola puella virum.
cur tua praescriptos evectast pagina gyros?
non est ingenii cumba gravanda tui.
alter remus aquas alter tibi radat harenas,
tutus eris: medio maxima turba marist.

Il poeta che, per ordine di Augusto, deve lasciare l'Italia, nel pieno della stagione invernale, per intraprendere un viaggio lungo e pericoloso, dal centro del mondo ai margini del mondo, dalla città dove tutti vogliono andare a un luogo ben poco attraente, dove nessuno vorrebbe andare, è un poeta che abitava ormai stabilmente ai livelli più alti della sfera letteraria.[19] Il primo libro dei *Tristia*, secondo quanto indicato nell'elegia di commiato, deve essere immaginato dal lettore come scritto durante questo viaggio:[20]

Ov. *trist.* 1, 11, 1-2
Littera quaecumque est toto tibi lecta libello
est mihi sollicito tempore facta viae.

Dopo il proemio, il libro è incorniciato da ben tre elegie, la seconda e le ultime due, interamente occupate dal tema più drammaticamente caratteristico del

[17] Confronti utili in Robinson 2011, pp. 58-60.
[18] Anche qui esaurienti indicazioni in Fedeli 1985, pp. 134-6.
[19] Hinds 1985 = 2006 (da cui cito), pp. 428-9.
[20] Froesch 1976, p. 24.

viaggio per mare, la tempesta (più un'altra descrizione di tempesta nell'elegia 1, 4, più una serie di riprese 'minori' del tema in varie altre elegie). La descrizione della o delle tempeste da una parte costituisce un luogo letterario fortemente formalizzato, secondo una serie di elementi descrittivi e di peripezie tematiche fisse (Giovenale 12, 23-4 la chiamerà *poetica tempestas*);[21] dall'altra rappresenta bene un tratto caratteristico di quella che sarà la nuova poetica dell'esilio: una poesia che, proprio quando si trova a riproporre convenzioni letterarie, sente al tempo stesso di dover avvertire il lettore, con rammarico retoricamente esibito, che non si tratta di convenzioni, ma di realtà e di verità:

> Ov. *trist.* 1, 5, 79-80
> *adde, quod illius* [*sc. Ulixis*] *pars maxima ficta laborum:*
> *ponitur in nostris fabula nulla malis.*

È un viaggio, questo, anche troppo reale, la cui specificità è esaltata dalla precisione periegetica dell'elegia 1, 10, con la serie di minuti particolari individualizzanti della rotta o delle rotte seguite, la pluralità di navi, la prosecuzione per via di mare e/o per via di terra (in particolare nel segmento più arduo e letterariamente più evocativo, tra l'imboccatura dell'Ellesponto e l'accesso al Ponto Eusino).[22] Ma si tratta, al tempo stesso, anche di un viaggio letterario, in cui l'immagine della *via* che, in maniera anche inopinata, aveva portato il poeta dai generi minori ai generi grandi si espande in una grande immagine di viaggio in spazi sconosciuti, in cui il poeta espulso dalla sua posizione di ambizioso interprete dell'epos (e dell'elegia di livello più elevato) si misura con la necessità di nuove esplorazioni, di nuove invenzioni, certo meno prestigiose, ma forse in grado, al di là di ogni professione di modestia, di non tradire le aspettative prevedibili nel pubblico affezionato e forse anche capaci di far breccia nella ostilità e in ogni diffidenza.[23]

Nella preghiera proemiale delle *Metamorfosi* si ricordava come il passaggio stesso tra le intraprese letterarie e i generi era una delle trasformazioni di cui gli dei sono capaci:[24]

> Ov. *met.* 1, 1-3
> *In nova fert animus mutatas dicere formas*
> *corpora; di, coeptis (nam vos mutastis et illa)*
> *adspirate meis...*

Quando il libro inviato da Tomi giungerà a Roma e cercherà posto nella casa del poeta tra le altre sue opere, dovrà dire ai volumi delle *Metamorfosi* che quella

[21] Da vedere, fra gli altri, Evans 1983, pp. 34-6; Griffin 1985, Bate 2004, Ingleheart 2006.
[22] Cfr. Degl'Innocenti Pierini 2008, pp. 53-9.
[23] Cfr. Kyriakidis 2013.
[24] Sul testo e l'interpretazione del v. 2 vedi Barchiesi 2005, 136 e 138-40.

subita dal poeta stesso potrebbe essere aggiunta alle trasformazioni contenute nei quindici libri del poema:[25]

Ov. *trist.* 1, 1, 117-20
sunt quoque mutatae, ter quinque volumina, formae,
nuper ab exequiis carmina rapta meis.
his mando dicas, inter mutata referri
fortunae vultum corpora posse meae

Il libro stesso dei *Tristia*, col suo aspetto incolto, disadorno e lugubre, è la prima testimonianza di questa metamorfosi che Ovidio non avrebbe voluto scrivere. Ma come il lettore di Ovidio ben sa, ogni metamorfosi prevede elementi di persistenza, qualcosa di prima che rimane e che costituisce il perno sul quale ruota la trasformazione stessa.[26] Questo stesso principio è alla base della sperimentazione con cui Ovidio cerca di costruire questa fase ulteriore della sua carriera. Sulla sua vita si è abbattuta una devastante tempesta che l'ha completamente sconvolta: tutti i lettori sanno quanto questa *imagery* sia pervasiva nelle elegie dell'esilio. Le tempeste marine che hanno accompagnato il viaggio del poeta verso Tomi hanno un evidente valore simbolico, che tiene assieme la vita e la letteratura. La vita del poeta ha fatto naufragio e al tempo stesso ha fatto naufragio una imponente carriera letteraria. Galleggiano rottami della sua vita e dei suoi beni, di cui predatori avidi e meschini tentano di appropriarsi, se non fosse per sua moglie, capace di tenere a bada lupi e avvoltoi:

Ov. *trist.* 1, 6, 7-14
tu facis, ut spolium non sim, nec nuder ab illis,
naufragii tabulas qui petiere mei.
utque rapax stimulante fame cupidusque cruoris
incustoditum captat ovile lupus,
aut ut edax vultur corpus circumspicit ecquod
sub nulla positum cernere possit humo,
sic mea nescio quis, rebus male fidus acerbis,
in bona venturus, si paterere, fuit.

Ma quanto alla sua carriera, spetta al naufrago stesso recuperarne le *tabulae* e studiarne il possibile riuso, riassemblandole in un prodotto nuovo. Si tratta di un'operazione molto complessa e tutt'altro che sconosciuta agli studiosi di Ovidio, che anzi hanno ben studiato tutta questa materia. Se è vero che il poema maggiore ovidiano era largamente costituito di materiali di 'provenienza' epico-tragica, non può certo stupirci che rottami e frammenti vari di questa natura abbondino nelle elegie dell'esilio.

[25] Citroni 1995, pp. 451-2.
[26] Cfr. Anderson 1963, pp. 4-5.

Uno dei casi più interessanti è quello in cui Ovidio propone ai suoi lettori l'idea che la disgrazia ha trasformato lui stesso, poeta di storie epico-tragiche, in personaggio epico-tragico, che sa che il suo travagliato destino potrebbe offrire la più ricca materia a un poema incentrato su avventure, peripezie, tribolazioni, sa che si potrebbe scrivere su di lui un'*Odissea* più patetica, se non più eroica, dell'*Odissea* stessa:[27]

Ov. *trist.* 1, 5, 53-8
si vox infragilis, pectus mihi firmius aere,
pluraque cum linguis pluribus ora forent,
non tamen idcirco complecterer omnia verbis,
materia vires exsuperante meas.
pro duce Neritio docti mala nostra poetae
scribite: Neritio nam mala plura tuli.

Non a caso Ovidio si appropria qui, almeno in prima istanza, di un modulo fra i più tipici dell'epos, quello delle molte lingue e delle molte bocche, che dall'archetipo del *Catalogo delle navi* di Omero,[28] si trasmette a tutta una *lignée* di poeti epici successivi: Ennio, Virgilio, probabilmente Lucrezio, Ostio, Ovidio stesso (e poi altri ancora).

Hom. *Il.* 2, 488-93
πληθὺν δ' οὐκ ἂν ἐγὼ μυθήσομαι οὐδ' ὀνομήνω,
οὐδ' εἴ μοι δέκα μὲν γλῶσσαι, δέκα δὲ στόματ' εἶεν,
φωνὴ δ' ἄρρηκτος, χάλκεον δέ μοι ἦτορ ἐνείη,
εἰ μὴ Ὀλυμπιάδες Μοῦσαι Διὸς αἰγιόχοιο
θυγατέρες μνησαίαθ' ὅσοι ὑπὸ Ἴλιον ἦλθον·
ἀρχοὺς αὖ νηῶν ἐρέω νῆάς τε προπάσας.

la folla io non dirò, non chiamerò per nome, nemmeno s'io dieci lingue e dieci bocche avessi, voce infrangibile, petto di bronzo avessi, e nemmeno le Muse olimpie, figlie di Zeus egioco, potrebbero dirmi quanti vennero sotto Ilio! Ma dirò i capi di navi e tutte le navi.

Enn. *ann.* 469-70 Sk.
non si lingua loqui saperet quibus, ora decem sint
in me, tum ferro cor sit pectusque revinctum

Verg. *georg.* 2, 42- 4
non ego cuncta meis amplecti uersibus opto,
non, mihi si linguae centum sint oraque centum,
ferrea uox.

[27] Rimando, in questo stesso volume, al contributo di Melanie Möller.
[28] Williams 1994, pp. 107-115.

Serv. *ad georg.* 2, 242
NON EGO CVNCTA MEIS Lucretii versus; sed ille 'aerea [aenea libri] vox' ait, non 'ferrea'.

Verg. *Aen.* 6, 625-7
non, mihi si linguae centum sint oraque centum,
ferrea uox, omnis scelerum comprendere formas,
omnia poenarum percurrere nomina possim.

Serv. *ad Aen.* 6, 625
NON MIHI SI LINGVAE CENTVM SINT Lucretii versus sublatus de Homero, sed 'aerea vox' dixit.

Il modulo era ripreso da Ovidio epico a proposito delle innumerevoli manifestazioni di lutto delle sorelle di Meleagro in seguito alla tragica morte dell'eroe, che richiedevano appunto una voce e un'ispirazione del più alto livello:

Ov. *met.* 8, 533-5
non mihi si centum deus ora sonantia linguis
ingeniumque capax totumque Helicona dedisset,
tristia persequerer miserarum fata sororum.

Ma dello stesso modulo Ovidio si era già servito altre due volte. La prima volta, in un rapido cenno, l'ironica impennata epica serviva al *magister amoris* per la semiseria esecrazione delle arti rapinatrici delle *meretrices*:

Ov. *ars.* 1, 435-6
non mihi, sacrilegas meretricum ut persequar artes,
cum totidem linguis sint satis ora decem.

Più significativa, per i nostri scopi, è l'utilizzazione che Ovidio ne fa nei *Fasti*, in una occasione di particolare impegno poetico e ideologico.[29] Le none di febbraio sono una ricorrenza di primo piano nel calendario augusteo, perché si celebra l'assunzione, da parte del principe, del titolo di *pater patriae*, che Romolo il fondatore aveva portato prima di lui. Il poeta elegiaco sa che questa festa è una di quelle che portano ai limiti superiori le possibilità del genere, proponendo una sfida evidentemente concorrenziale con la grandezza dell'*epos*. Per questo motivo la trattazione della festa è introdotta da un solenne proemio:

[29] Robinson 2011, pp. 135-57.

Ov. *fast.* 2, 119-26
Nunc mihi mille sonos quoque est memoratus Achilles
vellem, Maeonide, pectus inesse tuum,
dum canimus sacras alterno carmine Nonas.
maximus hic fastis accumulatur honor.
deficit ingenium, maioraque viribus urgent:
haec mihi praecipuo est ore canenda dies.
quid volui demens elegis imponere tantum
ponderis? heroi res erat ista pedis.

Il modulo serve qui a dichiarare l'evidente valenza epica della materia e, al tempo stesso, la necessità di elevare al massimo delle sue possibilità la voce elegiaca, impari pur sempre, però, rispetto al peso che le viene imposto. Per cantare la grandezza di Augusto ci vorrebbe l'ispirazione del poeta dell'*Iliade*, ci vorrebbe Omero, cantore di Achille. Al poeta elegiaco si apre piuttosto un'altra possibilità, non quella di *narrare* la grandezza del principe, ma quella di *argomentarla* in una serie di distici che conducono una articolata *synkrisis* tra i due *patres patriae* e tutte le volte ribadiscono la superiorità del rifondatore (Augusto) rispetto al fondatore (Romolo):

Ov. *fast.* 2, 133-44
Romule, concedes: facit hic tua magna tuendo
moenia, tu dederas transilienda Remo.
te Tatius parvique Cures Caeninaque sensit,
hoc duce Romanum est solis utrumque latus;
tu breve nescioquid victae telluris habebas,
quodcumque est alto sub Iove, Caesar habet.
tu rapis, hic castas duce se iubet esse maritas;
tu recipis luco, reppulit ille nefas;
vis tibi grata fuit, florent sub Caesare leges;
tu domini nomen, principis ille tenet;
te Remus incusat, veniam dedit hostibus ille;
caelestem fecit te pater, ille patrem.

Il poeta dei *Tristia*, nel presentarsi come personaggio epico, persiste in questa tipica movenza e si esibisce anzi in un *tour de force* epico che gareggia coi grandi predecessori in un virtuosistico gioco di referenze multiple:

Ov. *trist.* 1, 5, 53-6
si vox infragilis, pectus mihi firmius aere,
pluraque cum linguis pluribus ora forent,
non tamen idcirco complecterer ***omnia*** *verbis,*
materia vires exsuperante meas.

Osservava giustamente Richard Thomas[30] che, per Virgilio georgico, il modulo delle cento bocche e delle cento lingue assumeva una curvatura diversa rispetto alla funzione epica che sarà poi ripristinata da Virgilio stesso nell'*Eneide*. Il suo poema didascalico, presentato in prima istanza come un progetto di larga scala, quasi epico (il mare aperto verso cui veleggiare con il supporto di Mecenate: 2, 41 *pelagoque volans da vela patenti*), subito ripiega verso una caratterizzazione più callimachea del poema che sta realizzando: il poeta non parla, come Omero e gli altri, di oggettiva impossibilità di "abbracciare tutto nei versi", ma di una sua consapevole scelta di poetica. Notevole che, nel nostro passo dei *Tristia*, la formula che dichiara l'impossibilità di abbracciare la molteplicità della materia slitti, proprio come nelle *Georgiche*, verso il linguaggio 'callimacheo' della *recusatio*, con la dichiarazione di inadeguatezza delle *vires* rispetto alla materia.

Il fatto è che un poeta epico non scrive di se stesso e dunque questa, come materia epica, potrebbe tutt'al più essere suggerita ad altri, a quei poeti che tra l'altro non sentissero quelle limitazioni:

> Ov. *trist.* 1, 5, 57-8
> *pro duce Neritio docti mala nostra poetae*
> *scribite: Neritio nam mala plura tuli.*

Chi scrive di se stesso è poeta elegiaco e, per lui, la riutilizzazione di questa specifica *tabula* del suo naufragio può avvenire solo secondo la modalità dei *Fasti*: la serie di ben tredici distici che argomenta caso per caso la sua superiorità, come campione delle disgrazie, rispetto a Ulisse (*trist.* 1, 5, 59-84).

Abbiamo avuto già occasione di ricordare come la tempesta epica costituisse non soltanto un classico elemento di repertorio, ma anche, almeno a partire dall'*Odissea*, una vera e propria marca di genere. Non credo sia troppo utile passare in rassegna tutti gli elementi topici che caratterizzano una scena che era sentita come immancabile in un poema epico, ma che anche la tragedia aveva sentito consona al suo stile sublime. Nel libro del viaggio verso Tomi il recupero di questo elemento tematico e compositivo era quasi scontato. Più significativo osservare come fossero alcune modalità specifiche dell'*episches Unwetter* ovidiano, come si era strutturato nelle *Metamorfosi*, a suggerirne il recupero nella nuova tappa della carriera del poeta. Il poeta epico racconta tempeste che colpiscono il suo eroe e che mettono alla prova il suo coraggio, la sua capacità di sopportazione, il suo stesso *ethos* guerriero. Il viaggio verso Tomi mette invece il poeta in condizione di realizzare davvero uno dei modi in cui la percezione antica sovrapponeva, nella poesia, lo scrivere e l'agire, il racconto e l'esperienza. Stavolta il poeta faceva davvero le cose di cui parlava, subiva davvero in prima persona le tempeste che descriveva. Nel culmine della tempesta epica, di fronte allo scatenarsi degli elementi, Ulisse prorompe nel *makarismòs* destinato a diventare il simbolo dell'*ethos* eroico:

[30] Thomas 1988, p. 163-4.

Hom. *Od.* 5, 306-12
τρὶς μάκαρες Δαναοὶ καὶ τετράκις, οἳ τότ’ ὄλοντο
Τροίῃ ἐν εὐρείῃ, χάριν Ἀτρεΐδῃσι φέροντες.
ὡς δὴ ἐγώ γ’ ὄφελον θανέειν καὶ πότμον ἐπισπεῖν
ἤματι τῷ ὅτε μοι πλεῖστοι χαλκήρεα δοῦρα
Τρῶες ἐπέρριψαν περὶ Πηλεΐωνι θανόντι.
τῶ κ’ ἔλαχον κτερέων, καί μευ κλέος ἦγον Ἀχαιοί·
νῦν δέ με λευγαλέῳ θανάτῳ εἵμαρτο ἁλῶναι.

o tre e quattro volte beati quei Danai, che allora perirono nell’ampia Troade, in grazia degli Atridi! Così anch’io fossi morto, avessi seguito il destino, il giorno che in folla le lance di bronzo mi scagliavano i Teucri intorno al morto Pelide. Avrei avuto gli onori dei morti e la mia gloria gli Achei vanterebbero. Invece m’era destino di misera morte essere preda.

Enea dice parole equivalenti al culmine della tempesta nel mare davanti a Cartagine:

Verg. *Aen.* 1, 94-101
o terque quaterque beati,
quis ante ora patrum Troiae sub moenibus altis
contigit oppetere! o Danaum fortissime gentis
Tydide! mene Iliacis occumbere campis
non potuisse tuaque animam hanc effundere dextra,
saeuus ubi Aeacidae telo iacet Hector, ubi ingens
Sarpedon, ubi tot Simois correpta sub undis
scuta uirum galeasque et fortia corpora uoluit!

Nella grande tempesta dell’elegia 1, 2 dei *Tristia*, nello stesso momento decisivo in cui il mare sta per avere il sopravvento, il poeta-protagonista, reduce dall’epos, non può pronunciare parole come queste, ma si congratula invece di non aver permesso a sua moglie di condividere il suo viaggio e quindi il suo imminente destino di morte, *genus miserabile leti*:

Ov. *trist.* 1, 2, 41-44
o bene, quod non sum mecum conscendere passus,
ne mihi mors misero bis patienda foret!
at nunc ut peream, quoniam caret illa periclo,
dimidia certe parte superstes ero.

Come tutte le eroine elegiache, la moglie di Ovidio, in quell’ultima notte a Roma, aveva cercato con ostinata determinazione di partire insieme a lui, per non separarsi mai da lui (*sarcina* è parola chiave di questo eroismo femminile):

Ov. *trist.* 1, 3, 81-84
'non potes avelli: simul ah! simul ibimus', inquit,
'te sequar et coniunx exulis exul ero.
et mihi facta via est, et me capit ultima tellus:
accedam profugae sarcina parva rati.'

Ov. *epist.* 3, 78-9
si tibi iam reditusque placent patriique Penates,
non ego sum classi sarcina magna tuae.

Come poeta epico, Ovidio aveva affrontato il tema della tempesta nell'episodio di Ceice e Alcione. La sposa innamorata, dopo aver inutilmente cercato di dissuadere il marito dal viaggio, aveva inutilmente cercato di convincerlo a portarla con sé:

Ov. *met.* 11, 439-43
quod tua si flecti precibus sententia nullis,
care, potest, coniunx, nimiumque es certus eundi,
me quoque tolle simul! certe iactabimur una,
nec nisi quae patiar, metuam, pariterque feremus,
quicquid erit, pariter super aequora lata feremur.

La moglie di Ovidio, *pia coniunx*, sta probabilmente rivivendo la medesima esperienza di Alcione: si duole della separazione e della lontananza, ma non sa che c'è ben altro di cui dolersi, è inconsapevole della tragedia che si sta consumando sul mare:

Ov. *trist.* 1, 2, 37-40
at pia nil aliud quam me dolet exule coniunx:
hoc unum nostri scitque gemitque mali.
nescit in immenso iactari corpora ponto,
nescit agi ventis, nescit adesse necem.

Ov. *met.* 11, 574-5
Aeolis interea tantorum ignara malorum
dinumerat noctes…

Nel culmine della tempesta, le parole del poeta protagonista sono equivalenti alle parole di Ceice, che si congratula di non avere permesso alla moglie di celebrare l'ideale della *iuncta mors*, per potere impersonare lui, a sua volta, un altro ideale elegiaco, il *dimidium animae*:

Ov. *met.* 11, 544-46
Alcyone Ceyca movet, Ceycis in ore
nulla nisi Alcyone est et, cum desideret unam,
gaudet abesse tamen

Un aspetto che giustamente è stato ritenuto caratteristico della scalata ovidiana dei generi era la persistenza di elementi importanti dei generi minori nell'ambito dei generi maggiori: sono passati molti anni da quando Hermann Tränkle aveva messo bene a fuoco l'*Elegisches in Ovids Metamorphosen*[31]. Trovandosi a percorrere in senso inverso quel viaggio letterario, il poeta dei *Tristia* poteva approfittare di questa opportunità, poteva recuperare dal suo naufragio varie *tabulae* del suo *episches Unwetter*, se non altro perché esso aveva in qualche modo inglobato un *elegisches Unwetter*.[32]

***

Riferimenti bibliografici

Anderson, W.S.: *Multiple Change in the Metamorphoses*, in: *TAPA* 94 (1963), pp. 1-27.

Barchiesi, A.: *Ovidio, Metamorfosi vol. 1, libri I-II*, Milano 2005.

Barchiesi, A./Hardie, Ph.: *The Ovidian Career Model: Ovid, Gallus, Apuleius, Boccaccio*, in: Hardie/Moore 2010, pp. 59-88.

Bate, M.S.: *Tempestuous poetry: storms in Ovid's Metamorphoses, Heroides and Tristia*, in: *Mnemosyne* 57 (2004), pp. 295-310.

Bretzigheimer, G.: *Ovid Amores. Poetik in der Erotik*, Tübingen 2001.

Cameron, A.: *Callimachus and his Critics*, Princeton 1993.

Citroni, M.: *Poesia e lettori in Roma antica. Forme della comunicazione letteraria*, Roma-Bari 1995.

Degl'Innocenti Pierini, R.: *Il parto dell'orsa. Studi su Virgilio, Ovidio e Seneca*, Bologna 2008.

Doblhofer, E.: *Exil und Emigration. Zum Erlebnis der Heimatferne in der römischen Literatur*, Darmstadt 1987.

Evans, H.B.: *Publica Carmina. Ovid's Books from Exile*, Lincoln-London 1983.

Farrell, J.: *Greek Lives and Roman Careers in the Classical Vita Tradition*, in: P. Cheney/P. de Arnas (eds.), *European Literary Careers. The Author from Antiquity to the Renaissance*, Toronto 2002, pp. 24-46.

Fedeli, P.: Properzio: Il libro terzo delle Elegie*: Introduzione, testo e commento*, Bari 1985.

——: *Properzio: Elegie Libro II: Introduzione, testo e commento*, Cambridge 2005.

Froesch, H.: *Ovid als Dichter des Exils*, Bonn 1976.

Galasso, L.: *Modelli tragici e ricodificazione elegiaca: appunti sulla poesia ovidiana dell'esilio*, in: *MD* 18 (1987), pp. 83-99.

Gardner, H.H.: *Gendering Time in Augustan Love Elegy*, Oxford 2013.

Griffin, A.H.F.: *Ovid,* Tristia *I, 2 and the tradition of literary sea storms*, in: *Pegasus* 28 (1995), pp. 28-34.

Hardie, Ph./Moore, H. (eds.): *Classical Literary Careers and their Reception*, Cambridge 2010.

[31] Tränkle 1963.

[32] Cfr. Kröner 1970, Lechi 1993, pp. 16-8.

Harrison, S.J.: *Ovid and genre: evolutions of an elegist*, in: Ph. Hardie (ed.), *The Cambridge Companion to Ovid*, Cambridge 2002, pp. 79-94.

Hinds, S.: *Booking the Return Trip: Ovid and Tristia 1*, in: *PCPS* 31 (1985), pp. 13-32 [= P. Knox (ed.), *Oxford Readings in Classical Studies: Ovid*, Oxford 2006, pp. 415-40].

Ingleheart, J.: *Ovid, Tristia 1.2: high drama on the high seas*, in: *G&R* 53 (2006), pp. 73-91.

Kambylis, A.: *Die Dichterweihe und ihre Symbolik. Untersuchungen zu Hesiodos, Kallimachos, Properz und Ennius*, Heidelberg 1965.

Kröner, H.O.: *Elegisches Unwetter*, in: *Poetica* 3 (1970), pp. 388-408.

Kyriakidis, S.: *The Poet's Afterlife: Ovid between Epic and Elegy*, in: Th. Papanghelis/S.J. Harrison/S. Frangoulidis (eds.), *Generic Interfaces in Latin Literature. Encounters, Interactions and Transformation*, Berlin/Boston 2013, pp. 351-66.

Labate, M.: *Μετάβασις εἰς ἄλλο γένος: la poétique de l'élégie et la carrière poétique d'Ovide*, in: J. Fabre-Serris/A. Deremetz (eds.), *Élégie et épopée dans la poésie ovidienne*, Lille 1999, pp. 127-43.

Landolfi, L.: *Μετάβασις εἰς ἄλλο γένος: scelte biotiche e interdetti negli Amores*, in P. Fedeli/G. Rosati (eds.), *Ovidio 2017. Prospettive per il terzo millennio*. Atti del Convegno Internazionale (Sulmona, 3-6 aprile 2017), Teramo 2018, pp. 57-90.

Lechi, F.: *Piger ad poenas, ad praemia velox: un modello di sovrano nelle Epistulae ex Ponto*, in: *MD* 20-21 (1988), pp. 119-132.

———: *Ovidio, Tristezze*, Milano 1993.

Nagle, B.R.: *The poetics of exile. Program and polemic in the Tristia and Epistulae ex Ponto of Ovid*, Brussels 1980.

Rahn, H.: *Ovids elegische Epistel*, in: *A&A* 7 (1958), pp. 105-120 [= M. von Albrecht/E. Zinn (eds.), *Ovid*, Darmstadt 1968, pp. 476-501].

Robinson, M.: *A Commentary on Ovid's Fasti Book 2*, Oxford 2011.

Seibert, S.: *Ovids verkehrte Exilwelt. Spiegel des Erzählers, Spiegel des Mythos, Spiegel Roms*, Berlin/München/Boston 2014.

Thomas, R.: *Virgil: Georgics*, Vol. 1, Books I-II, Cambridge 1988.

———: *Callimachus back in Rome*, in: M.A. Harder/R.F. Regtuit/G.C. Wakker (eds.), *Callimachus*, Groningen 1993, pp. 197-215.

Tränkle, H.: *Elegisches in Ovids Metamorphosen*, in: *Hermes* 91 (1963), pp. 459-476.

Williams, G.: *Banished Voices. Readings in Ovid's Exile Poetry*, Cambridge 1994.

Wimmel, W.: *Kallimachos in Rom. Die Nachfolge seines apologetischen Dichtens in der Augusteerzeit*, Wiesbaden 1960 (= Hermes Einzelschriften, Heft 16).

Melanie Möller (Berlin)

Ovid und Odysseus. Zur Rhetorik des Exils

Vorbemerkungen: Exil als „Fetisch“

War es Ovid ‚ernst‘ mit seinem Exil? Diese Frage hat die Leserinnen und Leser seiner Werke von jeher beschäftigt. Hatte Goethe in seinen *Maximen und Reflexionen* Ovids Exil noch als Gradmesser für die Unterscheidung der Klassik von der Romantik herangezogen: „Ovid blieb klassisch auch im Exil: er sucht sein Unglück nicht in sich, sondern in seiner Entfernung von der Hauptstadt der Welt“[1], so fällt das Urteil Lion Feuchtwangers im Angesicht der Schrecken des 20. Jahrhunderts weniger verständig aus:

„If we study the man more closely, we quickly recognize that he never felt himself as representative of any established political or religious group; nobody stood by him, and he stood by nobody. He never felt that he was in exile as a martyr for his convictions. On the contrary, he never really understood the deeper meaning of his exile. To him it seemed nothing but a piece of colossally bad luck“[2].

Aber ist eine nachträgliche, zumal vergleichende Wertung überhaupt angemessen? Sind die Unterschiede zwischen (post)moderner Exilliteratur und römischer Exilsituation nicht zu grundsätzlich, sowohl mit Blick auf das Exil selbst als auch auf seine Literarisierung? Manch einer sieht die Gefahr, dass Vergleiche mit modernen Exiltexten eher zur Verhinderung des Verständnisses römischer Exilpraxis beitrügen;[3] für die historischen Erscheinungsformen des Exils mag das mit gewissen Einschränkungen gelten.

[1] Maxime 863 bzw. 864: „Klassisch ist das Gesunde, romantisch das Kranke“: Zitiert nach *Goethes Werke. Band XII. Schriften zur Kunst. Schriften zur Literatur. Maximen und Reflexionen*. Textkritisch durchgesehen von E. Trunz und H.J. Schrimpf. Kommentiert von H. von Einem und H.J. Schrimpf, München 1981 (nach der *Hamburger Ausgabe*), S. 487.

[2] L. Feuchtwanger, *Ovid*, in: E. Ludwig/H.B. Kranz (Hg.), *The Torch of Freedom*, NY/Toronto 1943, S. 1-16, S. 1. Immerhin endet Feuchtwangers kleiner Aufsatz mit der Einsicht: „No, the name of Ovid may not be omitted from the great names of exiles of all countries“ (S. 16). Vgl. dazu P. Tabori, *The Anatomy of Exile. A Semantic and Historical Study*, London 1972, S. 63, der mit T. Denes, *Ovide ou l'exil*, in: *LM* 6 (1966), S. 1-9, hervorhebt, dass Augustus an Ovid ein Exempel statuiert habe – und umgekehrt.

[3] So z. B. J.F. Gaertner, *Ovid and the „Poetics of Exile“: How Exilic is Ovid's Exile Poetry?*, in: Ders. (Hg.), *Writing Exile: The Discourse of Displacement in Greco-Roman Antiquity and Beyond*, Leiden 2007, S. 155-172; vgl. auch die umsichtige Position Chr. Waldes, *Von Ovid bis Joseph Brodsky. Römisches Exilium und modernes „Exil“*,

Problematisch ist der Vergleich jedenfalls mit Blick auf die Wurzeln des römischen Exils. Am Anfang steht die freiwillige Entfernung, eine Art ‚Selbstverbannung' eines römischen Bürgers, der der Bestrafung durch das Volk (zunächst der Verurteilung, später dem Strafvollzug) entgehen wollte; bisweilen wurde dieser Akt nachträglich zur ‚gerechten Strafe' erklärt und bestätigt. Im Zuge seiner „Flucht" (*fuga*) konnte der Betroffene seinen Aufenthaltsort aufgrund des *ius exulare* selbst auswählen. Die gewählten Verbannungsorte lagen bevorzugt in Latium; der mit der Abwanderung verbundene Verlust des römischen Bürgerrechts konnte immerhin durch den Zugewinn z.B. des latinischen kompensiert werden.[4]

Für die literarischen Adaptionen des Exils haben die augenfälligen Unterschiede jedoch keine nennenswerten Konsequenzen, wie unter anderem die wegweisenden Untersuchungen Jo-Marie Claassens gezeigt haben.[5] Wir haben keinen Grund anzunehmen, „der Begriff des „inneren Exils" oder gar des Pseudo-Exils wäre [...] für einen Römer in antiker Zeit kaum verständlich gewesen"[6] – im Gegenteil hat Mario Citronis eindringliche Analyse gezeigt, dass auch Cicero, Catull und Seneca uns in ihren Werken ein „Exil von sich selbst" vor Augen führen.[7]

Doch ist es vor allem Ovid, der mit seinen Texten zum Prototyp des im Exil Leidenden geworden ist – für alle späteren, konstruktiven wie kritischen Bezugnahmen (darunter Jozsef Brodsky und Eduard Said[8]). In David Maloufs und Christoph Ransmayrs Romanen wird der exilierte Ovid gleichsam zu einer Art geheimem Gründervater der Postmoderne.[9]

in: V. Coroleu Oberparleiter/G. Petersmann (Hg.), *Exil und Literatur. Interdisziplinäre Konferenz anlässlich der 2000. Wiederkehr der Verbannung Ovids,* Salzburg 2010, S. 19-37.

4 Vgl. dazu Walde 2010, S. 20.

5 Zu nennen sind hier vor allem ihre Monographien *Displaced Persons. The Literature of Exile: from Cicero to Boethius*, London 1999, und *Ovid Revisited. The Poet in Exile,* London 2008.

6 So U. Schmitzer, *Die literarische Erfahrung des Exils als Konstruktion des Raumes*, in: Coroleu Oberparleiter/Petersmann 2010, S. 57-73, S. 59. Vgl. zur methodischen Problematik St. Hinds, *Ovid among the Conspiracy Theorists*, in: S.J. Heyworth/P.G. Fowler/St. Harrison (Hg.), *Classical Constructions. Papers in Memory of Don Fowler, Classicist and Epicurean*, Oxford 2007, S. 194-220, bes. S. 218.

7 M. Citroni, *Attis a Roma e altri spaesamenti: Catullo, Cicerone, Seneca e l'esilio da se stessi*, in: *Dictynna* 8 (2011).

8 Siehe u.a. J. Brodsky, *The Condition We Call Exile: An Address*, in: M. Robinson (Hg.), *Altogether Elsewhere. Writers on Exile*, San Diego/New York/London 1994, S. 3-11, und E.W. Said, *Reflections of Exile and other Literary and Cultural Essays*, London 2001. Auch Said ist indes die Konstruktion eines Pseudo-Exils unterstellt worden, vielleicht in Anlehnung an Ovid, von dem er möglicherweise auch die Wettermetaphorik bezieht, wenn er das Exil als „a mind of winter" bezeichnet (S. 186).

9 D. Malouf, *An Imaginary Life*, London 1978; Chr. Ransmayr, *Die letzte Welt. Roman. Mit einem Ovidischen Repertoire,* Nördlingen 1988.

Das hat seine Ursache vornehmlich in der inneren Disposition des Exilierten als literarischer *persona*; es hat jedoch durchaus auch äußere Gründe, die sich von der Spezifik des römischen Exils herleiten. Ob sich hinter dem Exil in seiner ursprünglichen Form wirklich jemals ein „sinnreiches Regulativ“ oder eine soziale Zivilisierungsmaßnahme verbargen, wie bisweilen (unter Berufung auf Carl Schmitt) behauptet wird, darf bezweifelt werden.[10] Das gilt nicht nur mit Blick auf diejenigen, die von der *aquae et ignis interdictio* betroffen waren,[11] sah diese Verbannungsform doch die soziale Ächtung sowie die Konfiskation des Vermögens vor. Es betrifft auch die milderen Varianten, vor allem, wenn man eine römische Besonderheit berücksichtigt, derzufolge die Verbannten nicht in einen anderen politischen Raum verschickt wurden, sondern im eigenen verblieben, wenn auch ganz an dessen (oft weit entfernten) Rändern.[12] Hier ist auch die auf Ovid zutreffende Form der *relegatio* anzusiedeln, obwohl sie, im Gegensatz etwa zur *deportatio*, den Verlust von Bürgerrecht und Vermögen verhinderte; mit Recht weist Christine Walde unter Bezugnahme auf Michel Foucaults Schrift *Surveiller et punir* darauf hin, dass es sich bei *allen* diesen „Disziplinierungsakt[en] der Staatsgewalt“ um „eine Form verschärfter Beobachtung“ handelt,[13] um eine radikale Sozialkontrolle, die in der Regel den gesellschaftlichen Tod des

[10] Vgl. dazu Walde 2010, S. 25. Historisch betrachtet, lassen sich zwei Phasen in der römischen Exil-Rechtspraxis unterscheiden: Die erste reicht von etwa 212 (2. Punischer Krieg) bis 44 vor Chr. (Caesars Tod). Liegt beiden Phasen, in den Worten Carl Schmitts, eine „innerstaatliche Feinderklärung“ zugrunde (dazu und zum folgenden Walde 2010, S. 23 und S. 25), so wandelt sich das Exil allmählich von einem Privileg zu einem Strafinstrument für sogenannte Verräter oder für Verstöße gegen die öffentliche Moral, die den Verlust des Bürgerrechts oder den Entzug des Vermögens nach sich zogen; Dauer und Distanz waren variabel, die Entfernung von Rom jedoch zwingend. Was zunächst vielleicht als eine Art staatlicher Selbstkontrolle fungiert hatte, degenerierte durch zunehmende Korruption. So kam es verstärkt zu auf Mehrheitsbeschlüsse gegründeten Verbannungsurteilen, die über oft unschuldige Bürger verhängt wurden. Nicht selten waren politische Widersacher davon betroffen, wie etwa im Falle Ciceros. Später – im Prinzipat – kam als weiterer Verbannungsgrund Majestätsbeleidigung hinzu (in bezug auf die kaiserliche Familie, seit Caesar gedeckt durch die *patria potestas*). Als veritable Alternative zur Todesstrafe blieb das Exil willkommen, wenn es auch stets mit dem Verbot der Grenzüberschreitung einherging.

[11] Dazu – und zum ‚Unort-Charakter‘ des Exils als *res nullius iuris* F. Faraci, *Il* nonluogo *dell'esilio. Una lettura antropologica dello spazio ovidiano*, in: G. Picone (Hg.), *Clementia Caesaris: modelli etici, parenesi e retorica dell'esilio*, Palermo 2008, S. 345-363.

[12] Vgl. dazu H.-P. Stahl, *Exile under the Emperor Augustus: The Poet's Freedom versus Imperial Policies*, in: H. Koopmann/K.D. Post (Hg.), *Exil. Transhistorische und transnationale Perspektiven*, Paderborn 2012, S. 33-52.

[13] Walde 2010, S. 32.

Verbannten nach sich zog (was durch die geringen Möglichkeiten erfolgreichen [politischen] Widerstands noch verstärkt wurde[14]).

Wie schon aus Goethes ‚Klassi(k)-Fizierung' erhellt, ist Ovids Exil auf die räumliche Distanz zu Rom fixiert, die in der präpositionalen Referenz des *ex* aufscheint (in *ex-ilium*[15] oder auch in *ex-cedere*): Noch moderner Rezeption gilt Ovid als Archetyp des Abschieds vom Ort (so unter anderem bei Karl Heinz Bohrer[16]). Im Vergleich zu Rom erscheint der für oder von Ovid auserkorene Exilort Tomis als blasser Schemen,[17] der überwältigt wird von der Vorstellungswelt der *urbs* als einem auch in Abwesenheit *poetisch* zu bewältigendem Konkurrenzkosmos. Bei jeder Art von Heimatverlust besteht – mit Elisabeth Bronfen – die Gefahr, diesem nicht nur mit „Nostalgie" zu begegnen, sondern ihn auch zu „fetischisier[en]"[18]: Aus dieser „Gefahr" macht der exilierte Naso jedoch eine künstlerische Tugend. Rom wird zu einem Fetisch, von dessen Beobachtung der Dichter nicht ablassen kann – so wenig, wie er selbst als Objekt der Beobachtung *für* Rom verloren gehen will. Folglich verschärft der in ein fremdes „Interpretationsuniversum"[19] Versetzte seinerseits die Modi poetischer Observanz.

Es sind die mit Blick auf den Rom-Verlust drohende „Weltlosigkeit" und „Entwirklichung" der ihn umgebenden Welt,[20] die den im Exil verfassten Selbstentwurf Ovids der Adaption durch spätere, besonders moderne Exilautoren empfehlen, vor allem, insofern es sich dabei um einen Versuch handelt, „in narrativer Form das zerbrochene Leben wieder zu einem Ganzen zusammenzusetzen"[21]. So geht es beim Exil nicht um historische Realitäten, auch nicht um Fiktion als Selbstzweck, sondern um die Taxierung einer metaphorischen

[14] Zur komplexen Semantik vgl. Tabori 1972, S. 23. Wenn sich etwa im italienischen Faschismus – man denke an die Verbannung Cesare Paveses nach Kalabrien unter Mussolini – direkte Bezugnahmen auf das altrömische Exilwesen ergeben, so bewertet Walde 2010, S. 26, diesen Vorgang als „antihumanistische Antikerezeption".

[15] Zur zweifelhaften etymologischen Ableitung von *ex(s)ilium* bzw. *ex(s)ul* von *solum* („Boden") vgl. A. Walde, *Lateinisches Etymologisches Wörterbuch. Erster Band: A-L* (bearb. v. J.-B. Hoffmann), Heidelberg 1965, S. 432.

[16] K.H. Bohrer, *Abschied. Eine Reflexionsfigur des je schon Gewesenen (Goethe, Nietzsche, Baudelaire)*, in: K. Stierle/R. Warning (Hg.), *Das Ende. Figuren einer Denkform*, München 1996 (= *Poetik und Hermeneutik* 16), S. 59-79, S. 71.

[17] Vgl. dazu Schmitzer 2010, S. 63, sowie G.D. Williams, *Ovid's Exile Poetry: Tristia, Epistulae ex Ponto, Ibis*, in: Ph. Hardie (Hg.), *The Cambridge Companion to Ovid*, Cambridge 2006, S. 233-246, S. 237.

[18] E. Bronfen, *Exil in der Literatur. Zwischen Metapher und Realität*, in: *Arcadia* 28/2 (1993), S. 167-183, S. 170; S. 181.

[19] Walde 2010, S. 27.

[20] Bronfen 1993, S. 170. Zum Terminus der „Entwirklichung der Welt" s. auch B. Englmann, *Poetik des Exils*, Tübingen 2001, S. 422.

[21] Bronfen 1993, S. 170.

Daseinsbedingung.[22] Die (neue, andere) Realität umfasst einen ‚persönlichen' Erfahrungsbereich, der von einer spezifischen, von augenfälligen Metaphern dominierten Rhetorik umrissen wird (vor allem zu Künstlertum, Spracherwerb, Subjektstatus/Isolation), ja: Das Exil selbst fungiert als Metapher für den Autor und seinen Text, in ihr gerinnt sein Künstlerdasein zum Paradigma und Syntagma zugleich,[23] insofern sie individuelle Erlebnisse in Bilder übersetzt, in denen, wie in einem Brennspiegel, Wirklichkeit und Möglichkeit einander überlagern.[24] Rhetorische Realität und Fiktion treten in ein vages, gleichsam *frik-tives* mimetisches Verhältnis.[25]

1 Nasos *alter ego*? Odysseus im Exil (Ovids)

Die Exil-Rhetorik steht im Dienste der (Selbst)Vergegenwärtigung des exilierten, einsamen Dichters, der nicht nur in die aktuelle literarische Gesellschaft hineinsenden will, sondern auch in künftige Lesergemeinschaften. Aus diesem Grunde ist der Text „full of phantoms of presence"[26]. Hierin wird ein sozialer Aspekt greifbar,[27] der die tatsächliche Kommunikationsferne des Exils gleichsam konterkariert.

In den beiden elegischen Briefsammlungen, die in Ovids Exil entstanden sind, lassen sich verschiedene anatomische,[28] primär motivisch-semantische Bereiche sondieren, die Teil der Exilrhetorik sind: Erotik, Religion, Mythos, Jura, Topographie, Psychologie, Pathologie (Körpermetaphorik: Krankheit, Tod, Gewalt), Distanz/Trennung, Sozialdiagnostik. Sie alle stehen vor allem im Dienste des – ich zitiere Simon Goldhill – „making the past speak through the topoi of

[22] Vgl. ebd., S. 172.

[23] S. ebd., und Englmann 2001, S. 5f. Vgl. auch E.P. Forbis, *Voice and Voicelessness in Ovid's Exile Poetry*, in: C. Deroux (Hg.), *Studies in Latin Literature and Roman History VIII*, Brüssel 1997, S. 245-267.

[24] Vgl. Bronfen 1991, S. 173f.

[25] Vgl. dazu Englmann 2001, S. 17; S. 53 u.ö.

[26] Ph. Hardie, *Ovid's Poetics of Illusion*, Cambridge 2002, S. 290.

[27] Vgl. dazu M. von Albrecht, *Der verbannte Ovid und die Einsamkeit des Dichters im frühen XIX Jahrhundert. Zum Selbstverständnis Franz Grillparzers und Aleksandr Puškins*, in: *Arcadia* 6/1-3 (1971), S. 16-43, hier S. 17-20. Zur problematischen Façon der Kommunikation im Exil s. Englmann 2001, S. 20, und Hardie 2002, S. 283-325; außerdem M. Labate, *Elegia triste ed elegia lieta. Un caso di riconversione letteraria*, in: *MD* 19 (1987), S. 91-129, S. 105; M. Möller, *vivere me dices, sed sic, ut vivere nolim. Zur Poetik der Existenz in Ovid, trist. 3, 7*, in: *WS* 126 (2013), S. 127-144; St. Hinds, *Booking the Return Trip. Ovid and* Tristia *1*, in: *PCPhS* 31 (1985), S. 13-32, sowie dens., *After Exile. Time and Teleology from Metamorphoses to Ibis*, in: Ph. Hardie/A. Barchiesi/Ders. (Hg.), *Ovidian Transformations*, Cambridge 1999, S. 48-67 (auch zu den Folgen des Exils für andere Werke).

[28] Vgl. grundlegend Tabori 1972.

exile"[29] und der Dramaturgie des Exils als einer Form des „living death"[30], was sich konkret auf den Ort Tomis als „ultimate form of exilic displacement" bezieht.[31] Zugleich beschreibt Ovid das Exil in seiner rhetorischen „Nosographie" als einen „Ausnahmezustand", als „*condicio inhumana*"; wie lange nach ihm Thomas Mann diagnostiziert er sogar eine Art „Herzasthma des Exils" (*Pont.* 1, 3, 43: *exilii morsus in pectore*); die exilspezifische Neurose[32] kann bis zum Sprachverlust führen: Als „imaginierte Teil-Aphasie", wie Ovid sie in *trist.* 5, 7, 57 entwirft (*vix subeunt ipsi verba Latina mihi*[33]: „kaum kommen mir selbst die lateinischen Wörter mehr in den Sinn"), „spiegelt sie die Verfugung von individueller und sozialer ästhetischer Problematik".[34]

Ein Kernstück der Exilrhetorik und ihrer leitenden Metaphern speist sich stofflich aus dem Mythos und wird in zahlreichen Vergleichen entfaltet. Bevorzugt werden, wenig überraschend, solche Mythologeme, die das Schicksal mehr oder weniger unschuldig Geschlagener illustrieren: Man denke zum Beispiel an die notorisch Unglücklichen, die vom Blitz Getroffenen, die aus plausiblen Gründen Trauernden, die Verwundeten und, natürlich, die Heimatlosen (wie Medea, Jason, Actaeon und andere). Vor allem aber denke man an – Odysseus,[35] den Ovid zur mythologischen Referenzfigur schlechthin erwählt. Mit guten

[29] S. Goldhill, *Whose Modernity? Whose Antiquity? The ‚Rainbow Bridges' of Exile*, in: *A&A* 46 (2000), S. 1-20, S. 19. Die Evidenz des elegischen Vokabulars in der Exildichtung hat besonders ausführlich B.R. Nagle Fredericks nachgewiesen (*The Poetics of Exile. Program and Polemic in the* Tristia *and* Epistulae ex Ponto *of Ovid*, Brüssel 1980); J.-M. Classen hat ergänzt, wie das erotische Vokabular oft schon dekontextualisiert, dadurch rhetorisiert und so für andere Bedeutungszusammenhänge fruchtbar gemacht wird (*The Vocabulary of Exile in Ovid's* Tristia *and* Epistulae ex Ponto, in: *Glotta* 75 [1999], S. 134-171, mit einer umfassenden Kritik an Nagle Fredericks wegen zu starker Fokussierung auf erotisches Vokabular [vgl. dies. 2008, S. 111-135]).

[30] Zu den Bezügen auf die archaischen und juristischen Hintergründe des Exils s. S. Grebe, *Why did Ovid Associate his Exile with a Living Death?*, in: *CW* 103 (2010), S. 491-509.

[31] J. Ingleheart, *Exegi Monumentum: Exile, Death, Immortality and Monumentality in Ovid, Tristia 3,3*, in: *CQ* 65 (2015), S. 286-300.

[32] Die zitierten Begriffe entstammen E. Doblhofer, *Exil und Emigration. Zum Erlebnis der Heimatferne in der römischen Literatur*, Darmstadt 1987, S. 61.

[33] Vgl. dazu U. Schmitzer, *Ovid*, Hildesheim/Zürich/New York 2001, S. 188. Vgl. auch den Kommentar von R. Müller, *Ovids Briefe aus der Verbannung*, in: *AU* 52/5 (2009), S. 46-52, S. 47: „Die Sprache wird zum Problem, wird ständig hinterfragt und auf ihre Tauglichkeit hin überprüft". Die Übersetzungen stammen, soweit nicht anders angegeben, von mir, MM; Text nach S.G. Owens *Oxoniensis* (1915; mehrfach nachgedruckt).

[34] Vgl. dazu B. Stevens, per gestum res est significanda mihi: *Ovid and Language in Exile*, in: *CPh* 104 (2009), S. 162-183, S. 164, Zitate aus Möller 2013, S. 134.

[35] Doblhofer 1987, S. 276, sieht, mit Helmut Rahn, in der „Odysseus-Rolle" ein „Leitmotiv".

Gründen hat man die *Tristien* als ganze (auch mit den *Epistulae ex Ponto*) als eine spezifische Adaption der *Odyssee* aufgefasst. Schon der Verfasser der *Odyssee* lässt seinen Helden die exiltypische Imagination voll ausschöpfen (mit den Motiven Abenteuer, Rückkehr, Rache etc.).[36] Dass eine Rückkehr im Falle Nasos unmöglich ist, scheint er selbst zu vermuten, wenn er auch, vielleicht wider besseres Wissen, am Programm seiner Rückberufung schreibt. Schließlich gehört (mit Jean Améry) die Erkenntnis der Möglichkeit, dass es keine Rückkehr geben könnte, zu den wesentlichen Bedingungen des Exils.[37] In der Hinsicht, dass sie lehren, wie man einen „recall" schreibt, könnten die *Tristia* womöglich sogar als didaktisches Werk bezeichnet werden.[38]

Auffällig ist, dass Odysseus in der Synkrisis[39] immer wieder auch zum Gegenbild des Protagonisten Naso verzeichnet wird.[40] Dies ist eine Konsequenz aus der antiepischen Rhetorik der elegischen Exilpoesie, die uns anzeigt, dass sich Naso auch in generischer Perspektive im Exil befindet (gegenüber dem Epos, aber auch mit Blick auf den gegenwärtigen Status der Elegie).

Die zahlreichen (kurzen und längeren) Odysseus-Referenzen lassen sich nach verschiedenen Motiven untergliedern und sind auf *Tristien* und *Ex Ponto* verteilt, wiewohl die Vergleichsdichte insgesamt in *Ex Ponto* – vor allem zum Ende der Sammlung hin – zunimmt.

1.1 Odysseus, Naso und die Götter

Im Folgenden werden einige zentrale Odysseus-Referenzen versammelt, die nach Motiven geordnet sind. Am Anfang steht die subversive Bezugnahme auf die Götter als die die poetischen Protagonisten begleitenden Instanzen. Einschlägig ist hier die berühmte Seesturm-Szenerie in *Tristie* 1, 2 (v. 9-12):

[36] Vgl. dazu M. Seidel, *Exile and the Narrative Imagination*, New Haven/London 1986, S. 11.

[37] J. Améry, *Jenseits von Schuld und Sühne. Bewältigungsversuche eines Überwältigten*, Stuttgart 1977, S. 75.

[38] J. Henderson, *Not Wavering but Drowning. Ovid as Isopleth*, in: *Ramus* 26 (1997), S. 138-171.

[39] Vgl. zu den synkretistischen Verfahren Ovids bes. V. Broege, *Ovid's Autobiographical Use of Mythology in the* Tristia *and* Epistulae ex Ponto, in: *EMC* 16 (1972), S. 37-42, sowie J.-M. Claassen, *Ovid's Poems from Exile. The Creation of a Myth and the Triumph of Poetry*, in: *A&A* 34 (1988), S. 158-169, die die Mythisierung des Exils als einen „poetic triumph" verbucht (S. 169), insofern Ovid zugleich als *poeta Getes* und *vates Romanus* agiere (ebd.). S. dazu auch G.D. Williams, *Banished Voices*, Cambridge 1994, S. 91-99.

[40] Vgl. dazu G. Luck, *P. Ovidius Naso.* Tristia, *Band II*, Heidelberg 1977, S. 55f. Zur Rhetorik Ovids in den Odysseus-Vergleichen s. H. Rahn, *Ovids elegische Epistel*, in: *A&A* 7 (1958), S. 105-120, S. 118; S. 120.

Saepe ferox cautum petiit Neptunus Ulixem:
eripuit patruo saepe Minerva suo.
et nobis aliquod, quamvis distamus ab illis,
quis vetat irato numen adesse deo?

„Oft hat der rasende Neptun den umsichtigen Odysseus angegriffen: Oft hat Minerva ihn seinem Onkel entrissen. Und wer wird verbieten, dass einstmals, mögen wir auch weit von jenen abstehen, auch uns im Falle eines erzürnten Gottes ein göttlicher Wille beipflichtet?"

Der Vergleich ist als Klimax einer Beispielkette von Göttern gestaltet, die sich für oder wider eine heroische Partei engagieren. Von Odysseus kommt das Ich im Gedicht auf bzw. zu sich selbst. Die hier artikulierte Hoffnung und das Selbstvertrauen stehen in einer merklichen Spannung zu der andernorts greifbaren Kritik an der willkürlich vergebenen Götter- respektive Herrschergunst; das Schicksal erscheint als ein Vabanquespiel, dessen kontingentem Charakter ein poetischer Gestaltungswille gegenübersteht, der seinerseits auch über die Referenz- oder Intertexte (die Seestürme in *Odyssee* 5 und *Aeneis* 1, besonders v. 9) verfügt.[41]

Ein beiläufig wirkender, aber markanter Aspekt dieses Gestaltungswillens ist die Behandlung der mythischen Namen, die, mit Hans Blumenberg zu sprechen, ein differenziertes Bewusstsein über das Verhältnis von Mythos und Logos in der und durch die Sprache verrät. Odysseus wird in Ovids Exildichtung bald, wie an der gerade zitierten Stelle, mit „Ulixes" aufgerufen, bald mit Umschreibungen adressiert (hauptsächlich mit Patronymika oder Antonomasien). Ein Beispiel bietet mit Tristie 1, 5, 57-84 die längste zusammenhängende Vergleichspassage des ganzen Exilwerkes, in welcher auch wieder auf den in Vorder- und Hintergrund waltenden göttlichen Zorn angespielt wird:

pro duce Neritio docti mala nostra poetae
scribite: Neritio nam mala plura tuli.
ille brevi spatio multis erravit in annis
inter Dulichias Iliacasque domos:
nos freta sideribus totis distantia mensos
sors tulit Geticos Sarmaticosque sinus.

[41] Zur politischen Dimensionen in Ovids immanentem Schiffbruch s. J. Ingleheart, *Ovid,* Tristia *1.2. High Drama on the High Seas*, in: *G&R* 53 (2006), S. 73-91 (hier v.a. S. 77); s. auch die interessanten, aber vielleicht etwas zu stark politisierten Überlegungen zur allegorischen und metaphorischen Ebene des Naufragium auf S. 88-90. Zur Schiffsmetaphorik vgl. auch A. Cucchiarelli, *La nave e l'esilio (allegorie dell'ultimo Ovidio)*, in: *MD* 38 (1997), S. 215-224 (allerdings wird die Trope „Allegorie" hier nicht hinreichend definiert, vor allem nicht im Vergleich mit der Metapher, die viel näher liegt), sowie A.H.F. Griffin, *Ovid* Tristia *I,2 and the Tradition of Literary Sea Storms*, in: *Pegasus* 28 (1985), S. 28-34.

ille habuit fidamque manum sociosque fideles:
me profugum comites deseruere mei.
ille suam laetus patriam victorque petebat:
a patria fugi victus et exul ego.
nec mihi Dulichium domus est Ithaceve Samosve,
poena quibus non est grandis abesse locis:
sed quae de septem totum circumspicit orbem
montibus, inperii Roma deumque locus.
illi corpus erat durum patiensque laborum:
invalidae vires ingenuaeque mihi.
ille erat assidue saevis agitatus in armis:
adsuetus studiis mollibus ipse fui.
me deus oppressit, nullo mala nostra levante:
bellatrix illi diva ferebat opem.
cumque minor Iove sit tumidis qui regnat in undis,
illum Neptuni, me Iovis ira premit.
adde, quod illius pars maxima ficta laborum
ponitur in nostris fabula nulla malis
denique quaesitos tetigit tamen ille Penates
quaeque diu petiit, contigit arva tamen:
at mihi perpetuo patria tellure carendum est,
ni fuerit laesi mollior ira dei.

Herauszuheben ist in diesem Kontext v. 57f.:

pro duce Neritio docti mala nostra poetae
scribite: Neritio nam mala plura tuli:

„Statt vom Neritischen Anführer schreibt, ihr gelehrten Dichter, von unserem Leid; denn ich habe mehr Leid ertragen als der Neritier.“[42]

[42] Der Ton wird im Verlaufe der in den *Epistulae ex Ponto* gebotenen Vergleiche kruder, im Wortsinne ‚karnivalesker‘: Der wiederum der Rache Neptuns gewidmeten Elegie *Pont.* 3, 6, 19 zufolge haben auch verärgerte Götter in heiklen Fällen nicht verhindert, dass andere Götter helfend tätig wurden, so z.B. Leukothoe nach Neptuns Eingriff, indem sie Odysseus an den Strand der Phäaken rettete, und zwar mit Jupiters Erlaubnis: *nec, quia Neptunus navem lacerarat Ulixis, / Leucothea nanti ferre negavit opem*: „Und auch Leucothea hat ihre Hilfe dem Schwimmenden nicht verwehrt, nur weil Neptun das Schiff des Odysseus vernichtet hatte“ (in *lacerarat* scheint wieder die körperlich-martialische Note auf). Dies variiert Naso, die Kraft der Wiederholung zelebrierend, gebets(mühlen)artig im weiteren Verlauf (wie schon in den *Tristia*). Das sich an den Vergleichen reibende „schizophrene Spiel“ mit Jupiter und Augustus gipfelt in *Pont.* 3, 6; dazu C. Formicola, *Le «further voices» di Ovidio relegato. Per una lettura di Ex Ponto III 6*, in: *Vichiana* 51/1-2 (2014), S. 77-92; zum Neptun-Vergleich als „special case“ bes. S. 82f. Zum literarhistorischen Kontext und den Vorgängern sowie überhaupt zu den Odysseus-Vergleichen, besonders bei Theognis und Plautus, vgl. S. Citroni Marchetti,

Hier werden die Unvergleichbarkeit der Schicksalsschläge und die Unermesslichkeit des eigenen Leides apostrophiert. Darüber hinaus findet eine doppelte (Z)Ersetzung statt: Nicht nur wird Odysseus zur Metonymie seines Leides (*duce* statt *malis*); hat er am *tertium comparationis* ohnehin schon nur indirekt teil *(plura),* so soll sein Leid auch noch durch das des Dichters ersetzt werden (*pro … mala nostra*): In einer Art *comparatio compendiaria*[43] sollen Subjekt und Thema der alten, epischen Tradition zum Verschwinden gebracht werden: Das wird in einem diesem indirekten Gefüge eigentümlich kontrastierenden direkten Appell an die Dichter verlangt (*scribite ... poetae*). Der Wechsel der personellen Zuschreibungen (*scribite / nostra, tuli*) forciert die gegenwärtige und künftige Zusammengehörigkeit von instrumentalisiertem Dichterkollektiv und Ich gegenüber dem marginalisierten *dux* aus der mythischen Vergangenheit. Die Differenz wird im Folgetext verstärkt durch die weiteren Vergleichspunkte, besonders die raum-zeitlichen: *ille brevi spatio multis erravit in annis* („jener hat in vielen Jahren einen kleinen Raum nur durchmessen", v. 59) steht gegen *nos freta sideribus totis distantia mensos / detulit in Geticos Caesaris ira sinus* („mich hat der Zorn des Kaisers an die Getischen Buchten verschlagen, nachdem ich ganzen Gestirnen gegenüberliegende Meere durchmessen habe", v. 61). Das Ich nimmt eine extraordinäre, ja beinahe extrakosmische Position ein.

Ohne Vergleich ist schließlich die treibende Kraft im Hinter- oder Vordergrund, die *ira Caesaris*, die zur Zerschlagung aller sozialen Bande geführt habe:[44] Während Odysseus auf seinem Trip ins Ungewisse auf ein verlässliches Umfeld zählen konnte, sei er, der verbannte Naso, von Treulosigkeit und Verrat umgeben, ja sozial stigmatisiert (v. 63f.: *fida manus* und *socii fideles* gegen *deserere*). In weiter Ferne Odysseus, der konsequent mit dem entrückenden Demonstrativum *ille* apostrophiert wird: Jener Berühmte ein siegreicher Rückkehrer, dieser ein von der *ira Caesaris* besiegter Flüchtling: *laetus victor* gegen *victus [et] exul ego* (v. 65f.). Schließlich hat jener sein minderes Ziel – Ithaka – erreicht, dieser sein höheres – Rom – verfehlt.

Gerahmt wird die ausführliche Vergleichsstudie von den evidenten physischen Vorteilen des Ithakers (*corpus durum* und *patiens laborum* gegen *invalidae vires ingenuaeque mihi;* des epischen Vorzeigehelden *arma* konkurrieren mit den *studia*

Soffrire come e più di Ulisse: Teognide, Plauto e le origini di un paragone Ovidiano (Trist. 1.5.58), in: *Prometheus* 26/2 (2000), S. 119-136.

43 Als ironisch eingefärbte Parodie im Sinne der bakhtinschen Dialogtheorie interpretiert diese Verse – in ihrem weiteren Zusammenhang – G. Tissol, *Heroic Parody and the Life of Exile: Dialogic Reflections on the Career of Ovid*, in: R. Bracht Branham (Hg.), *Bakhtin and the Classics*, Evanston 2002, S. 137-157, bes. S. 150-154.

44 In diesem Sinne heißt es auch in *Trist.* 3, 11, 61: *Crede mihi, si sit nobis collatus Ulixes, / Neptunine minor quam Iovis ira fuit* – „Glaub mir, wenn Odysseus mit uns verglichen würde, wäre der Zorn Neptuns nicht geringer als der Jupiters?". Nasos durch besonders großes Leid gekennzeichnete Ausnahmesituation bleibt in verbindlicher Paradoxie referentiell an eines der populärsten literarisch-mythischen Schicksale gebunden.

mollia des Elegikers, v. 71-74). Wir befinden uns also wieder mitten im generischen Agon. Aus dieser Perspektive erhalten die wenig heroischen Themen und der konsequente Lamento als Thema der Exilpoesie ihre eigene Sprengkraft. Die „accidental, unheroic nature of the incidents resulting in his exile" wird zum Programm erhoben.[45] Bezeichnend an der hier fokussierten Stelle ist indes die Fiktionalitätsrhetorik (v. 79f.: *adde quod illius pars maxima ficta laborum: / ponitur in nostris fabula nulla malis*): Während „jener" Odysseus vor allem erfunden habe (*ficta*), verzichte das Ich ganz auf Fiktionen (*nulla fabula*) – eine raffinierte Einladung zu unzulässig vereinfachenden Lektüren, die unter anderen Georg Luck in seinem Kommentar angenommen hat:[46]

„Die Odyssee ist für Ovid keine freie Erfindung Homers, sondern enthält Wahrheit und Dichtung, allerdings vielmehr Dichtung als Wahrheit. Dagegen ist, was er von seinem eigenen Schicksal erzählt, nur allzu wahr; man dürfe sich von den mythischen Namen nicht beeindrucken lassen [...] Ovid bedarf keiner Erfindungsgabe; die Tatsachen reden eine deutliche Sprache".

1.2 Pathologie

Die Vergleiche, in denen göttlicher Zorn das *tertium comparationis* darstellt, werden von pathologischen Effekten flankiert, die in der topischen (und tropischen) Entfaltung der *duritia* besonders anschaulich zur Geltung kommen. Das Belegmaterial ist reichhaltig und über beide Briefelegienbücher gut verteilt, wiewohl sich eine Häufung im weiteren Verlauf der *Epistulae*-Sammlung beobachten lässt.

In *trist.* 5, 5, 51 vergleicht Naso seine Qualen mit denen des Odysseus im Hinblick auf die Beziehung zu Penelope und kommt zu folgendem Schluss:

> *Si nihil infesti durus vidisset Ulixes,*
> *Penelope felix sed sine laude foret*
>
> „Wenn der duldsame Odysseus nichts von dem Unheil erblickt hätte, wäre Penelope glücklich, aber ohne Ruhm gewesen."

Hier wird Leid als Bedingung der Ausnahmesituation und damit als konstruktive Kraft für literarisches Schaffen akzentuiert. Der Irrealis bringt den Vergleich zwischen Naso und seinem Referenten erneut in eine gewisse Schieflage.

Die Ruhmesthematik wird in *pont.* 3, 1, 53 wieder aufgenommen – Wiederholung bleibt ein kreatives Prinzip in der Exildichtung. Hier wird nun die Größe des Ruhmes von der Dauer des (jeweiligen) *error* abhängig gemacht:

[45] Die Formulierung in kritischer Intention bei Feuchtwanger 1943, S. 6.
[46] Luck 1977, S. 57.

si minus errasset, notus minus esset Ulixes.

„Wäre Odysseus weniger umhergeirrt, wäre er weniger bekannt."

Odysseus findet sich inmitten einer Aufzählung von lauter Minus-Männern wieder (Kapaneus, Amphiaraus, Philoktet: alles auch körperlich Versehrte, außer Odysseus selbst). Danach kann der *poeta* umso klangvoller und eindrücklicher die eigene Ruhmeshoffnung anstimmen, die er in geschickter Rhetorik mit einer *captatio* einleitet (v. 55f.):

si locus est aliquis tanta inter nomina parvis,
nos quoque conspicuus nostra ruina facit.

„Falls ein Plätzchen auch für Geringe unter so großen Namen frei ist,
macht unser Sturz auch uns sichtbar."

Auch in der späteren Briefsammlung verbleibt Naso in der Stellung des leidenden Dichters. Ein beredtes Beispiel gibt *Pont.* 4, 10, 9 ab, ein Brief an Albinovanus, angeblich nach sechs Jahren im Exil verfasst: Odysseus erweist sich einmal mehr auf oberflächlicher, quantitativer Ebene als der passendste Referent, da er sogar zehn Jahre lang auf dem Meer unterwegs gewesen sein soll. Doch wird sogleich wieder die Milde seines Schicksals im Vergleich zu Naso betont, kann Odysseus doch auch retrospektiv auf die schönsten Ritardando-Erlebnisse zurückblicken, z.B. mit Calypso. Im Text stellt Naso eindringlich die elegisch übersteigerte Härte seines Schicksals voran, eine Härte (*duritia*), derer sich nicht einmal der Tod erbarmt. Es heißt dort:

Exemplum est animi nimium patientis Ulixes,
iactatus dubio per duo lustra mari:
tempora sollicitі sed non tamen omnia fati
pertulit, et placidae saepe fuere morae:
an grave sex annis pulchram fovisse Calypso
aequoreaeque fuit concubuisse deae?

„Als Beispiel für eine allzu duldsame Gesinnung dient Odysseus, der zweimal fünf Jahre auf dem unsteten Meer hin und her geworfen wurde. Gleichwohl hat er nicht durchweg nur Zeiten eines aufgewühlten Schicksals ertragen müssen, und es gab oftmals angenehme Pausen. Oder ist es ihm etwa schwer gefallen, sechs Jahre lang die schöne Calypso gehegt und das Bett mit der Meeresgöttin geteilt zu haben?"

Odysseus wird als *exemplum patientiae*, als welches ihn die Literatur verewigt,[47] persifliert. Naso ist und bleibt ohne Beispiel – eine Diagnose, die angesichts der hohen Bedeutung von *exempla* für die römische kulturelle und literarische Tradition nicht zu unterschätzen ist.

1.3 Erotik

Auch das im Kontext der Ovidischen Verbannung heikle Thema Erotik wird mit Vorliebe vergleichend entfaltet, wobei Penelope, wie bereits gesehen, eine Hauptrolle zukommt (in scheinbarer Abkehr von der lasziven Erotik der *Ars amatoria* hin zu vorbildlicher ehelicher Liebe). Dahinter verbirgt sich allerdings wieder eine Form der *querelle.* So heißt es etwa in dem großen Plädoyer des zweiten Tristienbuches (375f.) mit einem entschuldigenden Blick auf die *Ars*, Liebe sei schließlich auch ein großes episches Thema:

> *Aut quid Odyssea est, nisi femina propter amorem,*
> *dum vir abest, multis una petita procis?*
>
> „Oder wovon handelt die Odyssee, wenn nicht von einer einzigen Frau, die, während ihr Mann abwesend ist, aus Liebe von vielen Freiern begehrt wird?“

Dabei wird auch der unrechtmäßig-erotischen, verbotenen Varianten gedacht, wie gerade *Ilias* (Paris/Helena) und *Odyssee* (Odysseus/Calypso, z.B.; vgl. *Pont.* 3, 1, 113) vor Augen führten. Auch wird im unmittelbaren Anschluss die verwegene göttliche Liebesgeschichte von Mars und Venus erzählt. Nicht zu Unrecht bemerkt Georg Luck zur Stelle, sie werde, *propter amorem*, „etwas gewaltsam auf [ein] reines Liebesmotiv reduziert“. Diese Reduktion wird von Ovid gerne in den Kauf genommen, um die generische Botschaft wirken zu lassen: Elegie (bzw. elegisch überformte Liebe) ist überall.

2 Bis zum letzten Schlag: Rhetorik des Endes

Beschließen möchte ich meine Überlegungen mit einem etwas genaueren Blick auf die letzte Erwähnung des Odysseus in den *Epistulae ex Ponto*. Diese letzte Erwähnung des Odysseus fassen wir, ausgerechnet, im (zumal räumlich) letzten

[47] So etwa bei Seneca, *Dial.* 2, 2, 1. – Während Naso im ersten Epistelbuch mit der Klugheit (*prudentia*) des Odysseus und seiner Nostalgie im Wortsinne kokettiert (1, 3, 33-34), erfahren wir in Buch 2 (7, 60) einmal mehr, dass das Schiff des Odysseus weit weniger in Gefahr war als das Nasos: *non Ithacae puppi saevior unda fuit* („heftiger raste das Meer nicht gegen das Schiff aus Ithaka“).

Brief der Sammlung, in 4, 16 (13): Die offenbar an Cotta Maximus (Vers 41ff.)[48] gerichtete Epistel ist ein Dokument über die karnivaleske Kraft des elegischen Fern-Briefes. Der Brief ist im Angesicht des fingierten Todes geschrieben, insofern ist es vielleicht nicht weiter bedeutend, wann genau er (innerhalb der Sammlung) entstanden ist.[49]

Invide, quid laceras Nasonis carmina rapti?
non solet ingeniis summa nocere dies,
famaque post cineres maior venit. et mihi nomen
tum quoque, cum vivis adnumerarer, erat.
cumque foret Marsus magnique Rabirius oris
Iliacusque Macer sidereusque Pedo;
et, qui Iunonem laesisset in Hercule, Carus,
Iunonis si iam non gener ille foret;
quique dedit Latio carmen regale Severus,
et cum subtili Priscus uterque Numa;
quique vel inparibus numeris, Montane, vel aequis
sufficis, et gemino carmine nomen habes;
et qui Penelopae rescribere iussit Ulixem
errantem saevo per duo lustra mari;
quique suam Troesmen inperfectumque dierum
deseruit celeri morte Sabinus opus;
ingeniique sui dictus cognomine Largus,
Gallica qui Phrygium duxit in arva senem;
quique canit domito Camerinus ab Hectore Troiam;
quique sua nomen Phyllide Tuscus habet;
velivolique maris vates, cui credere posses
carmina caeruleos conposuisse deos;
quique acies Libycas Romanaque proelia dixit;
et Marius scripti dexter in omne genus;
Trinacriusque suae Perseidos auctor, et auctor
Tantalidae reducis Tyndaridosque Lupus;

[48] Den Namen M. Aurelius Cotta Maximus nahm Messallas jüngerer Sohn, der Konsul des Jahres 20 n. Chr., nach der Adoption durch seinen Onkel an. Vgl. die Widmungen der Briefe 1, 9; 2, 3; 2, 8; 3, 2 und 3, 5.

[49] Zur Chronologie vgl. u.a. die Kommentare von H.B. Evans, *Publica Carmina. Ovid's Books from Exile*, Lincoln (NE)/London 1983, S. 153-177, M. Helzle, *Ovids* Epistulae ex Ponto. *Buch I-II. Kommentar*, Heidelberg 2003, S. 41-45, und J.F. Gaertner, *Ovid.* Epistulae ex Ponto, *Book I*, ed. with Introduction, Translation, and Commentary, Oxford 2005, S. 2-5; vgl. außerdem H. Froesch, *Ovids Epistulae ex Ponto I-III als Gedichtsammlung*, Diss. Bonn 1968, bes. S. 36-69; S. 88f.; S. 119-133, und G. Luck, *Vermutungen zu Ovids „Epistulae ex Ponto"*, in: U. J. Stache/W. Maaz/F. Wagner (Hg.), *Kontinuität und Wandel. Lateinische Poesie von Naevius bis Baudelaire. Festschrift für Franco Munari zum 65. Geburtstag*, Hildesheim 1986, S. 117-133, sowie L. Galasso, Epistulae ex Ponto, in: P.E. Knox (Hg.), *A Companion to Ovid*, Oxford 2009, S. 195-206.

et qui Maeoniam Phaeacida vertit, et une
Pindaricae fidicen tu quoque, Rufe, lyrae;
Musaque Turrani tragicis innixa coturnis;
et tua cum socco Musa, Melisse, levi;
cum Varius Graccusque darent fera dicta tyrannis,
Callimachi Proculus molle teneret iter,
Tityron antiquas pastorem exciret ad herbas
aptaque venanti Grattius arma daret;
Naidas a Satyris caneret Fontanus amatas,
clauderet inparibus verba Capella modis;
cumque forent alii, quorum mihi cuncta referre
nomina longa mora est, carmina vulgus habet;
essent et iuvenes, quorum quod inedita cura est,
adpellandorum nil mihi iuris adest
(te tamen in turba non ausim, Cotta, silere
Pieridum lumen praesidiumque fori,
maternos Cottas cui Messallasque paternos,
Maxime, nobilitas ingeminata dedit)
dicere si fas est, claro mea nomine Musa
atque, inter tantos quae legeretur, erat.
ergo summotum patria proscindere, Livor,
desine, neu cineres sparge, cruente, meos.
omnia perdidimus: tantummodo vita relicta est,
praebeat ut sensum materiamque mali.
quid iuvat extinctos ferrum demittere in artus?
non habet in nobis iam nova plaga locum.

Die den Brief dominierende Stimmung ist radikal schlecht – das beginnt schon bei der Anrede in einer Personifikation des Neids, die gleichzeitig bilanzierend und abweisend ausfällt (*invidia* bzw. *invide*, v. 1, später *livor*, v. 47): *Invide quid laceras Nasonis carmina rapti* („Neidischer, was zerfleischt du die Gedichte des hinweggerafften Naso?"). Wer wird angesprochen, wer spricht? Wie so oft kommt der inszenierte Gegenangriff in Gestalt der Apostrophe eines Fremden daher, der für ein neidisches Schlächterkollektiv steht. Der als Neider beschimpfte ‚Fleischer' oder ‚Schlächter' der Kunst bewirkt eine Immunisierung seines Opfers gegen alle vergangene, gegenwärtige und künftige Kritik. Wenn sich das Ich dabei wieder selbst mit Naso anredet, dann ist das auch als eine Art Lektüreschlüssel aufzufassen. Nasos zentrales Anliegen bleibt das proportionale Anwachsen von Ruhm und Vergänglichkeit. Er, Naso, bildet eine – im Wortsinne – Ausnahme von der Regel, da er, wie er selbst verbürgt, schon zu Lebzeiten berühmt ist: Auch hier befindet er sich sozusagen im Exil, für das er sein eigener und zugleich sein bester Zeuge ist, von dort aus verwaltet er sein wahres *testimonium,* das aus seinen Kunstwerken besteht. Ins Exil hat sich auch der Elegiker verabschiedet: In v. 3-4: *famaque post cineres maior venit, et mihi nomen / tum quoque, cum vivis adnumerarer, erat* („nach dem Tode wird der Ruhm noch größer, und ich hatte schon damals einen Namen, als ich unter die Lebenden gerechnet wurde“) findet sich, neben der Zitation der von Properz (u.a. in 1, 19; 1, 22 [*pulvis Etrusca*] und 2, 13b) entfalteten Asche-Thematik, auch eine Allusion auf das eigene Ende; doch während die zeitliche Inkongruenz, das *post festum* oder eben *post cineres* für die anderen gelten mag, scheinen in seinem Fall die unversöhnlichen Zustände, Leben und Tod, ineins zu fallen. Diesem Sonderstatus entspricht sein Exil, aus der sicheren Distanz des *exquisitus* wirft er seinen historisierenden Blick auf die Literatur (der anderen). Sein Exil bleibt eine Auszeichnung; damit geht er an die Wurzeln des römischen Exils zurück, sowie er mit der Elegie an ihre Wurzeln als Klagedichtung zurückgekehrt ist.

Aus dieser Haltung heraus versammelt Naso den Katalog bekannter und unbekannter, vergangener und zeitgenössischer Autoren. Viele Namen werden (nur) hier genannt; andere Dichter bleiben anonym. Viele Genres werden bespielt. In der zentralen Passage werden explizit auch Autoren gewürdigt, die alle Gattungen abdecken: So etwa (ein) Marius in Vers 24: *et Marius scripti dexter in omne genus* („Marius war der Richtige für jede Textsorte“). Traditionelle Epiker treffen auf moderne Kallimacheer oder pindargleiche Lyriker und Elegiker.[50] Nur ‚angestrahlt‘ werden junge Talente mit noch ungedrucktem Werk – bloße Zukunftsmusik. Auf Bestseller-Autoren wird bloß verwiesen, die Auflistung endigt in v. 37f. auf eine *praeteritio*.[51]

Und Odysseus? Der steckt mittendrin in dieser literarhistorischen Aufzählung, ein blasser Schemen, zwar mit Namen genannt, doch nur als fingierter Schreiber eines (verlorenen) Antwort-Briefes (*re-scribere*) aus der Feder bzw. dem Griffel eines (anonymen) Dichters (v. 13f.: *et qui Penelopae rescribere iussit Ulixen / errantem saevo per duo lustra mari;* „und der Odysseus, der zweimal 5 Jahre auf dem wogenden Meer umhersegelte, veranlasste, an Penelope zurückzuschreiben“).[52] Für einen Vergleich setzt Naso seine Kraft nicht mehr ein; der Abstand zur Tradition scheint groß genug.

[50] Vgl. dazu u.a. M. Schanz/C. Hosius, *Geschichte der römischen Literatur, Zweiter Teil*, München 1934 (4. Aufl.), S. 269-71, mit der bezeichnenden Anmerkung (S. 271) zu Marius: „Über diesen Dichter [...] wissen wir nichts“. S. außerdem U. Bernhardt, *Die Funktion der Kataloge in Ovids Exilpoesie*, Hildesheim/Zürich/New York 1986, S. 296-313.

[51] Domitius Marsus wird als erster genannt, unter den weiteren folgen u.a. Aemilius (?) Macer, Albinovanus Pedo, Titus (?) Carus, Cornelius (?) Severus, Tuticanus (der auch in anderen Pontus-Gedichten genannt bzw. adressiert wird). Fast alle erwähnten Namen bzw. Werke sind verloren, nur größere Teile aus Grattius’ *Cynegetica* (der Hauptteil des ersten Buches) haben sich erhalten.

[52] In ähnlicher Weise wird in *Pont.* 4, 14, 35 das Dauerthema Heimkehr vergleichend in einem Brief an Tuticanus entfaltet – der möglicherweise Autor der *Phaeacis*, eines Epyllions über die Begegnung des Odysseus mit Nausikaa, war. Der Adressat wird dem figuralen Vergleich sozusagen einverleibt.

Im Anschluss an den Katalog folgt auf eine klimaktisch gestaltete Anrede Cottas erneut ein autoreferentieller Gestus, der mit einer *captatio* angereichert ist, welche zugleich die letzte Steigerungsstufe bildet: *dicere si fas est, claro mea nomine Musa* (plötzlich findet sich wieder eine, wenn auch stereotyp wirkende Zuflucht zu den verruchten und verfluchten Musen) / *atque inter tantos quae legeretur erat* („wenn ich es sagen darf: Meine Muse hat sich einen Namen gemacht, / und unter so Großen hat sie es verdient, gelesen zu werden").

Schließlich zeigt sich, gegen Ende des Gedichts (v. 49), die entscheidende Definition des Bezugsverhältnisses von Kunst und Leben: *omnia perdidimus: tantummodo vita relicta est* („wir haben alles verloren; nur das Leben ist noch übriggeblieben"), auf welche sogleich die Vergegenständlichung folgt: *praebeat ut sensum materiamque mali* („damit es mich wahrnehmen lässt und mir Leidensstoff bietet"). Das Leben im *künstlerischen Exil* bildet den Schlusspunkt der dichterischen Perspektive auf den Kosmos der Kunst, als dessen Teil Naso sich *aus der Distanz* – und das ist entscheidend – imaginiert. Beobachter erster und zweiter Ordnung sind ineins gefallen, und doch bietet sein Körper (= der des Beobachters) nicht genug Platz für (weitere) Schläge, wie die eindrucksvolle Schlussmetapher bedeutet: *non habet in nobis iam nova plaga locum* („jetzt findet an mir ein neuer Schlag keinen Platz mehr"). Doch halt – sein Körper? Nein, davon ist gar nicht die Rede. Der Text bietet ein verführerisches *in nobis*, doch das kann nur eine Anspielung auf die *vita* sein, die ganz in der Kunst aufgegangen ist. An sie kommt niemand heran – das „wir" bleibt also eine Metapher, seine Uneigentlichkeit wird durch den hyperbolischen Charakter des Schlussbildes der totalen Zerstörung des Selbst noch verstärkt. Das *in* ist so unmöglich wie das *ex*, man kommt weder hinein noch hinaus. Aus „the poet as exile" ist endgültig „the poet as book"[53] geworden – oder umgekehrt.

***

[53] Vgl. die Beiträge von W. Fitzgerald und M. Haas in diesem Band sowie Hardie 2002, S. 297-300.

Bibliographie

Albrecht, M.v.: *Der verbannte Ovid und die Einsamkeit des Dichters im frühen XIX Jahrhundert. Zum Selbstverständnis Franz Grillparzers und Aleksandr Puškins*, in: *Arcadia* 6/1-3 (1971), S. 16-43.

Améry, J.: *Jenseits von Schuld und Sühne. Bewältigungsversuche eines Überwältigten*, Stuttgart 1977.

Bernhardt, U.: *Die Funktion der Kataloge in Ovids Exilpoesie*, Hildesheim/Zürich/New York 1986.

Bohrer, K.H.: *Abschied. Eine Reflexionsfigur des je schon Gewesenen (Goethe, Nietzsche, Baudelaire)*, in: K. Stierle/R. Warning (Hg.), *Das Ende. Figuren einer Denkform*, München 1996 (= *Poetik und Hermeneutik* 16), S. 59-79.

Brodsky, J.: *The Condition We Call Exile: An Address*, in: M. Robinson (Hg.), *Altogether Elsewhere. Writers on Exile*, San Diego/New York/London 1994, S. 3-11.

Broege, V.: *Ovid's Autobiographical Use of Mythology in the* Tristia *and* Epistulae ex Ponto, in: *EMC* 16 (1972), S. 37-42.

Bronfen, *Exil in der Literatur. Zwischen Metapher und Realität*, in: *Arcadia* 28/2 (1993), S. 167-183.

Citroni, M.: *Attis a Roma e altri spaesamenti: Catullo, Cicerone, Seneca e l'esilio da se stessi*, in: *Dictynna* 8 (2011).

Citroni Marchetti, S.: *Soffrire come e più di Ulisse: Teognide, Plauto e le origini di un paragone Ovidiano (Trist. 1.5.58)*, in: *Prometheus* 26/2 (2000), S. 119-136.

Claassen, J.-M.: *Ovid's Poems from Exile. The Creation of a Myth and the Triumph of Poetry*, in: *A&A* 34 (1988), S. 158-169.

———: *Displaced Persons. The Literature of Exile: from Cicero to Boethius*, London 1999.

———: *The Vocabulary of Exile in Ovid's* Tristia *and* Epistolae ex Ponto, in: *Glotta* 75 (1999), S. 134-171.

———: *Ovid Revisited. The Poet in Exile*, London 2008.

Coroleu Oberparleiter, V./Petersmann, G. (Hg.): *Exil und Literatur. Interdisziplinäre Konferenz anlässlich der 2000. Wiederkehr der Verbannung Ovids*, Salzburg 2010.

Cucchiarelli, A.: *La nave e l'esilio (allegorie dell'ultimo Ovidio)*, in: *MD* 38 (1997), S. 215-224.

Denes, T.: *Ovide ou l'exil*, in: *LM* 6 (1966), S. 1-9.

Doblhofer, E.: *Exil und Emigration. Zum Erlebnis der Heimatferne in der römischen Literatur*, Darmstadt 1987.

Englmann, B.: *Poetik des Exils*, Tübingen 2001.

Evans, H.B.: *Publica Carmina. Ovid's Books from Exile*, Lincoln (NE)/London 1983.

Faraci, F: *Il* nonluogo *dell'esilio. Una lettura antropologica dello spazio ovidiano*, in: G. Picone (Hg.), *Clementia Caesaris: modelli etici, parenesi e retorica dell'esilio*, Palermo 2008, S. 345-363.

Feuchtwanger, L.: *Ovid*, in: E. Ludwig/H.B. Kranz (Hg.), *The Torch of Freedom*, NY/Toronto 1943, S. 1-16.

Forbis, E.P.: *Voice and Voicelessness in Ovid's Exile Poetry*, in: C. Deroux (Hg.), *Studies in Latin Literature and Roman History VIII*, Brüssel 1997, S. 245-267.

Formicola, C.: *Le «further voices» di Ovidio relegato. Per una lettura di Ex Ponto III 6*, in: *Vichiana* 51/1-2 (2014), S. 77-92.

Froesch, H.: *Ovids* Epistulae ex Ponto *I-III als Gedichtsammlung*, Diss. Bonn 1968.

Gaertner, J.F.: *Ovid.* Epistulae ex Ponto, *Book I*, ed. with Introduction, Translation, and Commentary, Oxford 2005.

——: *Ovid and the „Poetics of Exile": How Exilic is Ovid's Exile Poetry?*, in: Ders. (Hg.), *Writing Exile: The Discourse of Displacement in Greco-Roman Antiquity and Beyond*, Leiden 2007, S. 155-172.

Galasso, L.: Epistulae ex Ponto, in: P.E. Knox (Hg.), *A Companion to Ovid*, Oxford 2009, S. 195-206.

Goethe, J.W.v.: *Goethes Werke. Band XII. Schriften zur Kunst. Schriften zur Literatur. Maximen und Reflexionen*. Textkritisch durchgesehen von E. Trunz und H.J. Schrimpf. Kommentiert von H. von Einem und H.J. Schrimpf, München 1981 (nach der Hamburger Ausgabe).

Goldhill, S.: *Whose Modernity? Whose Antiquity? The ‚Rainbow Bridges' of Exile*, in: *A&A* 46 (2000), S. 1-20.

Grebe, S.: *Why did Ovid Associate his Exile with a Living Death?*, in: *CW* 103 (2010), S. 491-509.

Griffin, A.H.F.: *Ovid* Tristia *I,2 and the Tradition of Literary Sea Storms*, in: *Pegasus* 28 (1985), S. 28-34.

Hardie, Ph.: *Ovid's Poetics of Illusion*, Cambridge 2002.

Helzle, M.: *Ovids* Epistulae ex Ponto. *Buch I-II. Kommentar*, Heidelberg 2003.

Henderson, J.: *Not Wavering but Drowning. Ovid as Isopleth*, in: *Ramus* 26 (1997), S. 138-171.

Hinds, St.: *Booking the Return Trip. Ovid and* Tristia *1*, in: *PCPhS* 31 (1985), S. 13-32.

——: *After Exile. Time and Teleology from Metamorphoses to Ibis*, in: Ph. Hardie/A. Barchiesi/Ders. (Hg.), *Ovidian Transformations*, Cambridge 1999, S. 48-67

——: *Ovid among the Conspiracy Theorists*, in: S.J. Heyworth/P.G. Fowler/St. Harrison (Hg.), *Classical Constructions. Papers in Memory of Don Fowler, Classicist and Epicurean*, Oxford 2007, S. 194-220.

Ingleheart, J.: *Ovid,* Tristia *1.2. High Drama on the High Seas*, in: *G&R* 53 (2006), S. 73-91.

——: Exegi Monumentum*: Exile, Death, Immortality and Monumentality in Ovid, Tristia 3,3*, in: *CQ* 65 (2015), S. 286-300.

Labate, M.: *Elegia triste ed elegia lieta. Un caso di riconversione letteraria*, in: *MD* 19 (1987), S. 91-129.

Luck, G.: *P. Ovidius Naso.* Tristia, *Band II*, Heidelberg 1977.

——: *Vermutungen zu Ovids „Epistulae ex Ponto"*, in: U. J. Stache/W. Maaz/F. Wagner (Hg.), *Kontinuität und Wandel. Lateinische Poesie von Naevius bis Baudelaire. Festschrift für Franco Munari zum 65. Geburtstag*, Hildesheim 1986, S. 117-133.

Malouf, D.: *An Imaginary Life*, London 1978.

Möller, M.: vivere me dices, sed sic, ut vivere nolim. *Zur Poetik der Existenz in Ovid, trist. 3, 7*, in: *Wiener Studien* 126 (2013), S. 127-144.

Müller, R.: *Ovids Briefe aus der Verbannung*, in: *AU* 52/5 (2009), S. 46-52.

Nagle Fredericks, B.R.: *The Poetics of Exile. Program and Polemic in the* Tristia *and* Epistulae ex Ponto *of Ovid*, Brüssel 1980.

Publius Ovidius Naso: *Tristium libri quinque, Ibis, Ex Ponto libri quattuor, Halieutica Fragmenta* ed. S.G. Owen, Oxford 1915 (mehrf. nachgedr.).

Rahn, H.: *Ovids elegische Epistel*, in: *A&A* 7 (1958), S. 105-120.

Ransmayr, Chr.: *Die letzte Welt. Roman. Mit einem Ovidischen Repertoire*, Nördlingen 1988.

Said, E.W.: *Reflections of Exile and other Literary and Cultural Essays*, London 2001.

Schanz, M./Hosius, C.: *Geschichte der römischen Literatur, Zweiter Teil*, München [4]1934.

Schmitzer, U.: *Ovid*, Hildesheim/Zürich/New York 2001.

——: *Die literarische Erfahrung des Exils als Konstruktion des Raumes*, in: Coroleu Oberparleiter/Petersmann 2010, S. 57-73.

Seidel, M.: *Exile and the Narrative Imagination*, New Haven/London 1986.

Stahl, *Exile under the Emperor Augustus: The Poet's Freedom versus Imperial Policies*, in: H. Koopmann/K.D. Post (Hg.), *Exil. Transhistorische und transnationale Perspektiven*, Paderborn 2012, S. 33-52.

Stevens, B.: per gestum res est significanda mihi: *Ovid and Language in Exile*, in: *CPh* 104 (2009), S. 162-183.

Tabori, P.: *The Anatomy of Exile. A Semantic and Historical Study*, London 1972.

Tissol, G.: *Heroic Parody and the Life of Exile: Dialogic Reflections on the Career of Ovid*, in: R. Bracht Branham (Hg.), *Bakhtin and the Classics*, Evanston 2002, S. 137-157.

Walde, A.: *Lateinisches Etymologisches Wörterbuch.* Erster Band: A-L (bearb. v. J.-B. Hoffmann), Heidelberg 1965.

Walde, Chr.: *Von Ovid bis Joseph Brodsky. Römisches Exilium und modernes „Exil"*, in: Coroleu Oberparleiter/Petersmann 2010, S. 19-37.

Williams, G.D.: *Banished Voices*, Cambridge 1994.

——: *Ovid's Exile Poetry: Tristia, Epistulae ex Ponto, Ibis*, in: Ph. Hardie (Hg.), *The Cambridge Companion to Ovid*, Cambridge 2006, S. 233-246.

Mario Labate (Florenz)

La carriera spezzata: letteratura e potere nell'autodifesa ovidiana

Alla 'lettera ad Augusto' Ovidio, il poeta relegato, affida la propria autodifesa e le speranze di insegnare al principe un modello di sovrano capace di perdonare attraverso un modello di sovrano intenditore di letteratura, consapevole delle sue regole e delle sue specifiche ragioni. In un influente articolo di più di vent'anni fa,[1] cui questo mio discorso, a cominciare da un incipit allusivo, dichiara tutto il suo debito, Barchiesi mostrava acutamente come l'impianto in senso lato didascalico del II libro dei *Tristia* sia largamente confrontabile, trovi anzi una specie di matrice generativa nell'*Epistola ad Augusto*, l'impegnativa lettera che Orazio si risolve a indirizzare al principe, che lo aveva scherzosamente sfidato di fronte ai posteri, accettando pienamente il ruolo di autorità letteraria della Roma augustea. Attraverso le prerogative e le competenze che appartengono alla *persona* di 'più grande poeta vivente' Orazio può offrire ad Augusto un servigio ancora maggiore della composizione, più o meno riuscita, di versi celebrativi delle sue gesta: la sua lezione sulla letteratura permetterà al principe di uscire definitivamente vincitore in quel confronto con Alessandro Magno che costituisce l'inevitabile pietra di paragone di ogni grandezza di conquistatore, uomo di stato, fondatore di imperi. Alessandro era stato un uomo di eccezionale valore e prestigio ed aveva saputo provvedere adeguatamente alla comunicazione della sua grandezza e alla valorizzazione della sua immagine sul piano delle arti figurative, ma era stato gravemente deficitario come promotore di una letteratura di qualità, capace di legare il suo nome a prodotti di valore pari alle sue imprese, in grado di superare la sfida dello spazio e del tempo. Su questo terreno, Augusto poteva non soltanto eguagliare Alessandro appropriandosi del suo mito, ma addirittura superarlo, portando i sudditi dell'impero di Roma ad ammettere che niente come lui è nato mai, né mai più nascerà (*epist.* 2, 1, 17 *nil oriturum alias, nil ortum tale fatentes*), mettendolo davanti ai condottieri di Roma e ai condottieri della Grecia (*epist.* 2, 1, 19 *te nostris ducibus, te Grais anteferendo*).

Un primo scopo di questo mio intervento è di incrementare il dossier oraziano utile all'interpretazione dell'autodifesa ovidiana.[2] Mi interessa, anzitutto, la costruzione del proprio personaggio di poeta esule come una specie di 'Orazio mancato'. L'esordio dell'elegia pone il poeta in conflitto con la propria attività e la propria vocazione di poeta:

[1] Barchiesi 1993.
[2] Ingleheart 2009.

Ov. *trist.* 2, 1-4
quid mihi vobiscum est, infelix cura, libelli,
ingenio perii qui miser ipse meo?
cur modo damnatas repeto, mea crimina, Musas?
an semel est poenam commeruisse parum?

La rovina del poeta, la disgrazia che ha distrutto la sua vita, sono diretta conseguenza della sua *cura* e del suo *ingenium*. I due distici successivi denunciano icasticamente il ruolo della poesia (*carmina fecerunt*) nel nesso inscindibile tra successo letterario e punizione:

Ov. *trist.* 2, 5-8
carmina fecerunt, ut me cognoscere vellet
omine non fausto femina virque meo;
carmina fecerunt, ut me moresque notaret
iam pridem emissa Caesar ab arte mea.

La poesia ha risvegliato l'interesse del pubblico per il poeta, una curiosità che si è trasformata in fedeltà di lettori affezionati; la stessa poesia ha causato la punizione da parte del principe, che ha esercitato i suoi poteri censori sulla persona e la vita del condannato in relazione alla pubblicazione della sua *Ars*, molto dopo che l'*Ars* stessa aveva visto la luce. I due distici esibiscono quell'intreccio tra il piano della letteratura e il piano della vita la cui improprietà il poeta farà ogni sforzo di mettere al centro dell'autodifesa. Ovidio non dissimula affatto la difficoltà di districare quell'intreccio: *femina virque* può certo valere come espressione polare a indicare la totalità del pubblico dei potenziali lettori, ma al tempo stesso proprio chi ha orecchio per i versi del poeta vi sente riecheggiare una formula costantemente implicata in relazioni erotico-sessuali:[3]

Ov. *am.* 1, 12, 35-6
cur mihi sit damno, tibi sit lucrosa voluptas,
quam socio motu femina virque ferunt?

Ov. *ars* 2, 477-80
blanda truces animos fertur mollisse voluptas:
constiterant uno femina virque loco;
quid facerent, ipsi nullo didicere magistro:
arte Venus nulla dulce peregit opus.

Ov. *ars* 2, 682-3
illis sentitur non inritata voluptas:
quod iuvet, ex aequo femina virque ferant.

[3] Bene Ciccarelli 2003, p. 34; vedi anche Ingleheart 2009, p. 66.

Un pubblico che si costituisce sotto il segno della *voluptas* vuole dunque conoscere Ovidio: ma cosa significa esattamente *cognoscere velle*? Semplicemente prendere conoscenza delle sue opere, seguirne avidamente la carriera e essere via via aggiornato su tutte le novità,[4] o anche conoscere di persona il poeta, entrare nel giro delle sue relazioni e magari coinvolgerlo nelle proprie? In una interpretazione benevola, forse imparziale, l'*omen non faustum* riguarda il successo di un autore e della sua opera, ma un interprete malizioso o prevenuto potrebbe pensare a relazioni pericolose e intrighi della vita galante di corte.

La carriera spezzata su cui si apre l'autodifesa ovidiana è comunque una carriera di straordinario successo. Raramente Ovidio ha ceduto al vezzo di presentarsi come un poeta poco apprezzato dai contemporanei e destinato semmai al riconoscimento dei posteri (*Amores* 1, 15). Il poeta degli *Amores* riconosceva il successo delle sue elegie nella competizione fra le signore romane, che approfittavano della pseudonimia per far credere volentieri di essere Corinna:

Ov. *am.* 2, 17, 27-30
sunt mihi pro magno felicia carmina censu,
et multae per me nomen habere volunt;
novi aliquam, quae se circumferat esse Corinnam.
ut fiat, quid non illa dedisse velit?

Il commiato del primo libro degli *Amores* rappresentava un poeta sotto attacco dei suoi Telchini, ma già teso alla conquista di una *fama perennis* (1, 15, 7-8 *mihi fama perennis / quaeritur, in toto semper ut orbe canar*) che dopo la morte gli assicurerà un successo davvero 'oraziano':

Ov. *am.* 1, 15, 41-2
ergo etiam cum me supremus adederit ignis
vivam, parsque mei multa superstes erit.

Il maestro dei *Remedia* proclama orgogliosamente che la sconfitta del *Livor edax* non dovrà attendere la morte del poeta, cui spetta già in vita quel riconoscimento che lo mette sullo stesso piano delle eccellenze augustee, a cominciare dal sommo Virgilio, assicurandogli un primato per ora limitato alla sfera degli *elegi*, ma in prospettiva suscettibile di comprendere ben altre sfere dell'attività letteraria:

Ov. *rem.* 389-96
rumpere, Livor edax: magnum iam nomen habemus;
maius erit, tantum quo pede coepit eat.
sed nimium properas: vivam modo, plura dolebis;
et capiunt animi carmina multa mei.

[4] Sul rapporto tra Ovidio e il lettore affezionato vedi Citroni 1995, pp. 431-74.

nam iuvat et studium famae mihi crevit honore;
principio clivi noster anhelat equus.
tantum se nobis elegi debere fatentur,
quantum Vergilio nobile debet epos.

Accenti decisamente oraziani ha poi notoriamente la orgogliosa rivendicazione di successo nell'epilogo delle *Metamorfosi*:[5]

Ov. *met.* 15, 871-9
iamque opus exegi, quod nec Iovis ira nec ignis
nec poterit ferrum nec edax abolere vetustas.
cum volet, illa dies, quae nil nisi corporis huius
ius habet, incerti spatium mihi finiat aevi:
parte tamen meliore mei super alta perennis
astra ferar, nomenque erit indelebile nostrum,
quaque patet domitis Romana potentia terris,
ore legar populi, perque omnia saecula fama,
siquid habent veri vatum praesagia, vivam.

Ovidio si trova dunque, nel momento in cui la disgrazia si abbatte su di lui, all'apice della carriera, in una condizione che lo pone – oggettivamente e soggettivamente – nella condizione di chi si vede riconoscere dalla comunità romana come poeta amato e apprezzato, anzi quello cui spetterebbe il titolo di "più grande poeta vivente", una condizione che era appartenuta a Virgilio e, dopo Virgilio, proprio ad Orazio:

Hor. *carm.* 4, 3, 13-6
Romae, principis urbium,
dignatur suboles inter amabilis
vatum ponere me choros,
et iam dente minus mordeor invido.

Se non altro per questo motivo la recriminazione nei confronti della poesia e della Musa, con cui si apre il II libro dei *Tristia*, va letta come il consapevole rovesciamento della fiera gratitudine espressa nell'ode oraziana a Melpomene:

Hor. *carm.* 4, 3, 21-4
totum muneris hoc tui est,
quod monstror digito praetereuntium
Romanae fidicen lyrae;
quod spiro et placeo, si placeo, tuum est.

[5] Sull'epilogo delle *Metamorfosi*, anche in rapporto con Orazio, rimando all'esauriente trattazione di Hardie 2015, pp. 617-22.

Ovidio invece non soltanto non ha motivo di essere grato alle divinità della poesia, ma deve attribuire loro la responsabilità della sua rovina. Il bilancio dei suoi rapporti, il conto finale del dare e dell'avere è clamorosamente in perdita. Se Orazio poteva riconoscere di dovere interamente alla Musa uno straordinario successo e la vita stessa, Ovidio non può non mettere in conto alle perniciose divinità la sua disgrazia e la morte civile dell'esilio:

> Ov. *trist.* 2, 9-12
> *deme mihi studium, vitae quoque crimina demes;*
> *acceptum refero versibus esse nocens.*
> *hoc pretium curae vigilatorumque laborum*
> *cepimus: ingenio est poena reperta meo.*

La perseveranza che induce il poeta a praticare ancora la poesia, nonostante l'esito disastroso della sua carriera, può non essere autolesionistica solo in considerazione di quel possibile valore pragmatico della poesia stessa che Orazio aveva illustrato nell'epistola ad Augusto:

> Hor. *epist.* 2, 1, 134-8
> *poscit opem chorus et praesentia numina sentit,*
> *caelestis implorat aquas docta prece blandus;*
> *avertit morbos, metuenda pericula pellit,*
> *impetrat et pacem et locupletem frugibus annum:*
> *carmine di superi placantur, carmine Manes.*

Se *exorare deos* è compito e prerogativa della poesia, Augusto, *deus praesens*, può essere inserito in una specie di circolo virtuoso, in cui egli figura come destinatario della *docta prex* nella stessa misura in cui in precedenza ne era stato promotore e committente:

> Ov. *trist.* 2, 21-26
> *Musaque quam movit, motam quoque leniet iram:*
> *exorant magnos carmina saepe deos.*
> *ipse quoque Ausonias Caesar matresque nurusque*
> *carmina turrigerae dicere iussit Opi:*
> *iusserat et Phoebo dici, quo tempore ludos*
> *fecit quos aetas aspicit una semel.*

I due episodi (uno recente, uno più remoto) di committenza augustea che vengono qui messi in serie sono caratterizzati da notevoli parallelismi: in una importante occasione rituale che riguarda la comunità romana, un coro formato da articolazioni del corpo sociale (*matresque nurusque* da una parte, *virgines lectae* e *pueri casti* dall'altra) intona un canto di preghiera indirizzato a divinità fondamentali del pantheon augusteo, un canto la cui composizione era stata commissionata dal principe in persona. Ma proprio i parallelismi fanno risaltare un'importante differenza, che non dipende soltanto da un difetto di documentazione (e comunque anche il difetto di documentazione può essere significativo). Nel secondo caso, siamo perfettamente informati dell'occasione, del *carmen*, dell'autore del *carmen* (i *Ludi saeculares* del 17 a.C., il *Carmen Saeculare*, Orazio). Questo incarico prestigioso è anzi la definitiva consacrazione di Orazio come poeta ufficiale della Roma augustea, come "più grande poeta vivente". Della seconda occasione non sappiamo quasi niente di più di quello che è ricavabile dal nostro passo dei *Tristia*: la divinità femminile italica della fertilità, Ops, destinataria del canto intonato da un coro femminile, è assimilata a Cibele *turrigera*. Sull'occasione specifica si possono fare solo supposizioni: il tempio della Magna Mater sul Palatino era stato distrutto da un incendio nel 3 d. C., e fu ricostruito da Augusto; forse è in occasione della dedica del nuovo tempio che il *carmen* fu commissionato,[6] ma niente di più sappiamo, né si conosce il poeta prescelto, che probabilmente aveva offerto una prova assai meno memorabile del suo illustre predecessore. Il *carmen* indirizzato a Ops segnalava implicitamente una fase di incertezza: morto Orazio, il ruolo di poeta ufficiale era come vacante. Ovidio era il candidato naturale a essere considerato, per consenso di pubblico, come il più grande poeta vivente, ma non aveva affrontato la lirica e le sue opere più impegnative non erano state ancora terminate e pubblicate. La disgrazia e la condanna spazzano via ogni possibilità e fanno definitivamente di Ovidio un 'Orazio mancato'.

Ovidio, com'è noto, non contesta né sminuisce la giustezza dell'ira del principe per il fatto che gli è stato imputato: cerca semmai di derubricarlo come *error*, come *culpa* anziché *scelus*, qualcosa in cui è rimasto coinvolto per imprudenza e senza una vera partecipazione attiva, qualcosa che ha visto e che probabilmente non doveva vedere. L'identikit dell'*error*, con le sue associazioni mitologiche (ad es. Atteone che vede Diana nuda) permetterebbe di fare varie ipotesi, ma non è mia intenzione partecipare al gioco delle ricostruzioni, più o meno fantasiose.[7] Voglio piuttosto sottolineare che se Ovidio è vago, anzi vaghissimo, su ciò che l'*error* è, è invece molto preciso su ciò che l'*error* non è (se lo fosse, infatti, non sarebbe più *error*, ma appunto *scelus*).

Il principe ha spesso dato il suo perdono alla parte sconfitta, lo stesso perdono che, se sconfitto, non sarebbe stato concesso a lui: personaggi che avevano portato le armi contro la persona di Augusto erano stati addirittura gratificati di ricchezze ed onori:

[6] L'ipotesi è di Owen 1924, p. 128; cf. anche Ingleheart 2010, p. 77.

[7] La bibliografia sull'*error* è notoriamente amplissima. cfr. Thibault 1964, Green 1982, Williams 1994, pp. 174-9. Un buon quadro sintetico in Ingleheart 2010, pp. 122-31; si può rimandare anche allo *status quaestionis* di Luisi-Berrino 2009, pur senza condividerne l'interpretazione di intrigo marcatamente politico.

Ov. *trist.* 2, 43-46
tu veniam parti superatae saepe dedisti,
non concessurus quam tibi victor erat.
divitiis etiam multos et honoribus auctos
vidi, qui tulerant in caput arma tuum

Rispetto a costoro, la causa di Ovidio è di gran lunga migliore, in quanto egli mai è stato coinvolto in una opposizione alla persona del principe, tanto meno in una opposizione armata:

Ov. *trist.* 2, 51-52
causa mea est melior, qui nec contraria dicor
arma nec hostiles esse secutus opes.

Tra coloro che avevano militato nella parte avversa e che, dopo la sconfitta, la *clementia Caesaris* aveva risollevato da una disastrosa condizione materiale e morale c'era un poeta, Orazio:[8]

Hor. *epist.* 2, 2, 46-52
dura sed emovere loco me tempora grato
civilisque rudem belli tulit aestus in arma
Caesaris Augusti non responsura lacertis.
unde simul primum me dimisere Philippi,
decisis humilem pinnis inopemque paterni
et laris et fundi paupertas inpulit audax
ut versus facerem;

Che in una situazione tanto meno grave Ovidio non venga perdonato rende ancora più vistoso il suo ruolo di 'Orazio mancato'. Del resto, che la disgrazia (e in particolare il ruolo dell'*error* nella disgrazia) faccia di Ovidio un 'Orazio mancato' lo dichiara l'elegia (*trist.* 3, 4, quasi un pastiche oraziano)[9] in cui il poeta esule si rivolge a un amico per ammonirlo, attraverso il bilancio della propria esperienza di vita, a non superare i limiti della sua condizione e a non aspirare alla frequentazione dei potenti, illustrando i vantaggi di una vita nascosta epicurea e i pericoli di ogni scalata sociale:

Ov. *trist.* 3, 4, 3-7
usibus edocto si quicquam credis amico,
vive tibi et longe nomina magna fuge.

[8] Ingleheart 2010, p. 88.
[9] Luck 1977, p. 185 segnala soprattutto il rapporto con Hor. *carm.* 2, 10, ma poi (p. 187) sottolinea che "Die vielen Anklänge an Horaz in diesem Gedicht fallen ins Auge".

vive tibi, quantumque potes praelustria vita:
saevum praelustri fulmen ab igne venit.
nam quamquam soli possunt prodesse potentes,
non prosit potius, siquis obesse potest!

Ov. *trist.* 3, 4, 25-6
crede mihi, bene qui latuit bene vixit, et intra
fortunam debet quisque manere suam.

Ov. *trist.* 3, 4, 43-4
vive sine invidia, mollesque inglorius annos
exige, amicitias et tibi iunge pares,

Hor. *serm.* 2, 1, 74-7
quidquid sum ego, quamvis
infra Lucili censum ingeniumque, tamen me
cum magnis vixisse invita fatebitur usque
invidia...

Hor. *epist.* 1, 20, 20-23
me libertino natum patre et in tenui re
maiores pinnas nido extendisse loqueris,
ut, quantum generi demas, virtutibus addas;
me primis urbis belli placuisse domique

Hor. *epist.* 1, 17, 35
principibus placuisse viris non ultima laus est.

Hor. *epist.* 1, 17, 10
nec vixit male qui natus moriensque fefellit

Hor. *epist.* 1, 18, 86-7
dulcis inexpertis cultura potentis amici:
expertus metuet.

Il motivo della *clementia Caesaris* è comunque centrale in tutte le opere dell'esilio.[10] Ovidio sottolinea più volte che l'ira del principe, pur pienamente motivata, si è contenuta in limiti che, se hanno comportato per lui conseguenze gravissime, non lo hanno tuttavia colpito nella forma giuridicamente più devastante: la *relegatio* gli ha conservato la vita, lo status di cittadino, i beni. Per di più, Augusto gli ha risparmiato un vero e proprio procedimento formale, un pubblico dibattimento davanti al Senato o a un collegio di giudici, notificando la condanna con un proprio editto, per quanto aspro e appesantito da *tristia verba*:

[10] Anche qui bibliografia sterminata: rimando solo a Lechi 1988, Ingleheart 2010, pp. 141-2 e Galasso 1995, p. 118 con ulteriori indicazioni.

Ov. *trist.* 2, 127-38
vita data est, citraque necem tua constitit ira,
o princeps parce viribus use tuis!
insuper accedunt, te non adimente, paternae,
tamquam vita parum muneris esset, opes.
nec mea decreto damnasti facta senatus,
nec mea selecto iudice iussa fuga est.
tristibus invectus verbis (ita principe dignum)
ultus es offensas, ut decet, ipse tuas.
adde quod edictum, quamvis immite minaxque,
attamen in poenae nomine lene fuit:
quippe relegatus, non exul, dicor in illo,
parcaque fortunae sunt ibi verba meae.

È evidente che Ovidio è interessato ad *accipere in bonam partem* la sommarietà della procedura, che sarà stata dettata anche da ragioni di opportunità politica e dalla volontà di non pubblicizzare più del necessario lo scandalo. Del resto, l'ideologia della *clementia Caesaris* voleva che il coinvolgimento di altri corpi dello stato nella repressione portasse quasi inevitabilmente a una maggiore severità, ben al di là delle intenzioni stesse del principe, come il caso increscioso di Cornelio Gallo aveva dimostrato:

Suet. *Aug.* 65
sed Gallo quoque et accusatorum denuntiationibus et senatus consultis ad necem conpulso laudauit quidem pietatem tanto opere pro se indignantium, ceterum et inlacrimauit et uicem suam conquestus est, quod sibi soli non liceret amicis, quatenus uellet, irasci.

Che procedure sbrigative di condanna potessero essere interpretate anche molto diversamente lo dimostra la feroce caricatura che smaschera le pulsioni tiranniche di un discendente e successore di Augusto, notoriamente appassionato dell'attività giurisdizionale:

Sen. *apocol.* 12, 3, 19-22
deflete uirum, quo non alius
potuit citius discere causas,
una tantum parte audita,
saepe neutra...

Sul piano dei comportamenti di uomo e di cittadino, la linea difensiva di Ovidio è molto chiara: nessuna difesa dell'*error*, vigorosa difesa di tutto il resto, attraverso la rivendicazione di una *vita ante acta* irreprensibile, certificata dal principe stesso nell'ambito dell'*equitum recognitio*. Sul piano dei sentimenti politici e dell'atteggiamento di suddito, Ovidio sottolinea il suo assoluto lealismo, la sua convinta partecipazione – come uno dei tanti, ma non meno di nessuno dei tanti –

ai rituali attraverso cui la comunità romana manifesta consenso, fedeltà, attaccamento al suo principe:

> Ov. *trist.* 2, 53-60
> *per mare, per terram, per tertia numina iuro,*
> *per te praesentem conspicuumque deum,*
> *hunc animum favisse tibi, vir maxime, meque,*
> *qua sola potui, mente fuisse tuum.*
> *optavi, peteres caelestia sidera tarde,*
> *parsque fui turbae parva precantis idem,*
> *et pia tura dedi pro te, cumque omnibus unus*
> *ipse quoque adiuvi publica vota meis.*

Per dichiarazione esplicita dell'interessato, la parte più impegnativa dell'autodifesa è quella che affronta l'altro capo d'imputazione, il *carmen*. L'*error* è stato grave, ma probabilmente tutt'altro che incompatibile con l'esercizio della *clementia Caesaris*. È il *carmen*, o forse sarebbe meglio dire il possibile nesso tra il *carmen* e l'*error*, il vero ostacolo, ed è a rimuovere questo ostacolo che Ovidio dedica la parte preponderante del suo discorso, la lunga e alquanto imbarazzante lezione sulla letteratura che si sente di potere/dovere impartire ad Augusto.

L'indignazione del principe non ha approfondito adeguatamente la fondatezza dell'imputazione, secondo cui Ovidio si sarebbe fatto maestro, per mezzo di un poema vergognoso, di una disciplina indecente come l'adulterio:

> Ov. *trist.* 2, 211-2
> *altera pars superest, qua turpi carmine factus*
> *arguor obsceni doctor adulterii.*

In questo caso, il compito del difensore è particolarmente arduo, perché non è possibile, qui, prendere in buono la procedura alquanto sommaria che ha portato alla condanna. In questo caso bisogna dimostrare al principe, senza per questo assumere il tono provocatorio della sfida, che ha sbagliato e bisogna ammaestrarlo sulla letteratura ammaestrandolo nel contempo ad essere un buon principe. Chi ha rilevato imbarazzata macchinosità nell'autodifesa ovidiana dovrebbe almeno tener conto di una missione che attraversa un terreno minato.

Per disinnescare le mine torna anzitutto buona ad Ovidio la movenza iniziale dell'epistola oraziana ad Augusto: sono tanti e tali gli impegni del principe nell'interesse dello stato che Augusto non potrebbe certo occuparsi di cose tanto inferiori per importanza come prendere direttamente conoscenza della poesia, per di più di poesia elegiaca, *lusus ineptus* di chi ha tempo da perdere:[11]

[11] Oltre a Barchiesi 1993, cfr. Ingleheart 2010, pp. 8-10 e 207-8; Williams 1994, pp. 180-1.

Ov. *trist.* 2, 213-24
fas ergo est aliqua caelestia pectora falli?
et sunt notitia multa minora tua;
utque deos caelumque simul sublime tuenti
non vacat exiguis rebus adesse Iovi,
de te pendentem sic dum circumspicis orbem,
effugiunt curas inferiora tuas.
scilicet imperii princeps statione relicta
imparibus legeres carmina facta modis?
non ea te moles Romani nominis urget,
inque tuis umeris tam leve fertur onus,
lusibus ut possis advertere numen ineptis,
excutiasque oculis otia nostra tuis.

L'argomento è lo stesso di Orazio, ma la declinazione è diversa: non serve come giustificazione del fatto che il poeta ha in qualche modo 'mancato' di rivolgersi al principe come destinatario delle sue *Epistole*, ma come 'giustificazione' per il principe per aver trascurato di esaminare attentamente l'accusa prima di risolversi alla condanna. Nella vicenda della disgrazia di Ovidio, come è messa in scena dall'autodifesa ovidiana, gli attori non sono soltanto il giudice e il reo, il sovrano e il suddito: una parte importante è recitata da attori anonimi che agiscono nell'ombra, apparentemente secondari, ma presentati come determinanti. Sono loro i veri responsabili dell'errore di Augusto, il quale si trova inevitabilmente esposto alle insidie che circondano il potere e rischiano di intaccarne l'immagine giusta e benevolente.

Augusto non ha tempo di leggere la poesia, ma c'è chi la legge per lui e gliene propone un'immagine distorta, anzitutto attraverso una selezione tendenziosa. Se il principe avesse modo di controllare personalmente il *corpus* delle opere del poeta, potrebbe verificare che il lealismo di Ovidio non si è espresso soltanto nelle diverse occasioni della vita civile e sociale, ma anche nella letteratura, perfino in quella che è stata il terreno d'accusa più specifico nei suoi confronti:

Ov. *trist.* 2, 61-2
quid referam libros (illos quoque, crimina nostra)[12]
mille locis plenos nominis esse tui

Ma non c'è solo l'elegia lasciva, la sua produzione comprende un *maius opus*, le incompiute ma circolanti *Metamorfosi*, poema che potrebbe dare titolo all'autore di presentarsi come araldo della gloria di Augusto, convinto esaltatore del suo casato:

[12] Mi sembra preferibile la punteggiatura e l'interpretazione proposta da Ingleheart 2010: prima un riferimento generale alla produzione letteraria di Ovidio, poi specificato con una allusione al fatto che perfino l'*Ars* non è estranea alla glorificazione del principe. Questo probabilmente attenua la vena ironica o sovversiva che è stata avvertita nell'iperbole *mille locis*: cfr. Ciccarelli 2003, p. 72; Ingleheart 2010, pp. 96-8.

Ov. *trist.* 2, 63-6
inspice maius opus, quod adhuc sine fine tenetur,
in non credendos corpora versa modos:
invenies vestri praeconia nominis illic,
invenies animi pignora certa mei.

E invece, avversari feroci e accaniti hanno indotto Augusto alla lettura di una maligna antologia delle *deliciae* di Ovidio:

Ov. *trist.* 2, 77-80
ah! ferus et nobis nimium crudeliter hostis,
delicias legit qui tibi cumque meas,
carmina de nostris cum te venerantia libris
iudicio possint candidiore legi!

Il modello preoccupante che qui viene presupposto, e quasi additato ad Augusto come un'insidia, è quello della regalità ellenistica: il sovrano circondato da una corte in cui tutti cercano di mettersi in mostra ai suoi occhi, facendosi largo a scapito degli altri, senza esclusione di colpi. Un caso celebre è stato quello di Apelle, denunciato da un rivale malevolo come partecipe di una congiura ai danni del re Tolomeo. Fortunosamente liberato dall'accusa dopo aver corso un gravissimo rischio, Apelle aveva rappresentato in un quadro rimasto famoso l'allegoria della Calunnia, un dipinto di cui, nell'operetta di Luciano ΠΕΡΙ ΤΟΥ ΜΗ ΡΑΙΔΙΩΣ ΠΙΣΤΕΥΕΙΝ ΔΙΑΒΟΛΗΙ, possediamo una dettagliata *ekphrasis* (che è alla base di una fioritura di pittura rinascimentale, da Botticelli in poi).[13]

Alcuni argomenti sviluppati da Luciano sono di un certo interesse. Tolomeo si era comportato in modo alquanto avventato, prendendo immediatamente per buone le accuse senza nessun tipo di indagine e investendo il pittore con aspre parole di rimprovero, quasi un'invettiva:

Lucian. *calumn.* 3, 9
ἀλλ' οὐδὲ τὸ παράπαν εἰ ἐξέπλευσεν Ἀπελλῆς ἐς Τύρον ἐξετάσας, εὐθὺς ἐξεμήνιεν καὶ βοῆς ἐνεπίμπλα τὰ βασίλεια τὸν ἀχάριστον κεκραγὼς καὶ τὸν ἐπίβουλον καὶ συνωμότην.

Senza affatto indagare se Apelle si fosse recato a Tiro, all'istante era andato fuori di sé e andava riempiendo la reggia delle sue grida, chiamandolo 'ingrato' e 'traditore' e 'cospiratore'.[14]

Non era questo comportamento sintomo di saggezza, non era agire da buon sovrano. Sentire tutte e due le parti e dare all'accusato modo di confrontarsi con le accuse e di argomentare la propria difesa era imposto ai giudici dai più saggi

[13] Cfr. soprattutto Faedo 1985, pp. 8-22; Massing 1990.
[14] Trad. di S. Maffei.

legislatori, come Solone e Dracone, ed era raccomandato nel verso proverbiale di un sommo poeta:

> Lucian. *calumn.* 8, 33
> μήτε δίκην δικάσῃς, πρὶν ἄμφω μῦθον ἀκούσῃς.
>
> non dare il tuo verdetto, senza aver prima prestato ascolto a entrambe le parti in causa.

Il sovrano prudente non può non tener conto del fatto che la corte è il terreno di coltura dell'adulazione, della calunnia, della competizione sleale:

> Lucian. *calumn.* 10, 1-13
> Ἴδοι δ' ἄν τις τοὺς τοιούτους μάλιστα ἔν τε βασιλέων αὐλαῖς καὶ περὶ τὰς τῶν ἀρχόντων καὶ δυναστευόντων φιλίας εὐδοκιμοῦντας, ἔνθα πολὺς μὲν ὁ φθόνος, μυρίαι δὲ ὑπόνοιαι, πάμπολλαι δὲ κολακειῶν καὶ διαβολῶν ὑποθέσεις· ὅπου γὰρ ἀεὶ μείζους ἐλπίδες, ἐνταῦθα καὶ οἱ φθόνοι χαλεπώτεροι καὶ τὰ μίση ἐπισφαλέστερα καὶ αἱ ζηλοτυπίαι κακοτεχνέστεραι. πάντες οὖν ἀλλήλους ὀξὺ δεδόρκασι καὶ ὥσπερ οἱ μονομαχοῦντες ἐπιτηροῦσιν εἴ πού τι γυμνωθὲν μέρος θεάσαιντο τοῦ σώματος· καὶ πρῶτος αὐτὸς ἕκαστος εἶναι βουλόμενος παρωθεῖται καὶ παραγκωνίζεται τὸν πλησίον καὶ τὸν πρὸ αὐτοῦ, εἰ δύναιτο, ὑποσπᾷ καὶ ὑποσκελίζει.
>
> Uomini di questa risma ottengono grande considerazione, come si può notare, nelle corti dei re, tra gli amici più influenti di governatori e principi, in ambienti dove grande è l'odio, infiniti i sospetti e moltissimi gli argomenti a disposizione degli adulatori e dei calunniatori. Perché, in tutti i casi in cui le speranze sono più grandi, lì anche le invidie sono più feroci, gli odi più pericolosi, le gelosie più perfide. Tutti si fanno gladiatori, per trovare una parte del corpo esposta. Ognuno, desiderando essere il primo, respinge e allontana a gomitate chi gli sta accanto e, se può, fa inciampare e fa lo sgambetto a chi lo precede.

Che il mondo dell'establishment augusteo potesse proporre le meschine e inquietanti atmosfere di un'*aula regia* era presentata da Orazio come un'opinione distorta, ma diffusa nella società:

> Hor. *serm.* 1, 9, 45-52
> *'haberes*
> *magnum adiutorem, posset qui ferre secundas,*
> *hunc hominem velles si tradere: dispeream, ni*
> *summosses omnis.' 'non isto vivimus illic,*
> *quo tu rere, modo; domus hac nec purior ulla est*
> *nec magis his aliena malis; nil mi officit, inquam,*
> *ditior hic aut est quia doctior; est locus uni*
> *cuique suus.' 'magnum narras, vix credibile.'*

Il comportamento di Augusto nel caso di Ovidio deve essere dunque valutato molto diversamente, in relazione ai due *crimina* imputati al poeta. Per quanto riguarda l'*error*, rispetto al quale Ovidio non ha sostanzialmente molto da obiettare, la sommarietà della procedura, dicevamo, può essere paradossalmente interpretata come atto di moderazione e di clemenza. Molto diversa è la questione del *carmen*. Se la poesia viene additata come *instrumentum sceleris*, il buon principe deve evitare di farsi occupare le orecchie da consiglieri malevoli, interessati a mettere in cattiva luce l'accusato deformando maliziosamente la realtà. È necessario ascoltare il reo, dare spazio adeguato all'autodifesa: la lunga lettera ad Augusto, il II libro dei *Tristia*, è appunto la voce del poeta che permetterà al principe di equilibrare il concerto di voci sfavorevoli che lo circonda e rischia di condizionarlo.

Nella satira 2, 1 di Orazio l'autorità solitaria di Cesare è detentrice di quel giudizio sicuro sulla letteratura che è in grado di mandare il poeta assolto da quella imputazione che gli avversari insistentemente rivolgono al satirico e che anche dal punto di vista dell'autodifesa ovidiana costituirebbe l'unico capo d'accusa pertinente e fondato nei confronti di un poeta, se il poeta se ne fosse reso davvero colpevole, quello di 'diffamazione a mezzo della poesia':[15]

Hor. *serm.* 2, 1, 80-6
'sed tamen ut monitus caveas, ne forte negoti
incutiat tibi quid sanctarum inscitia legum:
si mala condiderit in quem quis carmina, ius est
iudiciumque.' 'esto, siquis mala; sed bona siquis
iudice condiderit laudatus Caesare? siquis
opprobriis dignum latraverit, integer ipse?'
'solventur risu tabulae, tu missus abibis.'

Ov. *trist.* 2, 563-8
non ego mordaci destrinxi carmine quemquam,
nec meus ullius crimina versus habet.
candidus a salibus suffusis felle refugi:
nulla venenato littera tincta ioco est.
inter tot populi, tot scriptis, milia nostri,
quem mea Calliope laeserit, unus ego.

Adesso il principe non è più solo. Sono in tanti attorno a lui a indirizzare e condizionare il suo giudizio. Quel che è peggio, il giudizio sulla letteratura non sembra riguardare più tanto le qualità formali dell'opera, ma piuttosto se un prodotto letterario sia coerente o meno con le attese del principe, se sia coerente o meno col suo programma politico e morale, se esprima consenso o dissenso, adesione o ribellione.

[15] Cfr. Labate 2016, con bibliografia.

Che l'atmosfera dell'età augustea avanzata si facesse meno innocua di quella rappresentata da Orazio in casa di Mecenate ce lo fa pensare un inquietante episodio riferito da Seneca Retore, i cui principali attori sono Mecenate stesso e uno dei maestri di Ovidio, Porcio Latrone. Alla presenza anche di Augusto (che era sul punto di adottare i figli di Agrippa Gaio e Lucio) e di Agrippa (che era un parvenu della *nobilitas*) si discuteva una controversia in cui un figlio accusa il padre di *dementia* per aver adottato il bambino che un altro suo figlio, poi morto, aveva avuto da una *meretrix*. Latrone era incappato in una gaffe pericolosa, pronunciando la frase "Costui ormai attraverso l'adozione dal gradino più basso si insinua nella nobiltà". Mecenate aveva ostentatamente tagliato corto, dicendo al retore di sbrigarsi, "perché Cesare aveva fretta". Ma alcuni ritenevano che l'avesse fatto non per evitare che il principe udisse quanto veniva detto, ma al contrario proprio perché lo notasse, perché la cosa non passasse inavvertita, trasformando così un infortunio probabilmente involontario nell'allusione polemica di un provocatore.[16]

> Sen. Rhet. *contr.* 2, 4, 12-3
> *In hac controversia Latro contrariam rem <non> controversiae dixit sed sibi. Declamabat illam Caesare Augusto audiente et M. Agrippa, cuius filios, nepotes suos, Caesar [Lucium et Gaium] adoptaturus diebus illis videbatur. Erat M. Agrippa inter eos qui non nati sunt nobiles sed facti. Cum diceret partem adulescentis Latro et tractaret adoptionis locum, dixit: 'iam iste ex imo per adoptionem nobilitati inseritur' <et> alia in hanc summam. Maecenas innuit Latroni festinare Caesarem; finiret iam declamationem. Quidam putabant hanc malignitatem Maecenatis esse; effecisse enim illum non ne audiret quae dicta erant Caesar, sed ut notaret.*

Se questa età augustea non prende colori già troppo tiberiani, a corte non doveva esserci abbondanza di *candidi iudices* che indirizzassero per il meglio il giudizio del principe sulla letteratura.

La difesa di Ovidio aggredisce il punto fondamentale, il più pericoloso di tutti (anche perché l'*error* sembrerebbe aver reso minacciosamente attuale quella remota, presunta, colpa letteraria). In evidente contraddizione con il programma e la legislazione morale cui il principe dedica tanto indefesso impegno (Ov. *trist.* 2, 233-4 *urbs quoque te et legum lassat tutela tuarum / et morum similes quos cupis esse tuis*), il poeta dell'*Ars amatoria* si sarebbe fatto *obsceni doctor adulterii* (*trist.* 2, 211), avrebbe indirizzato i suoi insegnamenti a corrompere rispettabili donne romane, quelle le cui eventuali pratiche adulterine erano severamente sanzionate dalla legge augustea.[17]

Per confutare l'imputazione, Ovidio assume la *persona* del professionista puntiglioso e rigoroso, capace di 'spiegare Ovidio con Ovidio', di argomentare

[16] Sull'episodio vedi Berti 2007, pp. 38-9.
[17] Cfr. Gibson 2006, pp. 136-42, con riferimenti bibliografici.

con citazioni puntuali e con un ricco dossier di confronti. L'accusa è infondata, Augusto sbaglia, ma l'errore non è del principe, che non si può certo pretendere abbia tempo di leggere la letteratura, bensì di chi legge per lui e gli fa leggere solo certe cose e non altre. L'*Ars amatoria* neutralizzava *in limine* proprio quell'accusa con una dichiarazione esplicita,[18] che il difensore ora riproduce quasi alla lettera (con un'unica, ma significativa, variazione esegetica, una specie di interpretazione autentica: *concessum* / *legitimum*):

Ov. *trist.* 2, 247-50
'este procul, vittae tenues, insigne pudoris,
quaeque tegis medios instita longa pedes!
nil nisi legitimum concessaque furta canemus,
inque meo nullum carmine crimen erit.'

Il difensore non può non prevedere l'obiezione dei suoi avversari: quelle esplicite dichiarazioni sono insufficienti, perché, anche se gli insegnamenti non sono indirizzati a loro, anche se anzi ne sono apparentemente escluse, le matrone potrebbero ugualmente servirsi di *alienae artes* ed esserne dunque indirizzate a comportamenti colpevoli:

Ov. *trist.* 2, 253-4
'at matrona potest alienis artibus uti
quoque trahat, quamvis non doceatur, habet.'

La contromossa ovidiana è, com'è noto, la chiamata in correità di tutta quanta la letteratura (*trist.* 2, 255 ss. *nil igitur matrona legat*...), anche di quella apparentemente insospettabile, perché la donna incline al male potrebbe comunque trarne spunto per attrezzare al vizio i suoi costumi. Anzi, se a Ovidio si attribuisce la responsabilità di aver moralmente guastato donne per bene, bisognerebbe coinvolgere nell'accusa non solo la letteratura, ma una gamma amplissima di occasioni, luoghi e strutture della vita sociale e perfino religiosa.

Una scelta letteraria diversa sarebbe stata certo più raccomandabile e meno rischiosa e Ovidio ammette di essersi pentito della Musa lasciva, seppure la scelta potrebbe essere difesa con gli argomenti tradizionali nelle *recusationes* (inclinazione personale, mancanza di vena adeguata) o con specifici argomenti oraziani (cantare gli *acta Caesaris* senza forze adeguate sarebbe stato sminuirli e guastarne la grandezza). Ma il punto vero è la 'credibilità' di quelle dichiarazioni del *magister amoris* secondo cui la sua *Ars* sarebbe *scripta solis meretricibus*.

Ovidio si infila in un percorso argomentativo molto serrato e non privo di contorsioni: al suo regale allievo chiede un notevole investimento di attenzione,

[18] Si può naturalmente prescindere qui dalla discussione sulla credibilità o sul carattere ironico, in una certa misura indubitabile, dei "disclaimers" ovidiani: cfr. soprattutto Sharrock 1994, soprattutto pp. 110 ss.; vedi anche Ziogas 2014, pp. 735 ss.

pazienza e buona volontà. La sua poesia erotica giovanile parlava di personali esperienze lascive, ma questa convenzione letteraria non ha corrispondenza con la vita reale del poeta (Ov. *trist.* 2, 340 *falso movi pectus amore meum*). Il principe ha creduto (indotto anche dalla finta lascivia dell'elegia erotica) che l'*Ars* costituisse un attentato a talami proibiti, ai letti delle matrone. Una convenzione della poesia didascalica voleva che il maestro insegnasse per esperienza personale (Ov. *ars* 1, 29 *vati parete perito; / vera canam: coeptis, mater Amoris, ades!*). Da questa convenzione, ribadita nell'autodifesa (Ov. *trist.* 2, 348 *quodque parum novit, nemo docere potest*), deriva che, se le *nuptae* avessero trovato in Ovidio un maestro di adulterio, egli avrebbe dovuto praticare l'adulterio nella sua vita. La *vita ante acta* di Ovidio dimostra che mai gli è stato rivolto alcun addebito in questo senso:

Ov. *trist.* 2, 349-52
sic ego delicias et mollia carmina feci,
strinxerit ut nomen fabula nulla meum.
nec quisquam est adeo media de plebe maritus,
ut dubius vitio sit pater ille meo.

Ergo: la dichiarazione esplicita del *magister amoris*, che esclude le matrone dai suoi destinatari didascalici, va presa alla lettera e risulta vera, allo stesso modo in cui risulta falsa, in quanto convenzionale, la *lascivia* del poeta 'testimoniata' nell'elegia erotica:

Ov. *trist.* 2, 353-6
crede mihi, distant mores a carmine nostri –
vita verecunda est, Musa iocosa mea –
magnaque pars mendax operum est et ficta meorum:
plus sibi permisit compositore suo.

Ovidio delinea così un difficile progetto di poesia 'lealista': una poesia che non risparmia, soprattutto nelle sedi evidenti, all'inizio e alla fine, dichiarazioni di adesione, consenso e fedeltà, di rispetto delle leggi del principe e del suo potere, ma che, per il resto, si vincola soprattutto ad esser fedele alle convenzioni letterarie, alle leggi del genere, alle attese del lettore. Nelle dichiarazioni che riguardano il potere e il sovrano l'*animus* del poeta corrisponde perfettamente al suo *animus* di cittadino nel *favere principi*:

Ov. *trist.* 2, 53-6
per mare, per terram, per tertia numina iuro,
per te praesentem conspicuumque deum,
hunc ***animum favisse*** *tibi, vir maxime, meque,*
qua sola potui, mente fuisse tuum.

Ov. *trist.* 2, 65-6

> *invenies vestri praeconia nominis illic,*
> *invenies* ***animi pignora certa mei****.*
>
> Ov. *trist.* 2, 561-2
> *aspicies, quantum dederis mihi pectoris ipse,*
> *quoque* ***favore animi*** *teque tuosque canam.*

Ma questa 'sincerità' del consenso non dovrebbe essere messa in discussione da quel diritto alla menzogna che la poesia rivendica per sé e per le sue opere:

> Ov. *trist.* 2, 357-8
> *nec liber indicium est animi, sed honesta voluntas*
> *plurima mulcendis auribus apta feret.*

La lezione ad Augusto è senza dubbio interessante, ma non ha funzionato. In questo difficile percorso tra verità e menzogna forse non dobbiamo stupirci troppo che il nostro poeta sia rimasto a Tomi.

***

Riferimenti bibliografici

Barchiesi, A.: *Insegnare ad Augusto: Orazio, Epistole 2, 1 e Ovidio, Tristia II*, in: *MD* 31 (1993), pp. 149-84.

Berti, E.: Scholasticorum Studia. *Seneca il Vecchio e la cultura retorica e letteraria della prima età imperiale*, Pisa-Roma 2007.

Ciccarelli, I.: *Commento al II libro dei Tristia di Ovidio*, Bari 2003.

Citroni, M.: *Poesia e lettori in Roma antica. Forme della comunicazione letteraria*, Roma-Bari 1995.

Faedo, L.: *L'impronta della parola. Due momenti della pittura di ricostruzione*, in: S. Settis (ed.), *Memoria dell'antico nell'arte italiana*, II, *I generi e i temi ritrovati*, Torino 1985, pp. 5-42.

Galasso, L.: *P. Ovidii Nasonis Epistularum ex Ponto Liber II*, Firenze 1995.

Gibson, R.K.: *Ovid, Augustus, and the Politics of Moderation in Ars Amatoria 3*, in: *Idem*/S. Green/A. Sharrock (eds), *The Art of Love. Bimillennial Essays on Ovid's Ars Amatoria and Remedia Amoris*, Oxford 2006, pp. 121-43.

Green, P.: Carmen et error: πρόφασις *and* αἰτία *in the Matter of Ovid's Exile*, in: *Cl.Ant.* 1 (1982), pp. 202-20.

Ingleheart, J.: *Writing to the emperor: Horace's presence in Ovid's* Tristia *2*, in: L.B.T. Houghton/M. Wyke (eds.), *Perceptions of Horace. A Roman poet and his readers*, Cambridge 2009, pp. 123-39.

Ingleheart, J.: *A commentary on Ovid,* Tristia*, Book 2*, Oxford 2010.

Labate, M.: *Il poeta costruisce la sua immagine: progettualità e autobiografia nel* sermo *oraziano*, in: *Dictynna* 13 (2016), pp. 1-18.

Lechi, F.: *Piger ad poenas ad praemia velox: un modello di sovrano nelle Epistulae ex Ponto*, in: *MD* 20-21 (1988), pp. 119-32.

Luck, G.: *P. Ovidius Naso*, Tristia, Band I: Text und Übersetzung; Band II: Kommentar, Heidelberg 1967-77.

Luisi, A./Berrino, N.: Carmen et error: *nel bimillenario dell'esilio di Ovidio*, Bari 2008.

Massing, J.M.: *Du texte à l'image. La Calomnie d'Apelle et son iconographie*, Strasbourg 1990.

Sharrock, A.: *Ovid and the Politics of Reading*, in: *MD* 33 (1994), pp. 97-122 (= P. Knox (ed.), *Oxford Readings in Classical Studies: Ovid*, Oxford 2006, pp. 238-61).

Thibault, J.C.: *The Mistery of Ovid's Exile*, Berkeley-Los Angeles 1964.

Williams, G.D.: *Banished Voices. Readings in Ovid's Exile Poetry*, Cambridge 1994.

Ziogas, I.: *Stripping the Roman Ladies: Ovid's Rites and Readers*, in: *ClQ* 64 (2014), pp. 35-44.

Gianpiero Rosati (Pisa)

Microfisica del potere nelle opere ovidiane dell'esilio

Le pouvoir doit être analysé comme quelque chose qui circule,
ou plutôt comme quelque chose qui ne circule qu'en chaîne [...]
Le pouvoir fonctionne et s'exerce à travers une organisation réticulaire.
M. Foucault

Che il tema del potere, della durezza del potere, sia onnipresente nelle opere dell'esilio di Ovidio è cosa ben nota, anzi direi che è il presupposto su cui quelle opere nascono. Il senso di impotenza, la percezione acuta di un'ingiustizia subita, e il tentativo reiterato, e sempre più disperato, di affermare la propria innocenza e ottenere quindi il perdono e il richiamo a Roma, attraversano come una presenza pervasiva soprattutto le elegie dei *Tristia* e delle *Epistulae ex Ponto*. Questa tensione – il senso di una violenza sofferta da un cittadino libero e innocente, un poeta, schiacciato da un potere che non ha limiti, e contro il quale è vano contrapporre argomenti – è anzi certamente una delle molte forme di quel carattere 'eccessivo' della scrittura ovidiana dell'esilio che dà il titolo a questo volume.

L'interlocutore reale del poeta che protesta le proprie ragioni è naturalmente lui, Augusto, depositario e simbolo del potere assoluto, quello che è stato definito l'*overreader* di tutta la produzione dell'esilio: super-lettore e sopra-lettore, lettore 'sopra le spalle';[1] non soltanto cioè reale, inevitabile, perché onnipresente, ma certamente cercato, voluto dal poeta stesso, perché è lui il referente cui tutto si riconduce. Un interlocutore però che, con l'eccezione della lunga autodifesa di *Tristia* 2 che gli viene ufficialmente indirizzata, rimane sullo sfondo: in primo luogo perché un condannato non può rischiare di aggravare la propria situazione chiamando in causa impunemente troppo spesso il padrone del mondo, e tanto meno di riaprire la ferita facendo riferimenti espliciti alla vicenda che ne ha scatenato l'ira.[2] I destinatari diretti sono altri, sono i tanti amici (reali o pretesi tali)

[1] Di "paranoid overreader" parla Barchiesi 2001, pp. 85-6. Sul coinvolgimento di Augusto, e più in generale della *domus* imperiale, quale "readership beyond these individuals" (cioè i destinatari delle singole lettere delle *ex Ponto*), buone osservazioni in Martelli 2013, pp. 193-94. Per una applicazione del concetto di *overreader*(*s*) alle *Epistole* di Orazio si veda Oliensis 1998, cap. 4.

[2] Fra i molti passi, interessante *Pont.* 2, 2, 57-9, *vulneris id genus est, quod, cum sanabile non sit, / non contrectari tutius esse puto. / Lingua, sile: non est ultra narrabile quicquam*, "la ferita è di tal genere che, inguaribile com'è, penso sia più sicuro non toccarla. Taci,

che Ovidio ritiene possano esercitare una pressione sul destinatario indiretto in quanto appartenenti a un reticolo di relazioni personali e familiari che ruotano attorno alla *domus Augusta* e possono, almeno nelle aspettative del poeta, esercitare una pressione personale sul sovrano. O anche impersonale, in virtù del fatto di rappresentare una sorta di 'opinione pubblica', cioè l'élite sociale romana, che il principe non può ignorare e tanto meno sfidare apertamente, rischiando di apparire poco rispettoso di quell'élite e incline ad atteggiamenti autoritari e prevaricatori; una corrente di opinione, cioè, tale da esercitare un freno e un controllo esterno all'azione del nuovo padrone di Roma.

Il senso di una presenza ubiqua, incombente se non ossessiva e talora minacciosa, del sovrano dev'essersi progressivamente acuito nel corso del lungo principato augusteo, via via che la città incorporava nei suoi spazi e nelle sue scansioni temporali, nelle ricorrenze civiche, in altre parole nella toponomastica non meno che nel calendario, la nuova realtà di un potere diffuso, polverizzato nei segni che marcavano l'occupazione da parte di Augusto della società romana nelle sue più varie articolazioni.[3] Una presenza non tanto effettiva e visibile, concretamente colta nella sua realtà fisica, ma piuttosto percepita come inafferrabile, e proprio perciò più temibile, tale da sollecitare l'immaginazione e alimentare un senso di frustrazione per la difficoltà di comunicare e interagire con questa entità ingombrante e sfuggente insieme. È questa inedita dimensione del potere romano che la poesia ovidiana dell'esilio rivela in maniera esemplare, la sua smaterializzazione in una rete di relazioni che avvolge il centro stesso del potere e ne costituisce il tessuto, ma al tempo stesso lo distanzia, lo separa da chi vorrebbe avere con esso un rapporto diretto (quello che in età repubblicana era di norma possibile almeno per i membri dell'aristocrazia senatoria). Roma diventa una città "sempre più verticale" (per usare un'espressione di Alessandro Barchiesi),[4] e gli dei del Palatino si allontanano nelle loro altezze rendendosi sempre più remoti e inaccessibili ai loro sudditi. Quanto più la geografia dell'impero si è dilatata orizzontalmente, conquistando aree sempre più ampie del mondo conosciuto, tanto più la gerarchia del potere imperiale vede svilupparsi una configurazione verticale sempre più marcata.[5]

lingua mia: al di là di questo non si può dire nulla" (segue una serie di indicazioni, indirizzate al destinatario Messalino, circa i modi e i tempi da utilizzare nell'approccio al *princeps*, cui è appunto opportuno rivolgersi solamente in certi frangenti – un tema che Ovidio sviluppa ulteriormente, in riferimento questa volta alla *femina princeps* Livia, in una lettera alla moglie: cfr. *Pont.* 3, 1, 129-44).

3 Su questi temi, e in particolare sulla 'appropriazione' di spazio e tempo civici da parte del *princeps*, si consulterà utilmente Fraschetti 1990. Sul calendario, cfr. inoltre soprattutto Feeney 2007, pp. 172-93.

4 Barchiesi 2009, p. 178.

5 Sulla spazialità dell'impero, cfr. in generale Rimell 2015. Sulle rappresentazioni dello spazio nella letteratura latina si veda ora la raccolta di saggi curata da Fitzgerald/Spentzou 2018.

Il costituirsi della 'corte' attorno alla figura del sovrano traduce anzitutto in una realtà percepibile quella che è in sé, che è forse sempre (e certamente più che mai ora, nel tardo principato di Augusto), la sostanza dei rapporti sociali, cioè il fatto di essere concreti rapporti di potere: la corte crea di fatto uno schermo, un ostacolo al contatto personale con il luogo fisico e simbolico in cui il potere si materializza, esercitando un filtro, un controllo dei canali di accesso al centro appunto del potere. Quanto più si afferma il potere di Augusto, che accentra su di sé il controllo dell'assegnazione delle magistrature, e quindi delle risorse patronali che in passato erano capaci di garantire ai *nobiles* un sostegno popolare, tanto più diventa cruciale il ruolo di questo filtro, di questa entità intermedia opaca, che non ha un ruolo istituzionale ufficiale e riconosciuto, ma non di meno vede sempre più accrescere la propria funzione nelle dinamiche della comunicazione con il nucleo, il centro decisionale del potere.[6]

Particolarmente interessante per ricostruire questo reticolo di relazioni sociali sono le *Epistulae ex Ponto*, l'opera che – se dal punto di vista tematico è in continuità con i *Tristia* (*Pont.* 1, 1, 15-18) – sul piano formale, con l'introduzione esplicita dei nomi dei destinatari, e collocando il poeta al centro di questa rete di relazioni sociali (dunque una rete di potere, con i suoi duri rapporti di forza), segna una svolta cruciale ai fini del discorso che qui vorrei abbozzare. Un'opera anzitutto che per la sua stessa appartenenza al genere epistolare accentua l'idea di un rapporto personale, privato del poeta con il destinatario; e che anzi può implicare l'idea di una risposta da parte di quest'ultimo, quasi un invito a intrecciare uno scambio che sarebbe un modo di reintrodurre il poeta in quel reticolo di relazioni sociali di cui era stato parte integrante (un tema su cui egli insiste molto) e dal quale si sente brutalmente e ingiustamente espulso.[7] In virtù di questo rapporto privato ma a tutti noto, ufficiale (o almeno rivendicato come tale dal poeta in disgrazia), spesso radicato nella storia delle rispettive famiglie e in una lunga consuetudine con personaggi dell'élite sociale romana, o talora dell'*entourage*

[6] Ampie e documentate trattazioni sulla formazione della corte nella prima età imperiale forniscono Wallace-Hadrill 1996 (cfr. p. 285 sulla 'opacità' di questo corpo sociale intermedio: "the court and its membership had no 'official' definition, for this was a social not a legal institution, private in its composition though public in its importance. [...] The court remained in its nature undefined"); Winterling 1999 (ma cfr. già Winterling 1997 per il confronto con l'importante precedente costituito dalle monarchie ellenistiche); Pani 2003 (cfr. p. 35: "questa nuova area di potere viene formata da unioni e disunioni matrimoniali, da legami d'amicizia e rotture dell'amicizia [...]. Essa nasce però come spontanea area di mediazione fra principe e società: di qui la sua forza come la sua debolezza, la sua ambiguità, ma soprattutto la sua capacità di adattamento, rinnovamento e continuità al di là dei singoli principi").

[7] Sulla "poetica del poeta presente", o "poetica della partecipazione", nelle elegie dell'esilio di Ovidio (un elemento che richiama importanti presupposti dell'elegia già erotica) si vedano le notevoli osservazioni di Labate 1987, pp. 104-108. Sulle "presenze assenti" dell'esule a Roma attraverso il mezzo epistolare, cfr. Hardie 2002, pp. 283-325.

immediato del principe, la lettera si presenta anzi spesso come una semplice prosecuzione di un rapporto personale preesistente, e che addirittura in qualche caso nemmeno l'esilio avrebbe interrotto. È quanto egli afferma ad esempio scrivendo al poeta Cornelio Severo, con il quale dice di aver continuato a scambiare lettere anche da Tomi: *Orba tamen numeris cessavit epistula numquam / ire per alternas officiosa vices*, "Mai però abbiamo cessato di scambiare tra noi lettere prive di ritmi, che facevano il loro dovere" (*Pont.* 4, 2, 5-6, trad. L. Galasso). Ovidio insomma cerca di rappresentare sé stesso come direttamente contiguo e anzi partecipe dello stesso ambiente, accredita un'immagine di sé come un cittadino romano a pieno titolo che ha subìto un torto, per il cui risarcimento chiede il sostegno degli amici influenti ai quali scrive.

Insistere sulla contiguità dei destinatari con la *domus Augusta* costituisce da un lato un atto di omaggio nei loro confronti, il riconoscimento di una patente di distinzione sociale; ma dall'altro lato il poeta esule fa leva su questa contiguità – vera o esagerata che sia, ovviamente a scopo strumentale – per chiedere un intervento diretto sul principe, esercitando così una pressione anche pubblica, nel senso che i lettori delle *Epistulae*, cioè anche i componenti di quello stesso ambiente sociale, diventano testimoni della prova di amicizia e lealtà che i vari destinatari sono chiamati a dare.[8] Sfruttando una tecnica già utilizzata nelle epistole fittizie delle *Heroides*, Ovidio gioca sul doppio destinatario delle epistole da Tomi: da un lato il destinatario diretto, cui l'epistola si rivolge adottando un tono e un linguaggio privato, riservato e affettivo, al quale destinatario si aggiunge e sovrappone il semplice lettore, cioè estraneo a quella dimensione confidenziale, che assiste a questo dialogo personale e ne diventa un 'testimone indiscreto'.[9] Il destinatario pubblico cioè, il lettore, viene chiamato a partecipare di questa (finta, o solo parziale) comunicazione privata, come a farsi garante delle ragioni che il poeta accampa e dell'impegno reciproco che le due parti – il poeta e il suo amico-destinatario – hanno contratto: a rappresentare insomma in qualche modo un testimone scomodo per quest'ultimo, vincolandolo a un comportamento moralmente onorevole. Nei confronti dell'amico in disgrazia, egli è tenuto a svolgere un *officium* cui non può sottrarsi, se non al prezzo di infrangere un codice

[8] Sul risvolto 'ricattatorio' delle *Epistulae ex Ponto* si veda in generale Galasso 2009, pp. 199-202.

[9] È bene ricordare che questa dinamica caratterizza potenzialmente l'impiego del formato-lettera in qualsiasi opera di finzione letteraria; cfr. Rosenmeyer 2001, p. 3: "the distinction between "real" and fictive letters is often unclear, both in antiquity and now. [...] In most cases, we are dealing with two sets of readers: the actual addressee, the first reader who expects some glimpse at intimacy, and the wider public, secondary readers, reading over the shoulder, who may expect and achieve something entirely different from their reading experience". Sul concetto di "accidental readers", i lettori imprevisti del testo epistolare 'intercettato', cfr. Jenkins 2006.

etico radicato nei *mores* e il cui rispetto è la condizione necessaria per non incorrere nel discredito sociale presso la propria comunità di appartenenza.[10]

Eloquenti in proposito i molti passi in cui il poeta esule rievoca, quasi a sollecitare la memoria di destinatari renitenti, che egli sospetta vogliano rimuovere le tracce di una passata frequentazione e anzi familiarità con un condannato, le numerose occasioni che lo hanno visto protagonista al centro della scena sociale, accolto e rispettato come un cittadino romano. Questo tema cruciale è già al centro dell'epistola 1, 2 (cioè la prima della raccolta, dopo quella proemiale), inviata a un personaggio di grande rilievo sociale come Paolo Fabio Massimo. Ovidio immagina che all'arrivo della lettera dal Ponto egli possa reagire con fastidio, mostrando in tal modo di rinnegare l'amicizia del poeta (*vereor ne nomine lecto / durus et aversa cetera mente legas*, "ho paura che, appreso il nome, il resto tu lo legga con durezza e con animo ostile", *Pont.* 1, 2, 7-8), così che la familiarità e il colloquio con gli amici, quella che era (o almeno Ovidio la dichiara) una serena consuetudine, rischiano ormai di essere solo oggetto di rimpianto e di sogno, una *brevis et non vera voluptas* ("un piacere breve e fallace", *Pont.* 1, 2, 49-52). Di fronte al rigetto sociale di cui teme di essere vittima, il poeta non esita a rievocare – chiamando evidentemente a testimoni gli amici comuni – le occasioni sociali di un'amicizia a tutti nota, e addirittura un rapporto di parentela acquisita tramite la sua terza moglie:

Ille ego sum, qui te colui, quem festa solebat
inter convivas mensa videre tuos,
ille ego, qui duxi vestros Hymenaeon ad ignes,
et cecini fausto carmina digna toro,
cuius te solitum memini laudare libellos
exceptis domino qui nocuere suo,
cui tua nonnumquam miranti scripta legebas,
ille ego, de vestra cui data nupta domo est.
(*Pont.* 1, 2, 129-136)

Io sono colui che ti ha onorato, che nei giorni di festa
la tua mensa vedeva abitualmente tra i convitati;
io sono colui che ha guidato Imeneo al tuo focolare,
e che ha cantato carmi appropriati a una fausta unione;

[10] Per una definizione della poesia dell'esilio di Ovidio come poesia dei *mores* (un tratto che in certa misura la accomuna alle *Epistole* oraziane), cfr. ancora Galasso 2009, p. 202: "what we find is a redefinition, albeit partial, of Roman high society, to which the traditional values that are supposed to be the foundation of its morality apply. [...] it might even be said that one could hardly imagine a 'more Augustan' form of poetic composition than this poetry from exile, which portrays individuals endowed with the virtues the Emperor would wish them to have".

i miei libri, ricordo, eri solito lodarli,
ad eccezione di quelli che hanno nuociuto al loro autore,
e a me, pieno di ammirazione, leggevi talora i tuoi scritti;
io sono colui che ha ricevuto una sposa dalla vostra casa.

Parente acquisito di Ovidio, Fabio Massimo è a sua volta parente dello stesso Augusto (tramite la moglie Marcia, cugina diretta del principe) e tra i suoi *amici* più stretti: una figura-tramite quindi, quella di Fabio Massimo, che rappresenta nel modo più vistoso da un lato l'estrema vicinanza tra il poeta e il vertice del potere, ma al tempo stesso un filtro che egli deve pur superare: un filtro che Ovidio spera si riveli permeabile, e favorisca il contatto sperato (e in questo senso i destinatari delle epistole dal Ponto costituiscono una sorta di 'figura' dell'epistola stessa, della quale condividono la funzione mediatrice). A fronte di questa inaccessibilità di Augusto (un dio onnipotente e terribile, un Giove che fa tremare il mondo: *Caesaris ira mihi nocuit, quem solis ab ortu / solis ad occasus utraque terra tremit*, "a me ha recato danno l'ira di Cesare, davanti al quale tremano l'una e l'altra terra, da dove il sole sorge al luogo in cui tramonta", *Pont.* 1, 4, 29-30), Ovidio si appella al potere di Fabio Massimo di intercedere per lui in nome dell'*officium*, del dovere sociale cui Massimo deve sentirsi vincolato, di soccorrere lui o almeno sua moglie (che è 'a carico' della potente famiglia dei Fabii):

Sed, de me ut sileam, coniunx mea sarcina vestra est:
non potes hanc salva dissimulare fide.
Confugit haec ad vos, vestras amplectitur aras
(iure venit cultos ad sibi quisque deos),
flensque rogat, precibus lenito Caesare vestris
busta sui fiant ut propiora viri.
(*Pont.* 1, 4, 145-50)

Ma, per tacere di me, mia moglie è a carico vostro:
se dici di non conoscerla vieni meno alla tua lealtà.
Lei si rifugia da voi, abbraccia i vostri altari
(è a buon diritto che ognuno si reca dagli dei che ha onorato),
e chiede in lacrime che, ammansito Cesare dalle vostre preghiere,
la tomba di suo marito sia a lei più vicina.

La sensazione di impotenza provata dal poeta sta anzitutto nella sanzione sociale di cui egli avverte di esser fatto oggetto: capisce che per arrivare a convincere 'Augusto', o perfino a comunicare con lui, con il centro di un potere sempre più remoto e irraggiungibile, deve prima scalfire questa barriera tanto tenace e resistente quanto impalpabile, cioè il pregiudizio che grava sul poeta condannandolo all'isolamento e all'esclusione. È questa natura socialmente disseminata, questa microfisica di un potere diffuso che lo separa da Augusto e che egli sente incombere su di sé: il potere dei tanti che non osano differenziare la propria posizione da quella ufficiale del principe, e di fatto anche col semplice silenzio la condividono e ne moltiplicano l'effetto di censura sociale sul condannato.[11]

Essere disconosciuto dagli amici influenti di un tempo significa non solo perdere ogni speranza di un futuro migliore, ma essere espulso *tout court* dal consorzio umano. Nell'estremo tentativo di vincolare gli amici che lo legano ad Augusto (ma hanno anche il terribile potere di separarlo da lui), Ovidio non esita a configurare nettamente, forse anche più di quanto fosse nella realtà effettiva, il suo passato rapporto con loro in termini di *clientela*, assegnando così ad essi un ruolo tale da vincolarli al dovere sociale (passibile perciò di censura morale) dell'*officium* da parte dei patroni verso il cliente in disgrazia. È quel che accade con Messalino, il figlio maggiore di Messalla Corvino e fratello di Cotta Massimo, cui il poeta si rivolge pregandolo di potersi dire ancora 'suo' (*precor esse tuus*, *Pont.* 1, 7, 6),[12] di essere ancora annoverato tra gli amici, senza smentire un legame che vincolava saldamente le loro famiglie (*Pont.* 1, 7, 27-36), e che ora è dovere di Messalino confermare con l'*officium* cui il suo ruolo lo obbliga (cioè a dare più di quanto ha ricevuto):

Quid quod, ut emeritis referenda est gratia semper,
sic est fortunae promeruisse tuae?
Quodsi permittis nobis suadere, quid optes,
ut des, quam reddas, plura, precare deos.
(*Pont.* 1, 7, 61-4)

E se bisogna sempre ricambiare ciò che si è ricevuto, che dire
del fatto che è proprio della tua posizione il fatto di essere il primo a beneficare?
Nel caso in cui tu mi conceda di consigliarti cosa desiderare, prega gli dei
che i doni che dai siano di più di quelli che devi ricambiare.

[11] La condivisione della collera del *princeps* da parte dei personaggi a lui vicini, cui Ovidio si rivolge nelle *ex Ponto*, è bene illustrata da un passo come *Pont.* 2, 3, 61-64 (un'epistola a Cotta Massimo): *ira quidem primo fuerat tua iusta, nec ipso / lenior, offensus qui mihi iure fuit; / quique dolor pectus tetigisset Caesaris alti, / illum iurabas protinus esse tuum*, "Certo in un primo momento la tua ira era stata giusta né più lieve di quella di colui che a buon diritto si era sentito offeso da me, e il dolore che aveva toccato l'anima del grande Cesare giuravi che era divenuto immediatamente il tuo". Come nota Galasso 1995, *ad loc.*, si tratta della applicazione alla sfera politica – e del conseguente, inevitabile stravolgimento – di una virtù propria dell'amicizia, l'ὁμοιοπάθεια, già teorizzata in Teofrasto.

[12] In questa e in simili formulazioni (cfr. *tam tuus en ego sum*, "ecco che altrettanto tuo sono io", *Pont.* 4, 15, 19), Ovidio sembra voler esortare il destinatario (e, indirettamente, il lettore) a cogliere nel suo significato letterale la tipica formula di saluto epistolare (indicativo in questo senso un passo come *Pont.* 1, 3, 1-2: *hanc tibi Naso tuus mittit, Rufine, salutem, / qui miser est, ulli si suus esse potest*, "Il tuo caro Nasone ti invia, Rufino, questo saluto, se un infelice può essere caro a qualcuno").

L'essenziale per Ovidio è non diventare un estraneo (*sim modo pars vestrae non aliena domus*, "purché io non sia elemento estraneo alla vostra casa", *Pont.* 1, 7, 68), non essere escluso da un contesto di relazioni sociali che di fatto controlla l'accesso ad Augusto, cioè al vertice del potere, e quindi condivide una parte sostanziale di quel potere che al nome di Augusto si riconduce, al suo ruolo accentratore ma non certo di detentore esclusivo. Un potere che di fatto è un campo relazionale, non gestito da individui particolari, ma disseminato e partecipato dagli individui anche in maniera inconsapevole, condiviso e consolidato nelle più comuni pratiche sociali, attraverso un reticolo di rapporti che rimuove automaticamente come un corpo estraneo chiunque venga percepito come 'nemico' di Augusto.

Anche e anzitutto per ragioni di autodifesa: mostrare familiarità, o addirittura indulgenza/benevolenza, nei confronti di un reietto comporterebbe automaticamente la stessa esclusione, la stessa condanna a essere espulsi dalla cerchia delle amicizie del sovrano e quindi dal contesto di protezione sociale, cioè dalla rete di potere che quella cerchia costituisce. È di questo meccanismo che il poeta esule si vede vittima, e dal quale sente di essere bandito, da quella pervasiva rete di relazioni che al nome di Augusto si riconduce e che plasma le persone nei pensieri e nei comportamenti. Il primo, fondamentale *officium* a cui è vincolato chi fa parte di quella rete è quello nei confronti di Augusto; poi, certo, c'è – ci può essere – anche quello nei confronti del poeta espulso da Roma e dal centro del potere, ma Ovidio sa bene che non può chiedere ai suoi interlocutori di mettere a repentaglio l'adempimento di quell'*officium* primario, e si guarda dal mettere in alternativa o addirittura in competizione reciproca i due obblighi, ma cerca una conciliazione, per quanto difficile, tra loro.[13] Essere *amici* di Augusto è quindi il bene prioritario, fondamentale, cui Ovidio non può chiedere ai propri amici di rinunciare, o anche di metterlo a rischio; il massimo che sa di poter chiedere è che essi mostrino di essere *anche suoi* amici, e garantiscano che il poeta non è un corpo estraneo ed ostile, ma che è sempre stato parte leale e devota di quello stesso campo di relazioni nel quale ora chiede di essere reintegrato.

Dividimur caelo, scrive il poeta a Cotta Massimo (*Pont.* 1, 5, 73): il cielo che separa i due amici non è soltanto quello che segna la distanza geografica tra Roma

[13] Il doppio binario su cui Ovidio chiama i propri destinatari a svolgere il loro *officium* (nei confronti del *princeps* e però anche, in subordine, nei confronti dell'amico in esilio) trova una delle più esplicite formulazioni in *Pont.* 4, 9, 69-72, un'epistola che si data alla seconda metà del 16 d. C. (l'*Augustus* del v. 70 è dunque Tiberio): il poeta augura ai destinatari Grecino e Flacco di continuare a godere dei benefici derivati dalla loro indiscussa fedeltà all'imperatore, il cui frutto evidente è costituito dalla loro recente nomina a consoli; nel tempo che resta dalle occupazioni di governo più urgenti (*quod tamen ab rerum cura propiore vacabit*, "nel tempo tuttavia che sarà libero dagli impegni di governo più vicini"), comunque, l'esule chiede loro di assecondare la propria causa intercedendo per lui (*vota precor votis addite vestra meis*, "vi prego, aggiungete i vostri voti ai miei").

e il Ponto, ma anche il cielo simbolico del potere, quello che ospita idealmente gli dei e funge da comune metonimia per designarli. In particolare il Giove terreno, quello che un'altra diffusa metonimia del linguaggio d'età imperiale ha ormai insegnato a identificare nel principe (l'accezione di *caelum* come "Giove" è ben nota),[14] l'onnipotente la cui presenza incombe minacciosa dall'alto e al cui controllo nulla sfugge. Il suo occhio di divinità guardinga sempre aperto sul mondo (*qui pervidet omnia, Caesar*, "Cesare, che tutto raggiunge con il suo sguardo", *Pont.* 1, 7, 43; *de te pendentem sic dum circumspicis orbem*, "mentre percorri con lo sguardo il mondo che da te dipende", *trist.* 2, 217; come lo sarà una volta che l'apoteosi lo avrà effettivamente collocato in cielo: *tu certe scis haec, superis adscite, videsque, / Caesar, ut est oculis subdita terra tuis*, "tu, Cesare, che sei stato incorporato tra gli dei, di certo lo sai e lo vedi, dato che la terra è sottoposta al tuo sguardo", *Pont.* 4, 9, 127-8) è una specie di mitologico guardiano Argo (quello che, nelle *Metamorfosi*, controllava tutto dall'alto di un monte: *ipse procul montis sublime cacumen / occupat, unde sedens partes speculatur in omnes*, "occupa la cima di un monte lontano, dove si siede e di lì sorveglia ovunque d'intorno", *met.* 1, 666-7), o piuttosto di *panopticon* come lo intende Michel Foucault.[15] È l''occhio del potere', lo strumento di sorveglianza universale, anche degli spazi privati degli individui, immaginato dal filosofo-giurista settecentesco

[14] Cfr. Varr. *Ling.* 5, 67 *quod Iovis Iuno coniunx et is Caelum, haec Terra*, "perché Giunone è sposa di Giove, e lui il Cielo, lei la Terra"; Cic. *Nat. Deor.* 2, 65 *hunc etiam augures nostri cum dicunt 'Iove fulgente tonante': dicunt enim 'caelo fulgente et tonante'*, "anche gli auguri intendono lui quando dicono 'Per Giove fulminante e tuonante': vogliono dire 'Per il cielo fulminante e tuonante'". A proposito della associazione fra Augusto e Giove nelle opere dell'esilio, è interessante quanto afferma McGowan 2009, pp. 67-8: mentre da un lato è frequente l'equiparazione con Giove di singole personalità di spicco già in età tardo-repubblicana (Silla, Cicerone, Giulio Cesare, il giovane Ottaviano), la stabilizzazione del regime augusteo predilige l'associazione del *princeps* con altre divinità (soprattutto Apollo e Marte) "that had played an important role in the establishment of the Augustan regime"; si registra quindi "a disjunction between the historical *realia* in Rome, where the cult of Jupiter is in retreat and the *princeps* is never officially referred to as a god, and the poetic reality of Ovid's exile poetry, where Augustus as Jupiter occupies the most powerful position in the mythological framework" – un significativo esempio delle tensioni che a Ovidio, lontano da Roma, interessa suscitare, nel contrasto di 'poteri' (politico vs. poetico) che l'esule cerca disperatamente, e infine senza successo, di giocare a proprio vantaggio.

[15] Cfr. Foucault 1994. Lo stesso Argo (mi fa notare Edoardo Galfré, cui devo anche altre preziose indicazioni sulla poesia ovidiana dell'esilio) era definito πανόπτης, "onnivedente": cfr. Serv. *Aen.* 7, 790 *Argum, oculatum omnibus membris* [...], *quem Graeci panopten appellant*, "Argo, dotato di occhi su tutto il corpo, che i greci chiamano onnivedente".

Jeremy Bentham, nel quale si materializza la volontà di controllo sociale capillare tipica di un regime totalitario.[16]

L'immaginario che domina le epistole dal Ponto riflette l'idea di un potere ubiquo e insieme sfuggente, benché riconducibile al Moloch-Augusto, un potere anonimo e però concreto e pervasivo che emargina Ovidio da Roma e dal mondo che era la sua ragione di vita. L'isolamento in cui egli si vede ridotto, lui fino ad allora la massima voce poetica sulla scena di Roma, lo costringe a un silenzio che equipara il suo esilio alla morte.[17] Lo spazio estremo e remoto di Tomi non è allora altro che la materiale concretezza di quello che, come insegna la saggezza degli antichi (Sen. *dial.* 12, 8), è l'esilio più doloroso, l'esilio da sé stessi: lo 'spossessamento' di sé è l'esito che questo impari confronto di forze produce, e che progressivamente trasforma la segregazione fisica nella perdita dell'identità stessa di poeta.

***

[16] "Le mot même de 'panoptique' apparaît capital. Il désigne un principe d'ensemble [...] Il a trouvé une technologie du pouvoir propre à résoudre les problèmes de surveillance [...] Bentham a pensé et dit que son procédé optique était *la* grande innovation pour exercer bien et facilement le pouvoir" (corsivo dell'autore): Foucault 1994, p. 191.

[17] Sul tema del silenzio, o meglio della privazione della parola, nelle opere dell'esilio cfr. Natoli 2017, capp. 3 e 4.

Bibliografia

Barchiesi, A.: *Speaking Volumes: Narrative and Intertext in Ovid and Other Latin Poets*, London 2001.

———: *Phaeton and the Monsters*, in: Ph. Hardie (ed.), *Paradox and the Marvellous in Augustan Literature and Culture*, Oxford 2009, pp. 163-88.

Feeney, D.: *Caesar's Calendar. Ancient Time and the Beginnings of History*, Berkeley/Los Angeles/London 2007.

Fitzgerald, W./Spentzou, E. (eds.): *The Production of Space in Latin Literature*, Oxford 2018.

Foucault, M.: *L'œil du pouvoir*, in: *Idem*, *Dits et écrits*, vol. III 1976-1979, ed. par D. Defert et F. Ewald, Paris 1994, pp. 190-207.

Fraschetti, A.: *Roma e il principe*, Roma/Bari 1990 [²2005].

P. Ovidii Nasonis Epistularum ex Ponto Liber II, a cura di L. Galasso, Firenze 1995.

Galasso, L.: *Epistulae ex Ponto*, in: P.E. Knox (ed.), *A Companion to Ovid*, Chichester 2009, pp. 194-206.

Hardie, Ph.: *Ovid's Poetics of Illusion*, Cambridge 2002.

Jenkins, Th. E.: *Intercepted Letters. Epistolarity and Narrative in Greek and Roman Literature*, Lanham 2006.

Labate, M.: *Elegia triste ed elegia lieta. Un caso di riconversione letteraria*, in: *MD* 19 (1987), pp. 91-129.

Martelli, F.K.A.: *Ovid's Revisions. The Editor as Author*, Cambridge 2013.

McGowan, M.M.: *Ovid in Exile. Power and Poetic Redress in the* Tristia *and* Epistulae ex Ponto, Leiden/Boston 2009.

Natoli, B.A.: *Silenced Voices. The Poetics of Speech in Ovid*, Madison 2017.

Oliensis, E.: *Horace and the Rhetoric of Authority*, Cambridge 1998.

Pani, M.: *La corte dei Cesari fra Augusto e Nerone*, Roma/Bari 2003.

Rimell, V.: *The Closure of Space in Roman Poetics. Empire's Inward Turn*, Cambridge 2015.

Rosenmeyer, P.A.: *Ancient Epistolary Fictions. The Letter in Greek Literature*, Cambridge 2001.

Wallace-Hadrill, A.: *The Imperial Court*, in: *The Cambridge Ancient History*, second edition, vol. X, Cambridge 1996, pp. 283-308.

Winterling, A. (ed.): *Zwischen "Haus" und "Staat". Antike Höfe im Vergleich*, München 1997.

———: Aula Caesaris. *Studien zur Institutionalisierung des römischen Kaiserhofes in der Zeit von Augustus bis Commodus (31 v. Chr. – 192 n. Chr.)*, München 1999.

Edoardo Galfré (Pisa)

Ovid, Germanicus, and the Sorrows of Old Augustus

1 Celebrating Caesar's triumph(s)

Starting his second book of *Epistulae ex Ponto*, Ovid states that the news of Caesarian triumph has come *huc quoque* (*huc quoque Caesarei pervenit fama triumphi, / languida quo fessi vix venit aura Noti*, *Pont.* 2, 1, 1 sq.). The two small words with which the new book begins cannot but remind the reader of a typical starting formula frequently used by Ovid at the outset of his new books, *hoc quoque / hic quoque* (*liber*), a sort of editorial *sphragis* that usually emphasizes the positioning of the poet's latest piece of work within the wider context of his collection and, even wider, of his *corpus*.[1] The very first line of *Pont.* 2 suggests that we recognize what at first sight may seem a clever *variatio* on that formula: not only the *fama* of Caesar's triumph has reached "this place, too" – that is, leaving from Rome, she has travelled up to Ovid's *letzte Welt*. She has also come "into this book, too", as we know that the celebration of Caesar's triumph has already appeared in other Ovidian books: as is made clear elsewhere, one entire work devoted to this same triumph over *Illyricum*, celebrated on October 23rd AD 12, was completed some time before the publication of *Pont.* 1-3 (cf. *nuper*, 2, 5, 27; Ovid talks about this *opus* at some length in *Pont.* 3, 4). The word *fama* may be considered as part of the game:[2] in fact, it firstly corresponds to the vague, weak report that, just like the *languida aura* in line 2, has barely touched the Pontic shores (Ovid is here recalling a famous line from Virgil, *Aen.* 7, 646: *ad nos vix tenuis famae perlabitur aura*); but this feeble report has once more become object of Ovid's piece of poetry, which is now intended to celebrate the great event announced by that *fama*. The exiled poet has to face a quite difficult task: through the new poetry book that is now beginning, he is going to give *fama* to an event that is scarcely known to him – a *fama* which in the space of some fifty lines turns out as simple *rumor* (49).

1 On the significance of this formula in Ovid's *œuvre* see esp. Citroni 1995, p. 444 (cf. p. 467 note 21 for the idea that this *incipit* may have a Phocylidean origin) and pp. 454-456. A link between our *huc quoque* and the canonical *hoc / hos quoque* is noted by Jansen 2014, p. 279. It is worth considering an important difference between the varied use of the formula here and its employment as 'addition marker' (cf. e.g. *hunc quoque* [...] *libellum*, *trist.* 5, 1, 1): differently from the *Tristia* instalments, *Pont.* 2 is a book that is already 'added' from the start to the collection it belongs to (*Pont.* 1-3, published as a unit) – there is no chronological distance, indeed, between *Pont.* 2 and the previous book to which the reader has to 'add' it.

2 On literary representations of *fama*, cf. Hardie 2012.

It comes as no surprise that the second book of the *ex Ponto* will include some Caesarian theme, as well: in the proemial epistle of the collection, Ovid has programmatically stated that no book of his would lack "homage to Caesar" (*denique Caesareo* [...] *non caret e nostris ullus honore liber*, *Pont.* 1, 1, 27 sq.), using in that passage, as in ours, the same adjective *Caesareus* – which is first attested in, and was probably coined by, Ovid himself.[3] But the reader of Ovid's exile poetry knows that the triumph theme has already been dealt with in the previous collection of books sent from Tomis, namely in the *Tristia*: in the second elegy of book 4, whose composition dates back to AD 10-11, the exiled poet had imagined a very possible, even forthcoming triumph over Germania – a triumph that was never celebrated. Now, it is interesting to see how the reader of *Pont.* 2, 1, the poem that introduces the triumph theme into the *ex Ponto* collection as well, gets the impression that this new poem is actually continuing, even completing *trist.* 4, 2 – regardless of the fact that the actually celebrated triumph *ex Illyrico* is not precisely the same that Ovid had envisioned. In the last couplet of *trist.* 4, 2, the exiled poet talks about "that (future) day" in which he will "undress [his] sad clothes" (*lugubria* ***ponam***, 73), since the "public cause" – the happiness brought in by the triumph – will overcome his private grief. In *Pont.* 2, 1 that day has come, finally (*tandem*, 5): even if the emperor may not want any joy to "touch" the poet (*nolit ut ulla mihi contingere gaudia Caesar*, 7), Ovid is now able to "undress [his] sadness" (*tristitiam* ***poni***, 10); as a matter of fact, even the exiled poet can take advantage of the happiness that the imperial *domus*, since it is a *res publica* (cf. *trist.* 4, 4, 15), generates throughout the whole civic community (*gaudia Caesareae mentis pro parte virili / sunt mea: privati nil habet illa domus*, 17 sq.). The public *laetitia* that the *domus* extends to the entire city has been recognized as a topical element in texts celebrating triumphs, and Ovid's poems are no exception;[4] in the case of *this* triumph, anyway, the happy mood seems to be particularly welcome. It should be mentioned that Tiberius' triumph *ex Illyrico* was obtained in AD 9, three years before the actual celebration, when Augustus' adoptive son was finally able to subdue the fierce rebellion of Pannonian and Dalmatian populations that had been keeping him busy since AD 6. But the celebration of the triumph was suddenly delayed when, within a little span of time (five days after the end of Tiberius' operations, according to Velleius, 2, 117, 1), the dreadful news of the *clades Variana* was mournfully received in Rome. As Suetonius attests, it was Tiberius himself who decided to postpone the celebration because of the grief of the city (*maesta civitate*, *Tib.* 17, 2) – a sentiment of public

[3] Cf. Tissol 2014, *ad loc.* A similar concept (all of Ovid's works, even the *Ars Amatoria*, mention Augustus) is found in *trist.* 2, 61 sq.: see Barchiesi 1997, p. 31, on the ambiguity of this allusion. As to our passage, one could wonder whether the reference points only to the *ex Ponto* books ("none of *these* books"), but the phrase *e nostris*, following on from the *meis* in line 21 (which surely embraces the *whole* of Ovid's publications), seems to suggest a broader reference: see also Gaertner 2005, *ad loc.*

[4] Cf. Galasso 1995, p. 96 sq., for parallels.

sadness that precisely corresponds to the sorrow of Augustus who, according to another well-known Suetonian passage, marked the ominous day as *quotannis maestum* [...] *ac lugubrem* (*Aug.* 23, 2): a seemingly private decision that would anyway reflect on the public sphere. The day of the triumph, finally celebrated three years later (after Tiberius' return from that same Germania where Varus' disaster had taken place), thus appears as a particularly appropriate occasion for sadness to be set down – not only for the exiled poet, but for the civic community, and especially Augustus, as well.[5]

2 Out of anonymity (for now)

However, in *Pont.* 2, 1 Ovid does not talk about one triumph only. It is important not to miss the quite abrupt break that comes in line 49 of our poem, where the poet addresses not the protagonist of the triumph, Tiberius, but one of the main characters on that occasion, Tiberius' adoptive son (Augustus' adoptive nephew) Germanicus, who was then awarded the *ornamenta triumphalia*.[6] From that point onwards, Ovid goes on foretelling a new, future triumph that will be celebrated by Germanicus himself: it is thanks to the power of poetry that the *vates* can formulate such a confident prophecy (*quod precor, eveniet: sunt quiddam oracula vatum*, 55).[7] For the umpteenth time in Ovid's poetry (others will come later), in *Pont.* 2, 1 we are confronted with a new, elaborate prediction concerning a future triumph to be celebrated by a member of the imperial *domus*: it comes after *trist.* 4, 2, as we were saying, which had in turn come after *ars* 1, 177-228, the passage in which the *praeceptor amoris* foretells Gaius Caesar's triumph over Parthia.[8] But while in *trist.* 4, 2 the poet simply predicts a 'wrong' triumph, talking about Germania instead of Illyria, in the previous case of *ars* 1 the poet's mistake had proven much more serious: not only did Gaius Caesar not celebrate any triumph, but he was

5 On Augustus' "strategia del lutto", with special focus on the premature deaths of the *domus* members (on which cf. also below), see Fraschetti ^{2}2005, pp. 76-81.

6 On Germanicus' career see the useful survey by Hurlet 1997, pp. 163-208.

7 This is an even more confident prediction, as it seems, than that similarly pronounced at the end of the *Metamorphoses* (*si quid habent veri vatum praesagia*, 15, 879), where the *veritas* of the *vatum praesagia* occurs within a hypothetical clause. Ovid will show a comparable confidence in another important letter addressing Germanicus, *Pont.* 4, 8, 51, *scripta ferunt annos*. Stating the power of *carmina* is a strategic instrument through which the exiled poet tries to win his addressees' compensating favour – hence the need for him to be particularly self-asserting in these contexts. On the power dynamics between the poet and the (future) prince in Ovid's exile poetry, see Rosati 2012.

8 Beard 2004 effectively talks about the "triumph that never was" (or "triumph-that-would-never-happen") typology exploited by Ovid since his juvenile works. On Ovid's exilic triumph elegies and their relationship with his erotic output see also the overall interpretation by Labate 1987.

wounded and passed away while coming back from his expedition, thus causing immense grief to Augustus, who famously considered him as one of his most plausible heirs. When in *Pont.* 2, 1 Ovid confidently predicts a new triumph for Germanicus, another crucial member of the imperial house in the last years of Augustus' principate, he does so after a series of quite patently unsuccessful predictions. How does this circumstance affect Ovid's discourse in our poem? In the light of his not so brilliant career as triumph-foreseer, isn't the exiled poet's prophecy maybe *too* confident? These are the questions that will guide my discussion in what follows, as I would like to catch the ultimate sense of Ovid's 'excessive writing' in a text that pointedly 'exceeds' the limits set by actual news and current events by anticipating something that is still to happen.

More precisely, I want to dedicate the main part of my paper to the last section of *Pont.* 2, 1: my aim is to show how the direct address to Germanicus, a feature that depends on the fact that our poem is included in an epistolary collection, distinguishes the way in which the poet talks about the future triumph here from the way of *trist.* 4, 2, where Ovid extends the anonymity preserved for his friends in the *Tristia* to the members of the imperial *domus*. In particular, while in *trist.* 4, 2 the prediction of the future ceremony does not seem to generate any ostensible request on the poet's part, who simply asserts his will to celebrate the day even though *absens*,[9] in *Pont.* 2, 1 the poet's actual, physical participation in the future occasion is subtly negotiated with his addressee, whose own 'presence' at that moment is likewise ingeniously put into question. In a final section I will broaden my argument considering how Ovid's confident insistence on the happy outcome envisaged for the many campaigns continuously involving the members of Augustus' family in those years can finally turn out as a disturbing reminder, firstly addressed to Augustus himself, of the relentless uncertainty of those happy outcomes.

To start with, it is worth focusing a bit closer on what I have now called the 'abrupt break' of *Pont.* 2, 1, 49, where the name of Germanicus finally emerges from the series of *Caesares* Ovid has been talking about (and talking to) so far.[10] Germanicus is mentioned because his name is shown on the *tituli*, the explicative panels on which the names of the conquered *oppida* were written together with the names of their conquerors (*pertulit hic idem nobis, Germanice, rumor, / oppida sub titulo nominis isse tui*, 49 sq.); these are the same *tituli* on which in *trist.* 4, 2 people could read, next to the *oppida*, the names of – anonymous – *duces* (*cumque ducum titulis oppida capta leget*, 20). It is rather telling that the anonymity which the poet of the *Tristia* keeps for his friends throughout the five books of his collection – an anonymity that depends on the poet's fear to make them

[9] On Ovid's 'absent presence' in his exilic triumph poems, as well as on his play with both poetic and imperial representations of victory, see the illuminating readings by Hardie 2002, pp. 307-317.

[10] The relevance of this break is rightly emphasized by Schäfer-Schmitt 2008, p. 295, in the context of a stimulating interpretation of our poem (see also below).

'accomplices' in his *crimen* – is ostensibly extended to the members of the imperial house all through *trist.* 4, 2. In that elegy, the *triumphator*, who must be Tiberius as well,[11] is not mentioned by name: after being alluded to as Livia's son (*pro sospite Livia nato*, 11), he is addressed as Caesar (47), but *Caesar* is the name of *all* the members of the imperial house. In the first line of the elegy, we significantly find a plural (*Caesaribus*); a few lines later, the mention of even more *Caesares* turns out as definitely confusing. Who are the two *victores* in line 8 (*Caesar uterque*)? Are they the same *Caesares* as those in line 1? At first sight, since the two family members currently engaged in the Germanic campaign are Tiberius and Germanicus, it should be in front of them that overcome Germania finally bends the knee (1 sq.); even more clearly, it should be them the *victores* who, coming back from the expedition, offer their promised gifts to the friendly gods (7 sq.). But if the allusions seem thus clarified, the reader finds out that surprisingly, among all these Caesars, Augustus would never be mentioned. Since this is just impossible, it seems necessary to go back and read again: the *Caesares* in line 1 must include a reference to Augustus as well (to whom, together with Germania, the *totus orbis* is subdued), while in line 8 the *Caesares victores* are to be understood as Augustus and Tiberius, Germanicus' mention being thus shifted to line 9, where the *iuvenes* "who are growing up under Caesar's name" are equally referred to. In short, if the poet's intention is that of marking the familiar bond among the members of that *domus* that is meant to "rule the world forever" (10), it comes as no banal endeavour for the reader to single those members out.[12]

Let's now turn to *Pont.* 2, 1: the sudden mention of Germanicus in line 49 comes even more unexpected if one considers the way in which, once more, in the first part of the poem the *triumphator* Tiberius is kept again strictly 'anonymous': if the "Caesarian triumph" in line 1 is in fact that of Tiberius, the *Caesar* the poet talks about in line 7 cannot but be Augustus; in the lines in which the triumphal parade is actually described, Tiberius is referred to as *dux* (22) and *victor* (29), whereas the familiar bond between Tiberius and Augustus is alluded to in line 33

[11] After delaying his triumph over Illyria, in AD 10-11 Tiberius was still trying to repair the damages of the *clades Variana*, and Germanicus was with him: cf. Dio Cass. 56, 25, 2 (AD 11). We cannot establish with certainty whether at the time of *trist.* 4, 2 Ovid knew that Tiberius had already been awarded the (postponed) triumph *ex Illyrico*. It is not by chance that in the exile poetry we do not find any explicit reference to the *clades Variana*, if one excepts the very careful *rebellatrix* [...] *Germania* at *trist.* 3, 12, 47. In *trist.* 4, 2 there is no allusion to Tiberius' Illyrian campaign, the Germanic context being the poet's only concern.

[12] The *Caesares* in line 1, whose number is not specified, may however stand for the whole *domus*: "Germania, as well as the entire world, is now subdued to the Caesars [= to the Roman empire, embodied by Augustus' *domus*]". Beard 2004, p. 122, comments on a 'dangerous' reading of the poem's first words (*iam fera Caesaribus Germania*, "Germania, once cruel against the Caesars", with a potential reference to both Drusus' death and Varus' disaster).

(*sui* [...] *parentis*). When we finally see the name of Germanicus, we are reminded of the greatest novelty that characterizes the collection of *Epistulae ex Ponto* as a whole, the fact that "each epistle reveals the recipient without concealing his name" (cf. *epistula cui sit / non occultato nomine missa docet*, *Pont.* 1, 1, 17 sq.) – a characteristic that the reader could find abandoned at the outset of the second book of that same collection. But the naming, here as elsewhere, does not come without consequence: as a matter of fact, unlike *trist.* 4, 2, the epistolary mode triggers a subtle form of interested dialogue between the correspondents, providing us with an example of that 'blackmail strategy' which, while it has to be recognized at a more general level as one of the primary features of Ovid's later exilic collection, is to be envisaged as working particularly in the last section of our poem.[13]

3 Safe returns

It is curious but significant that, in the moment in which the future triumph is announced for Germanicus as well, the new *triumphator* will have to face, in his own turn, the risk of anonymity: as the poet foretells, Germanicus will dress the clothes of the anonymous *victor* (*te quoque victorem*, 57), and the attention of the celebrating poet will focus on the special relationship between the new father-son-couple (*pater nati*, 59: Tiberius and Germanicus), who will substitute that composed by Augustus and Tiberius on the present occasion; moreover, a certain degree of anonymity is to be detected in the apostrophe to Germanicus as *iuvenum* [...] *maxime* (61 sq.): other members of the imperial *domus*, the much beloved and sadly dead Gaius and Lucius Caesar, have already been given a similar title, that of *principes iuventutis*.[14] Anonymity seems the price to be paid, in turn, by the members of the Augustan *domus*, but this price always results in the *domus*' advantage: by establishing the 'formulary' for triumph ceremonies, and by repeating it on demand, Ovid ends up conveying a reassuring impression of eternal return – and eternal success: regardless of the single performers of future victories, Rome's public will never lack a triumphant *victor* carried on his chariot as well as a *pater* proudly watching his *natus*' achievements, in the cyclical continuity and prosperous renewal of that dynasty of Caesars carefully (and painfully) built by Augustus in the last years of his rule.[15]

But if there is an action that all the victorious members of the Augustan family have to accomplish every time (indeed, the most important one), it is precisely that of *coming back*: in order to complete their victory and celebrate their triumph, the Caesars must necessarily return to Rome from their campaigns at the borders of

[13] On Ovid's 'blackmail strategy' in the *ex Ponto* see *e.g.* Galasso 2009, p. 200.

[14] Cf. *R. Gest. div. Aug.* 14, 1 and Ov. *ars* 1, 194: *nunc iuvenum princeps, deinde future senum.*

[15] On Augustus' dynastic policy see Osgood 2013.

the empire. This is what Tiberius has just done, and what also Germanicus will have to do, so that – as the poet foretells – "Rome will see you victorious (again)" (*te quoque victorem* [...] *Roma videbit*, 57 sq.). In the last section of *Pont.* 2, 1, anyway, Germanicus' return is not the only one the poet seems to fantasize about: in those lines, Ovid talks about the future poetic celebration performed by himself on that same occasion (63-68):

hunc quoque carminibus referam fortasse triumphum,
sufficiet nostris si modo vita malis,
inbuero Scythicas si non prius ipse sagittas,
abstuleritque ferox hoc caput ense Getes.
quae si me salvo dabitur tua laurea templis,
omina bis dices vera fuisse mea.[16]

Ovid's future celebration is apparently submitted to a series of strict conditions (*si modo* [...] *si non prius* [...], 64 sq.), so that the poet is not able to take it for granted (*fortasse*, 63). In particular, it is considered as depending on the exiled poet's survival (*sufficiet* [...] *si modo vita*, 64), an especially doubtful one in front of such ferocious populations as those among which he is living now (*ferox* [...] *Getes*, 66) – and whose ferocity is here emphasized through a couple of strikingly cruel images, showing the poet riddled with arrows and finally beheaded (65 sq.).[17] The set of requirements that will entirely fulfil Ovid's prophecy (*omina* [...] *mea*, 68) about his imperial addressee's future triumph is therefore a twofold one: Germanicus' successful return to Rome (*si* [...] *dabitur* ***tua*** *laurea templis*, 67) and the poet's survival (***me*** *salvo*, 67) will *both* prove essential for the prophecy to be realized.[18] As I want to suggest, the final sequence of our poem shows a

[16] Ed. Owen 1915.

[17] One may compare the formulation of line 64, *sufficiet nostris si modo vita malis* with the topical *recusationes* in Augustan poetry (cf. esp. Verg. *georg.* 3, 10: *modo vita supersit*; Prop. 2, 10, 20: *servent hunc mihi fata diem*). However, the difference from these passages is given by the fact that Ovid makes us believe that he is *really* risking his life at Tomis, and the treatment of the eulogistic topic seems to be truly conditioned by the survival for which the exiled poet is desperately struggling.

[18] This is the way in which I would interpret the *bis* in line 68 (the poem's last line), whose actual meaning is discussed: how are we to understand the fact that the poet's *omina* will be true "twice"? Galasso 1995, *ad loc.*, supports "pur con qualche incertezza" the view according to which the *bis* would refer both to Germanicus' triumph and to the poet's song (cf. also Wheeler/Goold 1988, *ad loc.*). I think that the ultimate sense of this final remark has to be found in the overlapping association between Ovid and Germanicus, whose 'simultaneous' (wished-for) returns are here brought together (cf. below). It is hard to agree with the interpretation offered by Helzle 2003, *ad loc.*, who sees the *bis* as a reference to the "doppelte Behandlung des prophezeiten Triumphs", that of our poem and that of the future *carmen*. On the contrary, a very good point is made by Schäfer-

careful juxtaposition between the fate of Germanicus and that of the exiled poet: Ovid represents himself in the act of risking his life in an extremely dangerous campaign at the borders of the Roman empire, a fight for survival against local barbaric populations; before he can undertake his longed-for purpose, his life will have to be safe. But this is also the case for Germanicus: in order for him to celebrate his triumph, it is necessary for *him* to survive the future campaign, too. This is what Ovid seems to insinuate even before predicting the triumph (*sint* ***modo*** *virtuti tempora longa* ***tuae***, 54), in a line whose formulation closely resembles that of subsequent line 64 (*sufficiet* ***nostris*** *si* ***modo*** *vita malis*). Through the new prediction put forth in *Pont.* 2, 1, the poet ends up focusing the reader's attention upon his own case and his own return, eventually associating his presence in Rome with that of Germanicus himself: as it seems, it is of great interest for Germanicus that the poet will be there, if the realization of the *omina* strictly depends on the safe return of *both*.

And there is probably even more of an association between the two. I now turn to the expression *me salvo* we have just mentioned from line 67 – the line in which the relationship between the *triumphator*'s and the poet's fortunes is made visually clear. It is a rather solemn ablative – an ablative, in particular, that closely matches some formulaic expressions found in texts explicitly associated with official returns and triumph ceremonies. There is a line in Phaedrus which I find especially telling (*laetare, incolumis Roma,* ***salvo principe***, 5, 7, 27): it is an exclamation uttered by a chorus on what undoubtedly appears to be the celebration of a triumph obtained by a member of the imperial house.[19] But one should also compare some contextually similar expressions found in the 'triumph odes' of Horace's book 4, like *incolumi Caesare* at *carm.* 4, 5, 27 (the ode in which the poet pleads with Augustus to come back to Rome from his expedition in Gaul) or *recepto Caesare* at *carm.* 4, 2, 47 sq.; and we have seen something analogous in Ovid's triumph elegiacs themselves (cf. *pro sospite* […] *nato*, *trist.* 4, 2, 9). As commentators remark, this kind of phraseology is characterized by a solemn, ritual nuance: we could possibly speak of a more or less official 'formulary' to be employed in association with the celebrations *pro reditu* set forth, since Augustan time, for the members of the imperial house when they come back from their expeditions and

Schmitt 2008, p. 296 sq.: "[W]enn Germanicus als Triumphator das Capitol als Endpunkt seines Triumphzuges erreicht und Ovid dies in seiner Dichtung verherrlicht haben wird, wird auch Ovid auf dem Höhepunkt sein und sein Ziel, nach Rom zurück zu kommen, erreicht haben".

[19] Phaedrus' text does not allow for any identification: he's punning here on the name of the *tibicen* protagonist of the fable, who is called Princeps. It is difficult to say which historical context is alluded to here, but surely it is possible to get the sense of the protagonist's misunderstanding only if a triumphant *princeps*' return is implied (a similar pun is to be detected in the phrase *modo reducto* in line 25): in fact, before pushing him away, the audience grants the prideful *tibicen* a false triumph (cf. *superbiens honore divinae domus*, 38).

perform their triumphs – an occasion on which the theme of the *salus principis*, upon which the *salus urbis* strictly depends, must have been given primary relevance.[20] I would therefore suggest that the expression *me salvo* employed by Ovid at the end of our poem may possibly strengthen the association, which is at the core of his strategy in this epistle, between himself and his imperial addressee – an association that would even turn into identification: in the poet's carefully constructed *omina*, the people of Rome will celebrate Germanicus' triumph not only *salvo Caesare* but, this time, also *salvo exule*.

4 The sorrows of old Augustus

In chapter 21 of Suetonius' *Life of Tiberius* we find a surprisingly conspicuous series of quotations from a number of letters sent by Augustus to Tiberius himself: their dating is of course impossible to grasp with certainty, but both their position in Suetonius' text and the great concern shown in some of the fragments let us incline towards a period *post* AD 4, the year of the adoption (Suet. *Tib.* 21, 4-7 = Aug. *epist.* fr. 12-17 Malc.).[21] It could be indeed fortuitous, but I find it interesting that in these letters the theme of Tiberius' well-being and safety in the context of what are to be understood as his (numerous and dangerous) military campaigns shows up in a downright obsessive way. In particular, the skilful variations on the epistolary *vale*-formula are almost worth comparing to Ovid's exilic counterparts.[22] A similar anxiety is to be found in a slightly earlier letter, this time surely datable to the day of Augustus' sixty-fourth birthday (September 23rd AD 1), addressed to Gaius Caesar, who was then conducting his (fatal) Parthian campaign – at the end of which he would have celebrated the triumph boldly

[20] This is an idea that dates back to Republican times: cf. *e.g.* Liv. 28, 9, 6 (where it is interesting that the safety of the *res publica* depends on the two consuls' *opera* rather than on their survival *tout court*). The theme of (the emperor's) safety and return occurs in a noteworthy series of Augustan coins: cf. *RIC* I, 75 nn. 155-160 (16 BC: Augustus sets off to Gaul). On the set of ritual *pro reditu* gestures see *e.g.* the notes and bibliography to Corn. Gall. fr. 2, 4 Court.: *postque tuum reditum* in Anderson/Parsons/Nisbet 1979, p. 142 and Courtney 1993, p. 266. As to Ovid's *me salvo*, cf. also Hor. *epod.* 1, 5: *te superstite*; Prop. 1, 21, 5: *te servato*. A list of parallels for the '*salvo Caesare*' typology (with or without implied reference to a *reditus* context) is provided by Ingleheart 2010, *ad trist.* 2, 206 (*Caesaribus salvis*). A triumphal nuance is suggested by the *versus quadratus* found in Suet. *Cal.* 6, 1 (= *vers. pop.* 12 Court.): *salva Roma, salva patria, salvus est Germanicus* (on which cf. again Fraschetti ²2005, p. 82 sq.). On Augustus' returns to Rome, see Lange 2015.

[21] A careful analysis of the single excerpts is offered by Birch 1981.

[22] *Nihil interest valeam ipse necne, si tu non valebis*; *deos obsecro, ut te nobis conservent et valere nunc et semper patiantur, si non p. R. perosi sunt*.

announced in *ars* 1 (Gell. 15, 7, 3 = Aug. *epist.* fr. 22 Malc.).[23] Since this is private material, we could maybe wonder how much awareness of all this uneasiness was felt by people outside the Augustan *entourage*; but would Ovid have actually been less confident in his predictions, had he read these letters? And conversely, could Augustus' worries about his successors' fate and safety be possibly reassured in front of Ovid's tirelessly repeated *omina*? How much reality and how much pose and fiction are to be detected in Ovid's triumph poems, as in the whole of Ovid's poetry? Difficult to say for us, but even more difficult for Augustus, the one who definitely chose to banish the author of those fictions but could not do without hoping that they would finally turn out real.

***

Bibliography

Anderson, Robert D./Parsons, Peter J./Nisbet, Robin G.M.: *Elegiacs by Gallus from Qaṣr Ibrîm*, in: *JRS* 69 (1979), pp. 125-155.

Barchiesi, Alessandro: *The Poet and the Prince. Ovid and Augustan Discourse*, Berkeley 1997.

Beard, Mary: *Writing Ritual: the Triumph of Ovid*, in: *Rituals in Ink. A Conference on Religion and Literary Production in Ancient Rome*, ed. by Alessandro Barchiesi/Jörg Rüpke/Susan A. Stephens, Stuttgart 2004, pp. 115-126.

Birch, R.A.: *The Correspondence of Augustus: Some Notes on Suetonius, Tiberius 21.4-7*, in: *CQ* 31 (1981), pp. 155-161.

Citroni, Mario: *Poesia e lettori in Roma antica. Forme della comunicazione letteraria*, Roma/Bari 1995.

The Fragmentary Latin Poets, ed. with commentary by Edward Courtney, Oxford 1993.

Fraschetti, Augusto: *Roma e il principe*, Roma/Bari ²2005.

Ovid: *Epistulae ex Ponto, Book I*, ed. with introduction, translation, and commentary by Jan F. Gaertner, Oxford 2005.

P. Ovidii Nasonis Epistularum ex Ponto Liber II, a cura di Luigi Galasso, Firenze 1995.

Galasso, Luigi: *Epistulae ex Ponto*, in: *A companion to Ovid*, ed. by Peter E. Knox, Chichester 2009, pp. 194-206.

Hardie, Philip: *Ovid's Poetics of Illusion*, Cambridge 2002.

——: *Rumour and Renown. Representations of Fama in Western Literature*, Cambridge/New York 2012.

Helzle, Martin: *Ovids Epistulae ex Ponto, Buch I-II Kommentar*, Heidelberg 2003.

Hurlet, Frédéric: *Les collègues du prince sous Auguste et Tibère. De la légalité républicaine à la légitimité dynastique*, Roma 1997.

Ingleheart, Jennifer: *A Commentary on Ovid, Tristia, Book 2*, Oxford 2010.

[23] A text in which we ought not to overlook the expression *salvis nobis*. More generally, on the 'sentiment' characterizing late-Augustan literature and culture, which were forced to "reflect on what might have been" showing a "curious mélange of triumphalism, anxiety and unfulfilled hopes", see Millar 1993.

Jansen, Laura: *Modern Covers and Paratextual Strategy in Ovidian Elegy*, in: *The Roman Paratext. Frame, Texts, Readers*, ed. by Laura Jansen, Cambridge 2014, pp. 262-281.

Labate, Mario: *Elegia triste ed elegia lieta. Un caso di riconversione letteraria*, in: *MD* 19 (1987), pp. 91-129.

Lange, Carsten H.: *Augustus' Triumphal and Triumph-like Returns*, in: *The Moving City. Processions, Passages and Promenades in Ancient Rome*, ed. by Ida Östenberg/Simon Malmberg/Jonas Bjørnebye, London 2015, pp. 133-143.

Millar, Fergus: *Ovid and the Domus Augusta. Rome Seen from Tomoi*, in: *JRS* 83 (1993), pp. 1-17.

Osgood, Josiah: *Suetonius and the Succession to Augustus*, in: *The Julio-Claudian Succession. Reality and Perception of the "Augustan Model"*, ed. by Alisdair G.G. Gibson, Leiden/Boston 2013, pp. 19-40.

P. Ovidi Nasonis Tristium libri quinque, Ibis, Ex Ponto libri quattuor, Halieutica, Fragmenta, recognovit brevique adnotatione critica instruxit S.G. Owen, Oxonii 1915.

Rosati, Gianpiero: *Il poeta e il principe del futuro. Ovidio e Germanico su poesia e potere*, in: *Letteratura e civitas. Transizioni dalla Repubblica all'Impero*, a cura di Mario Citroni, Pisa 2012, pp. 295-311.

Schäfer-Schmitt, Julia: *Candida victima im tristen Tomis. Zur Funktionalisierung des Triumphmotivs in Ovids Epistulae ex Ponto 2,1*, in: *Triplici invectus triumpho. Der römische Triumph in augusteischer Zeit*, hg. von Helmut Krasser/Dennis Pausch/Ivana Petrovic, Wiesbaden 2008, pp. 285-304.

Ovid: *Epistulae ex Ponto, Book I*, ed. by Garth Tissol, Cambridge 2014.

Ovid: *Tristia, ex Ponto*, with an English translation by Arthur L. Wheeler, second edition, revised by George P. Goold, Cambridge (MA)/London 1988.

Teil II: Exil und Exzess

Philip Hardie (Cambridge)

Ovidian Exile, Presence, and Metamorphosis in Late Antique Latin Poetry

The reception of Ovid in late antique Latin poetry is extensive and manifold.[1] Metamorphosis and exile are both themes that resonate in a period that saw the transformation of the Roman Empire, not least through its metamorphosis into a Christian empire. Exile and imprisonment at the whim of an emperor continued to be a danger for writers. Exile took on new meanings with the coming of Christianity, valorised in both negative and positive ways. Exilic longing could be a way of expressing nostalgia for the past on the part of Romans not fully reconciled to the twilight of pagan state religion, while for committed Christians exile from this world was the precondition for a true, spiritual homecoming.

The circumstances of Ovid's exile might be replicated rather literally. The first poem of Publilius Optatianus Porfyrius takes as its model *Tristia* 1, 1 for a plea to the emperor Constantine to be allowed to return to exile, in which the poet's Muse is embodied in the personified book clad in impoverished garments of mourning:[2]

Quae quondam sueras pulchro decorata libello
carmen in Augusti ferre Thalia manus,
ostro tota nitens, argento auroque coruscis
scripta notis, picto limite dicta notans,
scriptoris bene compta manu meritoque renidens
gratificum, domini uisibus apta sacris,
pallida nunc, atro chartam suffusa colore,
paupere uix minio carmina dissocians,
hinc trepido pede tecta petis uenerabilis aulae,
horrida quod nimium sit tua nunc facies.
hos habitus uatis praesentia fata merentur;
uix locus hoc saltem praebuit unde uenis.
suppliciter tamen ire potes dominumque precari:
squalor et hae sordes conueniunt miseris.
cum dederit clemens ueniam, natumque laremque
reddiderit, comptis ibis et ipsa comis,
purpureo fulgens habitu, radiantibus intus,
ut quondam, scriptis ambitiosa tuis.

[1] See recently Fielding 2017.

[2] On this poem and its Ovidian models see Bruhat 2017.

> Thalia, you who once used to bring my poem to the hands of Augustus adorned in a beautiful little book, all gleaming with purple, written in letters of shining silver and gold, marking off my words with a painted path,[3] well turned out by the scribe's hand and, as you deserved, beaming in a pleasing way, befitting the sacred gaze of my master, you now are pale, your paper stained with the colour black, scarcely marking off the poems with a pauper's red ink, and you set off from here to the roof of the venerable palace with trembling foot, because your appearance is now all too unkempt. Your poet's present fate deserves this clothing; yet the place from which you come could hardly provide even this. Yet you can go as a suppliant and beseech our lord; these dirty clothes of mourning befit the wretched. When in his mercy he has granted pardon, and restored my son and home, you too will go with your hair made up, shining in purple robes, advertising the inner brightness of your writings, as in former times.

The poet's Muse, Thalia,[4] is dressed in the pale and shabby clothes of the exilic book of poetry, in contrast to the purple, gold and silver of the books that Optatian previously offered to the emperor. In his case the approach of a trembling suppliant to the seat of power met with imperial favour. This poem may well have prefaced an anthology of figured poems, sent as a propitiatory gift to Constantine, and indeed Optatian did return to Rome.[5]

In this paper, however, I will focus not on a journey to the centre of imperial power, but on two journeys away from centres of civilization, in the one case a journey away from Rome itself, in the other a journey away from a centre of the new Christian civilization of the empire. Both poems are also about homecomings, but both are about separation and loss, and about the attempt to overcome spatial separation, whether through memory or shared friendship. One of the poems is something of a generic mixture, but can be labelled a journey poem (*iter*), the first-person 'diary' by Rutilius Namatianus *De reditu suo*, in elegiacs, the account of his return from Rome, where Rutilius had held high office, to his native Gaul, a *nostos* that is at the same time experienced as an exile from his beloved Rome.[6] The second poem, Paulinus of Nola *Carmen* 17, in Sapphics, is clearly classifiable as a propempticon, and as such figures as one of the key texts in Francis Cairns'

[3] Optatian apparently refers to the silver letters of his poems marked off by the golden letters of the *uersus intexti* (to which *radiantibus intus ... scriptis*, 17 sq., may also refer); in the current impoverished state of his book, silver and gold are replaced by black and red ink (so Polara 1973).

[4] As a specifically Ovidian Muse: *utque ego maiores, sic me coluere minores, / notaque non tarde facta Thalia mea est* (*trist.* 4, 10, 55 sq.); *sic mea lege tua uincta atque inclusa Thalia / per titulum uetiti nominis ire cupit* (5, 9, 31 sq.).

[5] Jerome, *Chronica* 329: *Porphyrius misso ad Constantinum insigni uolumine exilio liberatur*. For commentary see Polara 1973.

[6] On Rutilius' use of exilic Ovid in the *De reditu* see Fo 1989, pp. 49-52; p. 55 "l'Ovidio dell'esilio" is the "stella polare" for the idea, and for the metre, of *De reditu*.

discussion of the genre of propempticon.[7] It differs from other ancient examples in that it is informed by a specifically Christian set of ideas about journeying and friendship, ideas that are in dialogue with Ovid's use in the exile poetry of the epistolary topics of friendship and with Ovid's representation of a barbarian and exilic landscape. The two poems offer a contrast between pagan and Christian receptions of the Ovidian exilic model.

Rutilius Namatianus, *De reditu suo*[8]

That Ovid's *Tristia* is a key intertext for Rutilius' *De reditu* is signposted by an emphatic allusion in the third couplet of the poem: *o quantum et quotiens possum numerare beatos / nasci felici qui meruere solo!* ("How greatly and how often can I count those blest who have deserved to be born on that happy soil!", 1, 5 sq.); cf. *o quantum*[9] *et quotiens non est numerare beatum, / non interdicta cui licet urbe frui* ("How greatly, and uncountable times, blest, is he who is not under a ban and can enjoy the city", *trist.* 3, 12, 25 sq.).[10]

Rutilius' treatment of Roman history and of his own journey from Rome to his home in Gaul interweaves Virgilian and Ovidian plots, and, in so doing, registers the exilic Ovid's own exploitation of themes of exile in Virgil. Rutilius is both going into exile from his beloved Rome (*dilectis ... oris*, 1, 19), and returning to Gaul, his desired homeland (*desideriis*, 34). This is a Virgilian paradox, repeating Aeneas' journey of exile from Troy to a land that is the Trojans' ancestral homeland (Italy was home to Dardanus). The conflicting pulls in Rutilius' experience are heightened by the presence of layers of allusion to works that both anticipate the plot of the *Aeneid* and respond to it. The journey to Gaul repeats Tityrus' return from the unimaginably great city of Rome to his humble pastoral home in *Eclogue* 1. But what Rutilius finds when he returns will perhaps be closer to Meliboeus' imagined post-exilic vision at *ecl.* 1, 67-69:

> *en umquam patrios longo post tempore finis*
> *pauperis et tuguri congestum caespite culmen,*
> *post aliquot, mea regna, uidens mirabor aristas?*

[7] Cairns 1972, pp. 115-117.

[8] This section is a lightly reworked version of a discussion in Hardie 2019, pp. 71-74.

[9] *quater* Luck, Hall. *quantum* is supported by the MS tradition of both this line in Rutilius, and of Gratt. *cyneg.* 320: *o quantum et quotiens decoris frustrata paterni!*

[10] On the programmatic quality of these lines see Fielding 2017, pp. 53 sq., referring to Fo 1989. *trist.* 3, 12, 25 sq. in turn alludes to Ov. *ars* 2, 447 sq.: *o quater et quotiens numero comprendere non est / felicem, de quo laesa puella dolet.*

> Shall I ever look upon my ancestral land after many years, and the roof of my poor hut heaped up with turf, shall I hereafter look upon, with amazement, a few ears of corn, my kingdom?'

Eclogue 1 is the first occasion on which Virgil explores the theme of exile that will become the central plot of the *Aeneid*.

From an epic Dea Roma to a post-devastation pastoral Gallic landscape – this is a cultural regression, reversing the Virgilian career, and reversing the progression in *Aeneid* 8 from the pastoral huts of Evander's settlement (and the ruined cities of Janus and Saturn that are already to be seen there) to the gilded temples of Augustan Rome. This is also the regression plotted in Lucan's anti-*Aeneid*, where post-civil war Italy has reverted to the condition of Evander's Pallanteum (Lucan 1, 24-29). This is part of a more extensive network of allusions to Lucan in Rutilius' landscape of devastation and ruins.

Rutilius' departure from Rome into a kind of 'exile' also repeats the experience of Ovid on his last night in Rome, compared in *Tristia* 1, 3 to the experience of Aeneas leaving the sacked city of Troy. In lines 43-46 Rutilius describes his leave-taking in terms that echo both Virgil's description of the women in the palace of Priam on the night of the sack of Troy, and Ovid's recreation of that night:

> *crebra relinquendis infigimus oscula portis:*
> *inuiti superant limina sacra pedes.*
> *oramus ueniam lacrimis et laude litamus,*
> *in quantum fletus currere uerba sinit.*

> I imprint repeated kisses on the gates I have to leave; unwillingly my feet cross the sacred threshold. In tears I beseech pardon and offer a sacrifice of praise, so far as weeping allows the words to run.

Compare: *tum pauidae tectis matres ingentibus errant / amplexaeque tenent postis atque oscula figunt* (*Aeneid* 2, 489 sq.); and: *ter limen tetigi, ter sum reuocatus, et ipse / indulgens animo pes mihi tardus erat* (*Tristia* 1, 3, 55 sq.).

The complexity with which Rutilius processes his thoughts and feelings about Rome and Gaul, and about the journey from Rome to Gaul, is in part the result of allusion not just to the plot and imagery of the *Aeneid*, but to a sequence of texts to which the *Aeneid* refers, and which refer to the *Aeneid*: Virgil's *Eclogues*, Ovid's exile poetry, Lucan's *Bellum Civile*, Claudian, Prudentius (see below). This is a heavy investment in the tradition of writing about Rome; Rutilius' restoration of Rome is an emphatically literary revival. For Rutilius the longing for an absent homeland is transmuted into a longing for a past in danger of vanishing, and that can perhaps only be preserved through literary evocations.

Once he has left Rome, Rutilius must wait at the port of Rome for good sailing weather. The formal panegyric of Rome at 1, 47-164, one of the grandest of all extant panegyrics of the city, had been as conventional – and unreal – as Rutilius' audience would have expected, existing in a self-contained world of epideixis. But now Rutilius narrates his 'real-life' experience as he looks back in the direction of Rome: *respectare iuuat uicinam saepius urbem* ("It is a joy to look back many times at a city still near", 189). 'Looking back' on departure or on going into exile is a topos; Rutilius is 'looking back' in time as well. This is already an exilic vision of Rome, one seen through the eyes of Ovid. From the harbour Rutilius hears sounds coming from the city: *saepius attonitae resonant Circensibus aures; / nuntiat accensus plena theatra fauor* ("again and again our spell-bound ears ring with the noise of the Circus games; a blaze of cheers proclaims the crowded theatre", 201 sq.). These are the sounds that the exiled Ovid imagined in far-off Rome: *scaena uiget studiisque fauor distantibus ardet, / proque tribus resonant terna theatra foris* ("The stage is thriving, rivalries are blazing; three theatres [of Pompey, Marcellus, Balbus] now, not three forums [*Romanum, Iulium, Augustum*], roar", *trist.* 3, 12, 23 sq.). Rutilius hears – he claims in reality – what Ovid heard (in imagination) four hundred years in the past. But Rutilius' next couplet, the last of the backwards glance at Rome, concedes that it may all be in his own imagination: *pulsato notae redduntur ab aethere uoces, / uel quia perueniunt uel quia fingit amor* ("familiar shouts are sent back by the echoing air, whether it is that they really reach us or that affection fancies so", 203 sq.). Assuming that Rutilius is at the main imperial harbour at Portus, and so nearly thirty kilometres from Rome, it can hardly be other than in his imagination.

If that is so, Rutilius experiences the same kind of delusion as the exiled Ovid, speaking of the death in Rome of his friend, the poet Celsus: *ante meos oculos tamquam praesentis imago / haeret, et extinctum uiuere fingit amor* ("his image is fixed before my eyes as if he were present, and my love makes me fancy that the dead man is alive", *Pont.* 1, 9, 7 sq.).[11] For this kind of imagined presence of a loved one or a beloved place, Ovid and Rutilius have a Virgilian model in the *Eclogues*, at the end of Alphesiboeus' song of the woman using love-magic to bring back her lover: *credimus? an, qui amant, ipsi sibi somnia fingunt?* ("Am I to believe? Or do lovers invent dreams for themselves?", *ecl.* 8, 108).[12]

Possibly imagined things heard match possibly imagined things seen at the beginning of the section, as Rutilius looks back towards the city: *quaque duces oculi grata regione fruuntur, / dum se, quod cupiunt, cernere posse putant* ("where the guiding eyes feast on that dear scene, fancying that they can see what they want to see", 191 sq.). The sign in the sky by which he recognises that this is where Rome is, is not, he says, the rising smoke by which Odysseus recognises Ithaca (*Od.* 1, 57-59; 10, 29 sq.), a realistic sign of habitation, but a quite unrealistic sign:

[11] Cf. also Ov. *epist.* 2, 21 sq.: *denique fidus amor, quidquid properantibus obstat, / finxit*; Tib. 2, 6, 51: *mens mihi perdita fingit.*

[12] Cf. the last (surviving) line written by Ausonius to Paulinus, *ep.* 24, 132: *credimus an, qui amant, ipsi sibi somnia fingunt?*, in a futile attempt to persuade himself that his friend Paulinus will return to Gaul, return to his old style of life and style of literature; see Hardie 2019, pp. 28-29.

caeli plaga candidior [...] *illic perpetui soles atque ipse uidetur / quem sibi Roma facit purior esse dies* ("a fairer tract of sky [...] there it is unbroken sunshine; the very daylight which Rome makes for herself seems purer than all else", 197-200).[13] In some kind of heightened reality Rutilius experiences the city as it is presented in the hyperboles of panegyric: note in particular, in the formal panegyric of Rome, the couplet on perpetual spring: *uere tuo numquam mulceri desinit annus; / deliciasque tuas uicta tuetur hiems* ("In the spring that is yours the year never fails in its mildness; defeated winter looks on your charms", 113-14).[14]

The allusion to the Odyssean rising smoke is mediated through Ovid's own exilic allusion to Homer: *non dubia est Ithaci prudentia, sed tamen optat / fumum de patriis posse uidere focis* ("the Ithacan's wisdom is not in doubt, but all the same he desires to be able to see the smoke from the fires of his fatherland", *Pont.* 1, 3, 33 sq.), where Ovid excuses his own inability to control his desire to see his country.[15] The unreality of what Rutilius sees and hears as he waits at *Portus Augusti* is in large part due to another literary allusion, this time to a text much closer in date. Rutilius reworks a scene of fantasy in Prudentius' *Contra Symmachum*, the meeting between Theodosius and personified Roma at 1, 408-505. Victorious over the usurpers Theodosius "looked towards the beautiful walls with triumphant face" (*pulchra triumphali respexit moenia uultu*, 411, cf. *respectare iuuat ... / et montes uisu deficiente sequi*, "I like to look back ... and search out the hills of Rome with failing sight", Rut. Nam. 1, 189 sq.). The emperor bids Roma to put off her *tristes habitus*, the cloud and mist of paganism which shroud her, and through which "the leaden light and dense air dull your very jewels, and smoke pouring over your face deadens the gleam of the diadem on your brows" (*ipsas quoque liuida gemmas / lux hebetat spissusque dies, et fumus ob ora / suffusus rutilum frontis diadema retundit*, 420-422). Rutilius says: "I do not recognize that place by the sign of smoke" (*nec locus ille mihi cognoscitur indice fumo*, 1, 193). Rutilius does *not* recognise Rome by a smoke-signal, because he does *not* accept Prudentius' premise that the smoke of pagan sacrifice impairs the brightness and glory of Rome. In keeping with his earlier comparison of the Roman Senate to the council of the supreme god, Jupiter,[16] Rutilius puts in place of Prudentius' sky-soaring Christian Rome his own vision of a pagan Rome favoured by bright and serene heaven, a place of unbroken sunshine and pure

[13] Cf. Claudian *stil.* 3, 65 sq.: *septem circumspice montes / qui solis radios auri fulgore lacessunt*. Allusion has also been suggested to Ausonius, *Mosella* 11 sq.: *purior hic campis aer Phoebusque sereno / lumine purpureum reserat iam sudus Olympum*.

[14] Clarke 2014, p. 97: "there is an accompanying feeling that his glorious encomium of the previous lines will not endure close examination, for it is also shaped by imagination and desire."

[15] On this allusion see Tissol 2002, pp. 441 sq.; Fo, 1989, p. 52.

[16] Rut. Nam. 1, 7-18: *quale per aetherios mundani uerticis axes / concilium summi creditur esse dei*.

daylight.[17] Yet this is the vision not just of a Rome from which Rutilius is forced to distance himself because of the need to travel home to Gaul, but of a Rome which in a future of Christianity triumphant can only ever be experienced through exilic longing.

Paulinus of Nola, *Poem* 17

In *Poem* 17 Paulinus of Nola sends off his friend Nicetas of Remesiana, the modern Bela Palanka in Serbia. Nicetas, a Dacian bishop and missionary, is returning home to Dacia from a visit to Paulinus at what is the centre of Paulinus' world, the shrine of St Felix at Cimitile (the ancient necropolis of Nola in Campania). From Paulinus' perspective this is a journey from an Italian heartland to the remote north. The opening outline of the journey that lies ahead begins with the line 17: *ibis Arctoos procul usque Dacos* ("you will go afar, up to the Dacians of the north"), locating Dacia in the far north. Ovid uses *Arctos* to denote his 'Arctic' place of exile, pointedly in *trist.* 3, 10, 11 (*Tristia* 3, 10 is a particularly important intertext for Paulinus' *Poem* 17) and *trist.* 5, 5, 39 sq., where the smoke from the incense that Ovid burns on the birthday of his wife is wafted by the breeze from *Arctos* towards Italy: *omnia nunc credo, cum tu non stultus ab Arcto / terga, uapor, dederis Ausoniamque petas* ("I believe that anything is possible, since you, smoke, have wisely turned your back on the north pole and are heading to Italy").

Poem 17 is a propempticon, of the non-schetliastic variety, for the reason that Paulinus has nothing to complain about. His friend is going on a distant journey, but spatial separation will be compensated for by the absent presence of his friend. Loyal memory is reinforced by the friends' presence to each other through their shared love of Christ, *caritas Christi*, in a triangular relationship where human friends are present to each other through the shared presence to each of Christ.[18] The Christian spiritual presence-in-absence is overlaid on sources in pagan friendship topics, which are a powerful resource and consolation for Ovid's attempts in his exile poetry to conjure up the presence in memory[19] and spirit of

[17] If Rutilius responds to Prudentius here, this is of a piece with the likelihood that the *De reditu* also responds to Augustine's *City of God*: see Cameron 1967.

[18] See Kirstein 2000, pp. 61-70 on "geistige Verbundenheit." Ovid also exploits the resources of pagan religion to try to restore presence, in *trist.* 5, 3 on the celebration by a *collegium* of poets of the festival of Bacchus (the pagan god of presence *par excellence*), the *Liberalia*: *huc ades et casus releues, pulcherrime, nostros, / unum de numero me memor esse tuo* (43 sq., combining *praesens deus* with memory); *sunt mihi uobiscum communia sacra, poetae, / in uestro miseris si licet esse choro. / magnaque pars animae mecum uixistis, amici: / hac ego uos absens nunc quoque parte colo* (67-70).

[19] E.g. *trist.* 3, 4b, 17 sq. (to his wife): *esse tui memorem de qua tibi maxima cura est, / quodque potest, secum nomen habere tuum.*

his far-distant friends,[20] for example: *uos quoque pectoribus nostris haeretis, amici, / dicere quos cupio nomine quemque suo* [...] *scite tamen, quamuis longe regione remotus / absim, uos animo semper adesse meo* ("You too, my friends, each of whom I wish to mention by name, are fixed in my heart [...] But know, that though I am far removed in space, you are always present in my spirit", *trist.* 3, 4b, 63 sq., 73 sq.). Paulinus begins his propempticon: *Iamne abis et nos properans relinquis, / quos tamen sola regione linquis / semper adnexa sine fine tecum / mente futuros?* ("Are you departing already, and leaving us in haste? Yet it is only distance that you put between us, for we shall be with you eternally in a fusion of minds", 1-4).[21] Memory and presence are emphasized in the third stanza: *i memor nostri*[22] *remaneque uadens / spiritu praesens, animis uicissim / insitus nostris, trahe ferque tecum / quos geris in te* ("As you go, be mindful of us in spirit. You are implanted in our hearts, so you in turn must take and bear off with you those whom you cherish within", 9-12).

Paulinus uses the topos of the flight of the mind to assert his shared travel with Nicetas at 93-96, following another imagined way of reaching his friend in distant places, 89-92:

> *quis mihi pennas daret ut columbae,*
> *ut choris illis citus interessem,*
> *qui deum Christum duce te canentes*
> *sidera pulsant?*
> *sed licet pigro teneamur aegri*
> *corporis nexu, tamen euolamus*
> *mentibus post te dominoque tecum*
> *dicimus hymnos.*

> Who could give me the wings of a dove to take my place speedily among those bands who follow your lead and strike the stars with their hymns of Christ our God? Yet though we are constrained by the sluggish bonds of our feeble bodies, in our minds we fly out behind you, and with you sing hymns to the Lord.

The wings of the dove come from Psalm 54, but in a context thick with Ovidian allusion we may also think of Ovid's exilic use of the epistolary topos of the wish for wings to fly to the addressee, often with reference to the flight of Daedalus.[23] An elaborate example of the topos is found at *Tristia* 3, 8, 1-10:

[20] Hardie 2002, ch. 9 *The exile poetry* (pp. 283-325).

[21] Cf. also *met.* 15, 62 sq.: *licet caeli regione remotos, / mente deos adiit*.

[22] Kirstein 2000, *ad loc.* compares Hor. *carm.* 3, 27, 14: *et memor nostri, Galatea, uiuas*, and other examples of the formula.

[23] Psalm 54:7-8: *et dixi, quis dabit mihi pinnas columbae ut uolem et requiescam? ut procul abeam et commorer in deserto semper.* For a rich selection of parallels Ovidian, late antique, and Christian, for the topos of 'If I had wings', see Kirstein 2000, *ad loc.*

Nunc ego Triptolemi cuperem consistere curru,
misit in ignotam quo rude semen humum;
nunc ego Medeae uellem frenare dracones,
quos habuit fugiens arce, Corinthe, tua;
nunc ego iactandas optarem sumere pinnas,
siue tuas, Perseu, Daedale, siue tuas,
ut tenera nostris cedente uolatibus aura
aspicerem patriae dulce repente solum,
desertaeque domus uultum, memoresque sodales,
caraque praecipue coniugis ora meae.

Now I should long to take my stand in Triptolemus' chariot, from which he scattered novel seed to soil unknown. Now I would like to yoke the dragons which Medea drove when she fled from your citadel, Corinth. Now I should pray to put on wings to beat in the air, whether yours, Perseus, or yours, Daedalus, so that as the soft air yielded to my flight, I should suddenly catch sight of the sweet soil of my fatherland, the appearance of my abandoned house, my loyal comrades, and, above all, the dear face of my wife.

Ovid then rebukes himself for these infantile wishes and reminds himself of the one 'god' who does have the power to give Ovid wings and a flying chariot to return home, Augustus. But Ovid accepts that this angry god will not grant him his wish to return to Rome. Paulinus' Christian god is far more accommodating in granting his devotees the power to overcome spatial distance.

Friends travel together through their friendship in Christ, and Christ is himself a fellow-traveller: *o nimis terra et populi beati, / quos modo a nobis remeans adibis, / quos tuo accedens pede uisitabit / Christus et ore* ("How happy that land and those peoples whom you will now approach as you leave us! It is Christ that will visit them, journeying on your feet and with your countenance", 13-16). With this surrogate presence on the feet, and with the countenance, of another might be compared the surrogate journey of Ovid back to Rome on the 'feet' of his book of exilic elegies: *uade, liber, uerbisque meis loca grata saluta; / contingam certe quo licet illa pede* ("Go, my book, and greet the places I love in my own words; at least I will reach them with what foot I may", *trist.* 1, 1, 15 sq.). The *frons* of the book will also be in keeping with the countenance of Ovid: *candida nec nigra cornua fronte geras* ("Do not wear bright bosses on the front of your scroll", *trist.* 1, 1, 8).[24] Paulinus anticipates the coming of Christ to the peoples through the missionary preaching of Nicetas as he makes his journey homewards.

Paulinus has no need to complain at the pain of separation as Nicetas leaves for his journey, since as friends in Christ they will not really be separated. He need have no fears, either, about the dangers of Nicetas' journey, since Christ as his

[24] Cf. also for the 'face' of Ovid/Ovid's poetry: *his mando dicas, inter mutata referri / fortunae uultum corpora posse meae* (*trist.* 1, 1, 119 sq.); *aspicis exsangui chartam pallere colore? / aspicis alternos intremuisse pedes?* (*trist.* 3, 1, 55 sq.).

guide will ensure that the mountains will be made level and the rough places smooth: [*Christi*] *qui tibi factis iter omne campis / arduos montes reprimat cauasque / impleat ualles, salebras adaequet, / iungat hiatus* ("May [Christ] convert your entire journey into level plains, bring low the lofty mountains, fill in the hollow valleys, smooth out the rough places, and bridge the chasms", 81-84). The intertext here is biblical: *uox clamantis in deserto, parate uiam Domini, rectas facite in solitudine semitas Dei nostri. omnis uallis exaltabitur et omnis mons et collis humiliabitur, et erunt praua in directa et aspera in uias planas* ("The voice of him that crieth in the wilderness, 'Prepare ye the way of the Lord, make straight in the desert a highway for our God. Every valley shall be exalted, and every mountain and hill shall be made low: and the crooked shall be made straight, and the rough places plain'", Isaiah 40:3-4). But one might also compare a poem from the *Amores* in which Ovid calls on his girlfriend to make good a promise to come and join him from a journey abroad: *at uos, qua ueniet, tumidi, subsidite, montes, / et faciles curuis uallibus este, uiae!* ("But where she comes, sink down, you swelling mountains, and, you roads, offer an easy path through hollow valleys", *am.* 2, 16, 51 sq.). When Nicetas embarks on the sea stage of his journey, the sailors will change the measures of their rowing-songs into hymns (*uersis modulis in hymnos*, 110), the first sounding in the poem of the theme of metamorphosis. Monsters of the deep and dolphins will rejoice as psalms are sung.

When Nicetas resumes his journey by land, he himself will transform the wild landscape, as he converts the barbarians and civilizes them through his missionary activity.[25] His route is sketched in a problematic stanza: *tu Philippeos Macetum per agros, / per Tomitanam gradieris urbem, / ibis et Scupos patriae propinquos / Dardanus hospes* ("You will journey through the territory of Philippi in Macedonia and through the city of Tomi; you will be a visitor from Troy to the Scupi who border on your fatherland", 193-196). The geographical problem is that Tomi, on the Black Sea coast, would make for a very long digression from a journey through Macedonia and Dardania (Scupi) to Nicetas' Dacian home in Remesiana. Another problem is that *Dardanus hospes* does not naturally mean 'guest in Dardania', rather than 'Dardanian guest, guest from Dardania'. Robert Kirstein consequently athetizes the stanza, as he does thirteen other stanzas in the poem that he judges to be inauthentic, following the radical editorial policy of his doctoral supervisor, Christian Gnilka. Luciano Nicastri, by contrast, whose 1999 essay on *Paolino di Nola lettore di Ovidio* appeared too late for the 2000 publication of Kirstein's dissertation, sees in the mention of Tomi a literary rather than a strictly geographical reference, a signal that we are entering an Ovidian landscape of exile, inhabited by barbarians.[26] But where Ovid is forced to suffer hardship and to go native, Nicetas conquers and forces the hard peoples of the north to submit their wild necks to the softening power of Christ (198-200). In a

[25] See Buchheit 1983.

[26] Nicastri 1999, p. 903.

land where the North Wind freezes rivers, Nicetas melts frozen minds with a heavenly fire: *quaque Rhiphaeis Boreas in oris / adligat densis fluuios pruinis, / hic gelu mentes rigidas superno / igne resoluis* ("Where the North Wind binds the rivers with thick frost in Rhiphaean lands, you thaw minds stiff with ice by your heavenly fire", 201-204). Compare Ovid: *nix iacet, et iactam ne sol pluuiaeque resoluant, / indurat Boreas perpetuamque facit* ("Snow lies on the ground, and once it has fallen the North Wind hardens it so that sun and rain do not melt it, and makes it everlasting", *trist.* 3, 10, 13 sq.). Paulinus refers twice to the Bessi (206, 214), one of the fierce peoples who make life in Tomi miserable, and who invade when the Danube freezes over (*Tristia* 3, 10, again).[27]

In exile Ovid suffers in his own person degrading metamorphoses comparable to those of the characters in the poem of that name. Nicetas himself transforms the Ovidian landscape into the likeness of a Christian civilization, a metamorphosis through con-version.[28] The exclamation *o uices rerum! bene uersa forma!* ("Oh the change in the world! The happy transformation of the shape of things!", 217) is followed by six repetitions of parts of the verb *uerto*: *montes* [...] *nunc tegunt* ***uersos*** *monachis latrones / pacis alumnos* ("The mountains [...] now protect brigands turned into monks, pupils of peace", 218-220); *sanguinis quondam, modo terra uitae est, /* ***uertitur*** *caelo pia uis latronum* ("A land formerly of blood, is now a land of life, the violence of brigands is turned into piety by heaven", 221 sq.); *et gemit* ***uersis*** *homicida damnis, / iure nudatus spoliante Christo / criminis armis* ("The murderer groans because the harm he inflicted has been reversed, for Christ despoils him and he is rightly stripped of the weapons of sinning", 230-232); *Christi, / qui tibi donat lapides in astra /* ***uertere*** ("Christ who grants you the power to transform stones into stars", 237-239); *sterilemque siluam / mentis incultae superans in agros /* ***uertis*** *opimos* ("You prevail over the barren woodland of uncultivated minds and turn them into rich fields", 242-244); *callidos auri legulos in aurum /* ***uertis*** ("You transform cunning gold-gatherers into gold", 269 sq.).

In Rutilius' *De reditu* we saw the combination of Virgilian and Ovidian themes of journey and exile. I end by raising the possibility that Paulinus does something similar in *Poem* 17. My starting point is that awkward phrase *Dardanus hospes* ("visitor from Troy", 196, which Walsh takes to imply a visit of Nicetas to Troy before going to Tomi).[29] If the implausible reference to Tomi can be taken as more a literary than a geographical reference point, activating allusion to Ovid's exile, does 'Trojan guest', or 'visitor' ask us to think of Nicetas as also an Aeneas, engaged on a journey of flight to a new home that is also an old home? In *Poem*

[27] *Trist.* 4, 1, 67: *uiuere quam miserum est inter Bessosque Getasque.* At Paul. Nol. 17, 201: *quaque Riphaeis Boreas in oris*, Buchheit 1983 sees allusion to *georg.* 4, 517-520, suggesting that Christ is the true Orpheus.

[28] See Kirstein 2000 on 217-220, and p. 16 on the centrality of *uertere* (and related terms) to Gnilka's model of *chrêsis.*

[29] Walsh 1975, p. 374.

17 Nicetas' literal journey over land and sea modulates into the idea of an allegorical 'journey of life' through the 'sea of the world' (145-68).[30] Like Jacob fleeing from his brother, led by God, "[Nicetas] is like a fugitive; what the patriarch [Jacob] did once, Nicetas does continually, fleeing from the world towards the walls of high heaven" (*fugitiuus aeque est; / quod semel fecit patriarcha, semper / hic facit, mundo fugiens ad alti / moenia caeli*, 149-152). Nicetas undertakes a journey of flight *ad alti moenia caeli*. The journey of Aeneas *profugus* in the *Aeneid* is the beginning of a path that finds its ultimate conclusion in the *altae moenia Romae* (*Aen.* 1, 7). This repeats a spiritual reading of the journey of Aeneas that Paulinus had already applied to his own journey from Spain to Nola in 395, in *Poems* 12 and 13 (the first two of the *Natalicia*, 'birthday poems' on the anniversary of St Felix's death, the date of Felix's journey from an earthly to a celestial existence). Paulinus' own journey is both a physical translocation and a spiritual journey to a desired haven, expressed in Virgilian language.

Even before those early poems from Nola, Paulinus had used the image of an exile that is a homecoming to a true fatherland in the two verse epistles, *Poems* 10 and 11, that he wrote in response to the complaints of Ausonius, Paulinus' old friend and former teacher, that his relocation from Gaul to Spain was a flight from Roman civilization to a barbarian wasteland.[31] For Paulinus the flight from Gaul to Spain, and then onwards to Nola was a journey to a true homeland (*patrii … caeli*, 10, 193). In the closing iambics of *Poem* 11, the last (surviving) words written to Ausonius, Paulinus uses Ovidian topics of exilic absent presence to ensure Ausonius that even when he has escaped from the prison of his body after death (and, by implication, returned to his celestial fatherland), he would not be separated in spirit from his friend: *nec ab aure longe nec remotum lumine / tenebo fibris insitum*[32] ("You will not be far removed from my hearing or from my sight; I will hold you implanted in my inmost being", 11, 53 sq.); *quo me locarit axe communis pater, / illic quoque animo te geram* ("In whatever region our common Father places me, there too I will carry you in my spirit", 59 sq.).[33]

In *Poem* 17 Paulinus turns the Virgilian epic theme of flight from Troy to the walls of a new city into flight from the world to the walls of a celestial city and fatherland. Plotinus had earlier converted the Homeric Agamemnon's exhortation to the Achaeans to take flight in their ships to their fatherland (*Iliad* 2, 140: φεύγωμεν σὺν νηυσὶ φίλην ἐς πατρίδα γαῖαν, "let us flee with our ships to our dear native land") into the call to fly from the material world to the world of transcendental beauty, followed by further allusion to an epic journey, to Odysseus' escape from his detention by Calypso and Circe (*Enneads* 1, 6, 8). The Neoplatonist flight from the world was appropriated by Christian writers,

[30] See Buchheit 1981.

[31] See Fielding 2017, ch. 1 (pp. 22-51).

[32] Cf. *Poem* 17, 10 sq.: [Nicetas] *animis uicissim / insitus nostris*.

[33] Cf. Ov. *trist.* 3, 4b, 73 sq.: *scite tamen, quamuis longe regione remotus / absim, uos animo semper adesse meo*.

including Ambrose and Augustine, as the image of flight from the world to the Christian fatherland.[34] For Augustine, the Christian in this world is in a state of *peregrinatio*, as a person who has no home here, but is on their way to their native city in heaven.[35] This may be a further layer of allusion to add to Paulinus' exploitation of Virgilian and Ovidian models for exile and homecoming.

***

Bibliography

Bruhat, M.-O.: *The treatment of space in Optatian's poetry*, in: M. Squire and J. Wienand (eds), *Morphogrammata/The Lettered Art of Optation. Figuring Cultural Transformations in the Age of Constantine*, Paderborn 2017, pp. 257-281.

Buchheit, V.: *Sieg auf dem Meer der Welt (Paul. Nol. C. 17, 105 ff.)*, in: *Hermes* 109 (1981), pp. 235-247.

———: *Gesittung durch Bekehrung*, in: *WJA* n.f. 9 (1983), pp. 179-208.

Cairns, F.: *Generic Composition in Greek and Roman Poetry*, Edinburgh 1972.

Cameron, A.: *Rutilius Namatianus, St Augustine, and the Date of the De Reditu*, in: *JRS* 57.1-2 (1967), pp. 31-39.

Clark, G.: *Pilgrims and foreigners: Augustine on travelling home*, in: L. Ellis and F.L. Kidner (eds), *Travel, Communication and Geography in Late Antiquity*, San Francisco 2004, pp. 149-158.

Clarke, J.: *The struggle for control of the landscape in book 1 of Rutilius Namatianus*, in: *Arethusa* 47 (2014), pp. 89-107.

Fielding, I.: *Transformations of Ovid in Late Antiquity*, Cambridge 2017.

Fo, A.: *Ritorno a Claudio Rutilio Namaziano*, in: *MD* 22 (1989), pp. 49-74.

Hardie, Ph.: *Ovid's Poetics of Illusion*, Cambridge 2002.

———: *Classicism and Christianity in Late Antique Latin Poetry*, Berkeley/Los Angeles/London 2019.

Kirstein, R.: *Paulinus Nolanus. Carmen 17* (*Chrêsis* 8), Basel 2000.

Nicastri, L.: *Paolino di Nola, lettore di Ovidio*, in: W. Schubert (Hg.), *Ovid. Werk und Wirkung. Festgabe für Michael von Albrecht zum 65. Geburtstag*, vol. 2, Frankfurt a.M. 1999, pp. 865-910.

Polara, G.: *Publilii Optatiani Porfyrii Carmina* (2 vols.), Turin 1973.

Stewart-Kroeker, S.: *Pilgrimage as Moral and Aesthetic Formation in Augustine's Thought*, Cambridge 2017.

Tissol, G.: *Ovid and the exilic journey of Rutilius Namatianus*, in: *Arethusa* 35 (2002), pp. 435-446.

Walsh, P.G.: *The Poems of St. Paulinus of Nola*, translated and annotated, New York and Ramsey (NJ) 1975.

[34] Ambrose, *De Isaac* 8, 78 sq.: *fugiamus ergo in patriam uerissimam. illic patria nobis et illic pater, a quo creati sumus, ubi est Hierusalem ciuitas.*

[35] See Clark 2004; Stewart-Kroeker 2017.

Alessandro Barchiesi (New York)

Ovid, Boccaccio and the *equites*: Autography and the Question of the Audience

For Mario Citroni

This is my belated[1] contribution to the Ovid bimillenary: it is a diptych, and the sum of the two parts may seem rather aporetic, but I hope they are somehow complementary. Part (1) argues that looking at the reception of Ovid in terms of authorial voice, for example in Boccaccio, is helpful if we want to understand one of his main contributions to a certain literary tradition: the idea of 'autography', a construction where poetry is the self-conscious expression of an interaction between poetics and biography. Part (2) objects that this point of view is excessively centered on the author, and that we need more attention to audiences. I hope I have avoided at least one of the main shortcomings of bimillenary writing: the idea that we have to like the author, and his audiences too, since we are celebrating a success story. Part (1) in fact, I confess, favors the usual idea that Ovid is quite important to the literary tradition (poetry as well as prose fiction), and what bimillenary essay did ever diminish the importance of the *celebrandus*? However, part (2) at least suggests that by looking at different audiences we can recover a sense that Ovid was and still is a controversial poet.

1 Russell Wong, Boccaccio, Petrarch and Ovid: on the problem of autography

'My art will get you laid'
Anonymous street vendor (musical CDs), Manhattan 2017

I will begin with a personal apologue. Sometime in the early '00s (the decade that many speakers of English call somewhat maliciously the Noughts) I was researching the concept of 'autography' that I had seen circulating in many contexts especially among young authors or aspiring authors in the *www*. I came

[1] 'Belated' may not be the appropriate expression in 2019: I am writing in the month of May and one month ago I was approached by a messenger from the Italian parliament about a new law that has been passed to fund celebrations of Ovid's bimillenary, which was in 2017; and back in 2017, when the Berlin conference took place, the Italian media were announcing that the Mayor of Rome had revoked the exile foisted on Ovid by her predecessor(?), the emperor Augustus. So, the bimillenary never ends. (My paper started life as a Housman lecture at UCL London [2011] and I thank the participants for their comments.)

across a website called *scatterthoughts.com*, the work of a young 'new media' (or whatever was the definition back then) professional (but amateur writer) named Russell Wong. I archived some of his ideas from the website, and I hope I am now allowed to quote them. I am particularly glad I did this, because a posting in 2013 reveals that most of the early content of *scatterthought* had been lost in a server crash. Stuff happens. Wong had started his practice of blogging about his life and experiences in the early 2000s, after a sentimental crisis it seems, and was defining his practice as 'autography'. I have never had direct contact with him, but in the post-2013 postings he looks more confident and even his autography has a more 'authorial' feel to it. I was especially interested in the fact that the early blog, the one now lost, had much to say about a well-known writer and teacher of creative writing, the Berkeley-based Liv Hejinian, and her influential and acclaimed book of autography entitled 'My life'. So, this is the young Russell Wong about his own web-based project and Hejinian's literary work:

> Emulating Hejinian's work proved to be a difficult task. I could easily write an account of my past history, but the real value in Hejinian's writing is that she takes her personal history and removes the extraneous detail. In this way, autography calls upon the writer to commit seemingly random thoughts to paper, because those thoughts carry a genuine, unconstructed feeling. Though this sounds easy, the difficulty lies in selecting thoughts that can represent larger dialogues.

One easily understands the problem in readapting her poetics: she has pioneered a deconstruction of the relationship between life and literature, for example with her well known articulation of her own 'life' at 37 years of age in 37 apparently random paragraphs of raw experience. In spite of the difficulties, Wong kept drawing inspiration from *My life*:

> As I studied Hejinian's work, I discovered the single most important feature that carries through *My Life*: a thought provokes. For *My Life* to be a success, each sentence simply needs to provoke thought. Recognizing this, I was prepared to write my own autography.
>
> In preparing the content, I realized that my autography should not feel or sound the same as *My Life*, because I have different values and concerns than Hejinian, as well as a different outlook on life. I tried to highlight issues of rhetoric, society, technology, and ideology, because these topics are often in my thoughts. With this in mind, I took thoughts I've committed to paper in the past year and attempted to trim them into thought-provoking sentences.

It looks as if the young aspiring author (or amateur? The distinction becomes problematic in the activity of bloggers) wanted to write his own 'My life' – my formulation is intentionally awkward. The difficulties of the task for a beginner were exacerbated by this practice of imitation:

> A second tactic I used was to ask questions. Given that I'm only 23 years old, I have a lot of questions and not enough experience to answer them.

This led Wong to an even clearer level of self-consciousness:

> Since my autography was created in a very short time, I don't expect that it conveys my life as well as Hejinian's work conveys her life. My version lacks the quality of random thought that makes readers feel as if they're dropping into Hejinian's mind from time to time. I think that this constructed feeling is due to my approach to content creation. If I had the time, I would write out long, stream-of-consciousness essays on my life, attempting to squeeze in every detail and paint crystal-clear pictures for readers. Then I would take those essays and pull out the most thought-provoking sentences to create an autography that flowed directly from my mind. The result would be an autography that is representative and thought provoking for both readers and myself.

I am still fond of re-reading those ideas because I think they represent well a general paradox in the history of what we may call 'authorship'. Authorship has developed in close connection with practices of what we may call 'autography', but those practices are never innocent: they need models. In other words, the 23-years old computer professional and amateur blog-writer Russell Wong was recapitulating the history of what we may call autography in his experience of praising and imitating the professional artist Liv Hejinian: there is no autography outside imitation of other autographies, and models are most needed precisely when one is writing about oneself, even when one is aiming at the status of natural randomness and pure expression of spontaneous daily life. At the same time, it is evident, and Wong is already aware of this, that the final product would not look like the model of Hejinian's *My life* very much, or indeed any other model. But it is time for us to turn to Ovid, after thanking Russell Wong for his insights.

A long tradition of authors, culminating with Boccaccio, have appropriated Ovid's opus as a template for their own autography, but not just Ovid's work: the incorporation of exile to the published work has been particularly influential. Ovid has become the model of an author who constructs himself through autography – 'authography' if you like – and this model has been empowered by the incorporation of elements of biography to the poems. One element has been particularly influential: the punishment inflicted on the erotic poems, and the relegation to Pontus, and to a new genre of 'sad', Black Sea elegy. The importance of exile can be seen from many viewpoints, particularly because, as we shall see in part (2), reactions to this theme – a theme that hammers together desire, writing, punishment and the law – are so variable according to interest groups and historical circumstances.

In any case, exile has much power in structuring ideas of a career: it allows audiences to speak about pre- and post-exilic work with the confidence in periodization that we find in some key moments of collective memory (was it before, or after, the moon-landing, the death of Lady Diana, and so on). This is particularly important if we think of Roman culture as a successor to Greek culture: there is very little evidence in Greek of any way of organizing the collected works of an author (a concept already, at least potentially, available to the Greeks even with the limitations of book-roll technology) according to a biographical sequence. It seems hard to believe that for many authors, even letter-writers, who typically anchor their letters to specific moments in time, or for authors of lyric and political writers, a highly literate culture like that of Greece had not come up with chronological or biographical arrangements of texts into a sequential order. It would be interesting, but it is not the goal of my paper, to see whether circumstances like exile had any impact on the organization of book collections, for example in the case of Alcaeus, where however the evidence of papyri may be too flimsy or uncertain. If we look at Medieval culture, we find a very different way of handling biographical information, although again we are left with a sense that exile may be an especially important case in the development of autography.

Apparently it was the incorporation of exile to the poems that enabled medieval readers to approach Ovid's corpus as a sequence endowed with a biographical dynamics: the early reception of Dante's work also cooperated in this respect because, as Raphael Lyne[2] explains: "Boccaccio saw Ovid and Dante both enacting a tripartite career – poets of love, transformation, and exile". Boccaccio exploits these suggestive parallels between Ovid and Dante as a way of figuring out his own (quite different) career and its own divisions. The Russell Wong paradox again. We should remember here a helpful generalization formulated by Jeremy Dimmick about the significance of Ovid as an author and *auctor* in medieval culture: "Ovid in the Middle Ages is an author perpetually falling foul of authority"[3].

Also helpful are formulations like 'proto-vernacular, secondary, alternative' in the following assessment of Chaucer's appropriation of Ovid by James Simpson:

> Ovid is the poet via whose craft Chaucer can himself approach the classical and greater vernacular traditions [...] Ovid is himself one of the great classical poets but his own self-positioning in much of his œuvre is also as a belated, marginal poet. He supplies Chaucer, that is, with a model of subsidiary writing *from within* the corpus of classical poetry. Ovid's amatory poetry presents itself as secondary to what he calls 'tragic' verse (that is, classical epic) [...] The Ovidian posture that Chaucer has absorbed [...] offers these possibilities: an understanding of the power and centrality of erotic desire.[4]

2 Raphael Lyne: *Love and exile after Ovid*, in Hardie 2002, 288-300, at 290, with other details and bibliography on Dante and Boccaccio.

3 Dimmick 2002, 264.

4 Simpson 2006, 62-3.

A number of the medieval authors involved in this tradition must have thought in a special way of one individual poem, *trist.* 4, 10, a late elegy formulated by Ovid as a *prière d'insérer* for his whole corpus and career. Although the poem was written and published after the epic masterpiece *Metamorphoses*, Ovid has conceived of his entire work as an elegiac production, and the poem includes explicit detail about his love life. The poet represents himself as dedicated to the passion of love but also as a responsible husband (65-74: "Soft, and never safe from Cupid's arrows, was my heart, that the slightest thing could move. But though I was such, fired by the smallest spark, no scandal was associated with my name"). Before this confession, which will be important to Petrarch, Boccaccio and Chaucer, because it establishes a fit between poetic career and personal life, but also wards off moral indignity, Ovid fashions his early life as the story of an inescapable poetic vocation:

Ille ego qui fuerim, tenerorum lusor amorum,
quem legis, ut noris, accipe posteritas

It turns out that Ovid, even before than a lover, was a poet, and could only become a poet. His father's intention to turn him into a lawyer and an orator only fanned the flame of poetic vocation:

protinus excolimur teneri, curaque parentis
imus ad insignes Vrbis ab arte viros.
frater ad eloquium viridi tendebat ab aevo,
fortia verbosi natus ad arma fori;
at mihi iam puero caelestia sacra placebant,
inque suum furtim Musa trahebat opus.
saepe pater dixit ‚studium quid inutile temptas?
***Maeonides nullas ipse reliquit opes**.'*
motus eram dictis, totoque Helicone relicto
scribere temptabam verba soluta modis.
sponte sua carmen numeros veniebat ad aptos,
et quod temptabam scribere versus erat.
(1-2; 15-26)

We began our education at a tender age, and, through
our father's care, went to men distinguished in the city's arts.
My brother tended towards oratory from his early years:
he was born to the harsh weapons of the noisy forum:
but even as a boy the heavenly rites delighted me,
and the Muse was drawing me secretly to her work.
My father often said: 'Why follow useless studies?
Maeonian Homer himself left no wealth behind.'

Moved by his words, and leaving Helicon alone,
I tried to write words that were free of metre.
But verse came, of itself, in the right measures,
and whatever I tried to write was poetry.

His poetic vocation later became an erotic career, but without scandals, and his private life later spanned three marriages:

Soft, and never safe from Cupid's arrows,
was my heart, that the slightest thing could move.
But though I was such, fired by the smallest spark,
no scandal was associated with my name.
I was given a worthless and useless wife when I was
scarcely more than a boy: married to me for a brief while.
A bride succeeded her, who, though she was blameless,
was not destined to remain sharing my bed.
Lastly, she who remained with me till I was old,
who's lived to be the bride of an exiled husband.
(65-74)

This story will be important to Boccaccio's ideas about literary biography, and not one, but two times. He taps into *Tristia* 4, 10 and Ovid's choice of a career when writing about the two most important writers in his life: one is rather obviously Giovanni Boccaccio himself, and the second, not unpredictably, is Petrarch. First, in his early work about the life and personality of his friend and mentor Francesco Petrarca, Boccaccio experiments with a full appropriation of Ovid's autobiographical elegy. Here is Petrarch's early life: "Therefore he started neglecting Law School and was orienting his steps on Mt Parnassus. His father heard this from many sources and tried to stop his future glory by saying – and this is a direct Ovidian quote, in the elegiac meter 'why do you aim at useless pursuits? The Maeonian bard (Homer) did not bequeath any wealth' (*trist.* 4, 10, 21-22), then he sent him again to Law School on the Fiesole Mountain":

ob quam causam legibus iam neglectis, ad Parnasi culmen cepit dirigere gressus suos. Quod dum pater referentibus pluribus audisset, nati futuram gloriam ex ceptis debite non repensans, cum etiam animo quam etterna temporalia potius affectaret, nequiquam astris avidus obviare, indignans quodammodo ipsum ad lares proprios revocavit; et cum illum studiorum talium obiurgatione multimoda momordisset, aiendo

'studium quid inutile temptas?
Maeonides nullas ipse reliquit opes.'

eum suo imperio oneratum, leges auditurum secundo Montem misit ilico Pesulanum.

Boccaccio, *De vita et moribus domini Francisci Petracchi de Florentia* (1341-42)

And here is, after Boccaccio on Petrarch, Boccaccio (writing again in Latin prose, between 1360 and 1374) about Boccaccio: Boccaccio too was born for poetry, this was his nature *ex utero matris*. His father tried very hard to turn him into a merchant. So, he starts with six years of math as a pupil of a businessman. Then again Boccaccio's bent for literary studies is evident. His father forces him to learn *diritto canonico*, with the goal of getting rich someday. Yet Boccaccio's passion for the art of poetry is incorrigible. His natural inclination has him walk towards the art of poetry with all the energy of his feet, *totis pedibus*. Already at the age of seven, he remembers, without being exposed to fictions or to teachers, just a beginner in the alphabet, he was already dominated by a ***fingendi desiderium***, and had even created his own small fictions, *fictiunculas*. Then comes the appetite for reading, and reading literature, again with his father's opposition: even without knowing the meters and rhythms of poetry, young Giovanni is already known as a poet. If his father had been less unyielding, he might have been a great poet: instead, after all those years of business school and law school, Boccaccio is not a merchant nor a legal expert nor a poet.

> *Verum ad quoscumque actus natura produxerit alios, me quidem experientia teste* ***ad poeticas meditationes dispositum ex utero matris eduxit et meo iudicio in hoc natus sum****. Satis enim memini apposuisse patrem meum a pueritia mea conatus omnes,* ***ut negociator efficerer****, meque, adolescentiam nondum intrantem, arismetica instructum maximo mercatori dedit discipulum, quem penes sex annis nil aliud egi, quam non recuperabile tempus in vacuum terere. Hinc quoniam visum est, aliquibus ostendentibus indiciis, me aptiorem fore licterarum studiis, iussit genitor idem,* ***ut pontificum sanctiones, dives exinde futurus, auditurus intrarem****, et sub praeceptore clarissimo fere tantundem temporis in cassum etiam laboravi. Fastidiebat hec animus adeo, ut in neutrum horum officiorum, aut preceptoris doctrina, aut genitoris auctoritate, qua novis mandatis angebar continue, aut amicorum precibus seu obiurgationibus inclinari posset, in tantum illum* ***ad poeticam singularis trahebat affectio! Nec ex novo sumpto consilio in poesim animus totis tendebat pedibus, quin imo a vetustissima dispositione ibat impulsus****. Nam satis memor sum,* ***non dum ad septimum etatis annum deveneram, nec dum fictiones videram, non dum doctores aliquos audiveram, vix prima licterarum elementa cognoveram, et ecce, ipsa impellente natura, fingendi desiderium affuit, et si nullius essent momenti, tamen aliquas fictiunculas edidi, non enim suppetebant tenelle etati officio tanto viris ingenii.*** *Attamen iam fere maturus etate et mei iuris factus, nemine impellente, nemine docente, immo obsistente patre et studium tale damnante, quod modicum novi poetice, sua sponte sumpsit ingenium, eamque summa aviditate secutus sum, et precipua cum delectatione autorum eiusdem libros vidi legique, et, uti potui, intelligere conatus sum.* ***Et mirabile dictu, cum nondum novissem quibus seu quot pedibus carmen incederet, me etiam pro viribus renitente, quod non dum sum, poeta fere a notis omnibus vocatus fui****. Nec dubito, dum etas in hoc aptior erat, si equo genitor tulisset animo, quin inter celebres poetas unus evasissem, verum dum in lucrosas artes primo, inde in*

> *lucrosam facultatem ingenium flectere conatur meum, factum est, ut nec negociatur sim, nec evaderem canonista,* ***et perderem poetam esse conspicuum.***
> Boccaccio, *Genealogia deorum gentilium*, XV 10[5]

There are many witty points if we take the two texts together. Boccaccio's father is a prose type, he just says 'get rich', while Petrarch's father speaks poetry: he is the one who quotes Ovid *trist.* 4, 10, 21-22. Ovid's father, of course, had been speaking poetry because his voice is reported in Ovidian elegy, and the poem itself explains that all that Ovid says is poetry not prose. Boccaccio goes *totis pedibus* (cf. the *gressus ad Parnasi culmen* of Boccaccio's Petrarch) in the direction of verse, which after all is a matter of learning about 'feet' (cf. *quibus seu quod pedibus*), but in spite of Ovid's model those are not the *pedes* of poetry: his father's intervention cuts short the poetic vocation and only produces an author of *fictiones*, not a Petrarch-style Ovidian poet. Whatever Ovid says at law school is verse. Whatever Boccaccio says is *prose* fiction, pedestrian literature, not or not yet poetry. Ovid's model is thwarted by Boccaccio's father – but it is precisely his distortion of nature, one may argue, that produces Boccaccio the author: it is precisely by keeping a vocational poet busy with six years of commercial experience and six years of law school that you end up having Boccaccio the narrator, in particular a narrator of 'novelle'. His poetic vocation minus the rhythm – *pedes* – becomes appetite for fiction, the negotiating and rhetorical skills join the mix, and voilà, what you get is not a new Ovid, but an Ovid with less poetic instinct, and more use for practical and rhetorical skills. Poetic art is downgraded to fiction, practical experience offers a contribution: not a merchant, not a lawyer, not a poet, but the author of *Decameron*. We may be overexcited because we know, in hindsight, that something great is being born here: the birth of what we may call modern *prosaics*, a theory and justification of prose fiction instead of poetry. But this innovation, as we just saw, needs Ovid to find autographic expression. And this is, we now know, the Russell Wong paradox: that if you want to represent yourself in public you need a model, and this model will always be someone else: my life needs to be someone else's life first.

Now we know that Ovidianism is also a clear feature of the *Decameron*, where it supplies a backbone of the argument in the programmatic section of the Author's foreword, the middle prooemium of the Fourth Day, and the authorial epilogue. Those invocations of Ovid[6] are now mixed with the moderation and prudence demonstrated in *trist.*4, 10 when the author claims that, in spite of his addiction to passion, "no scandal had ever been associated" with his personal life (4, 10, 67-68). We can decide to read Ovid through Boccaccio: his personality as an author, his programmatic writing, and Augustus now converge in three key moments, the love poetry, the exile, the sad poetry. Boccaccio at times behaves as if this is part

[5] From the edition of Romano 1951, II, 776-7.

[6] To avoid repetitions, I refer to my discussion in Barchiesi-Hardie 2010 (with the bibliography quoted there).

of the necessary apparatus of self-expression. However, there is also a social setting for his work, and it is legitimate to ask questions about the intended audience and the historical audience for Boccaccio's career. His self-identification as a failed poet (in his autography) and as a natural born lover (in the prologue to the *Decameron*) shows the intensity of his unorthodox Ovidianism. However, the impact of this autography is not limited to published work. For example, in a letter to Mainardo Cavalcanti (1372),[7] an elderly Boccaccio warns that women (contrary to the proclamations of the *Decameron*) should be kept away from his vernacular writings, and laments "Having read me, they will consider me, in fact, a filthy panderer, a dirty old man, an immodest, vulgar and greedy peddler of others' evils. Indeed, not everywhere does someone rise to my defense and say 'As a young man, he wrote this under command of a greater force' [...] I would not want that due to the judgment of such women my name and reputation become tarnished". A number of accents here remind us of Ovid's defense under the pressure of Augustus, especially in *Tristia* 2 and 4, 10, but since Boccaccio is clearly preoccupied with the reception of his own already published work, and especially the *Decameron*, what can we say about his own audience? Boccaccio scholars are indeed (sometimes at least) interested in sounding out 'real' audiences for the *Decameron*, but the interpretation of programmatic writing combined with letters is difficult. Is the letter to Mainardo Cavalcanti a rhetorical exercise of self-fashioning? A capitulation to the dominating influence of Petrarch and the moral scruples that this influence activates in Boccaccio? A way of directing the circulation of one's literary work, in a world where the notion of circulation and audience needs careful definition? A real self-defense? Forestalling problems with religious censorship? We will leave those questions to scholars of Boccaccio[8] and check again with Ovid, to see whether more attention to the ancient audiences could be rewarding after all.

2 In search of an audience: Ovid, the *equites*, and the inscription from Moesia Inferior

What about Ovidian scholars and their idea of an audience? The best recent work on Ovid's *Ars Amatoria* has generated a consensus: the poem is a work of *anticonformismo* (the useful term used in the path-breaking essay by Pianezzola) in its surface, but is in fact deeply connected to the dominant ideology of the empire: the invention of sexuality in the world-city of Rome (Habinek, and before him Labate).[9] A recent piece of information could be interesting if we want to bring some change to the debate.

7 See Giovanni Boccaccio: *Epistole e Lettere*, XXII 17-24, 704-7, in Auzzas 1992.

8 A helpful recent discussion is Bragantini 2018, 328-30.

9 Pianezzola 1972; Labate 1984; Habinek 1998.

In 2015, two Roman Imperial bronze tables were repatriated to Romania: they offer a long inscription, datable under the joint reign of Marcus Aurelius and Commodus, written for the Roman municipium of Troesmen in the Lower Moesia. Ironically, the place name is already attested for us, as some kind of military outpost, in Ovid's exile poetry (*Pont.* 4, 9, 79 – in a poem, from the last book published by Ovid as the editor of his own work, that impresses ideas of danger and hostility on the Roman audience: Troesmen itself re-taken from marauding natives, blood in the Danube, poisoned arrows, human sacrifices). The finding has a thrilling history, with the bronze inscriptions being hawked on *eBay* in 2005, then appearing in the FBI list of stolen artworks, and finally, before the repatriation, becoming the object of preliminary studies by a leading historian of Roman Imperial society, Werner Eck. It is to his discussions[10] that I owe my information on the text.

The inscription offers a surprisingly rich anthology of Augustan laws, and it is of primary interest (but not in the context of my paper) to ask how and why the Roman *municipium* of Troesmen, a frontier town, frequently exposed to incursions, not only in Ovid's lifetime but in the Antonine era, decided to have meters and meters of legal texts from the age of Augustus in bronze tables on public display. The question, for my paper, is about the link among the three laws about family, marriage and procreation that are quoted in the Troesmenian law: the famous *Lex Iulia de maritandis ordinibus* of 18 BCE and the no less famous *lex Papia Poppaea* of 9 CE, which was a strong restatement of the Julian laws, plus a new document, a *commentarius*, a legal draft version of a future law, precisely dated as June 28 of 5 CE. Augustus had been the name-giver of the *leges Iuliae*, and is recorded as the true promoter of the *Papia Poppaea*, with long and important speeches highlighted in Cassius Dio's history of the year 9 CE (56, 3-9). The history of this legislation as it was known before the surprising evidence of Moesia Inferior has been significant for scholars of Augustan elegy, but not so much for scholars of Augustan exile. The two areas are of course connected, but not as much as one would expect. There has been of course a rich discussion of the *leges Iuliae* about family and morality and adultery in critical debates about the *Ars Amatoria*, and even about Propertius, since many have suggested that already in his lifetime there had been proposals with an impact on the typical life choices of elegiac poets: punishment of adultery, pressure on the property classes against celibacy. Yet this discussion, that seems to be germane to the problems of Ovid's exile, has been mostly sidelined by scholars of Ovid's late poetry in favor of other approaches. Ovid's statement that the *Ars Amatoria* was relevant to his punishment has met with some skepticism, since the elegiac work is clearly composed in the atmosphere of the years 2 BCE-1 CE, and the relegation to Tomis has only been inflicted in 8 CE. Ovid's insistence on some mysterious error as a

[10] I do not quote Eck's entire output on the law of the Troesmen *municipium*: it is listed for example by Hutchinson 2017.

second cause of Imperial disfavor and offense has been met with far more excitement and interest. This was perhaps unavoidable, since in the suspicious atmosphere of the late Augustan reign (and especially for so many moderns who approach early Imperial Rome through the suspicious eyes of Tacitus) the coupling of a very well-known literary work and a shady incident seems unavoidably to give much more weight to the second. Who wants to be so naïve and believe that a frivolous elegiac work already published at least five years earlier was a cause and not a pretext? It is much less naïve to choose the Tacitean atmosphere of conspiracy and *delatores* as the true reason for Ovid's punishment.

The idea that the matrimonial laws were so to speak old news in the atmosphere of 8 CE has been tenacious. Very few Ovidian scholars have paid attention to a significant, but not really mainstream, strand of scholarship in Roman legal history. Already in 1882 and then in 1894 the brilliant young historian of Roman law Paul Jörs had advanced a speculative approach to the history of Augustan matrimonial laws: based on the accounts of Suetonius and Cassius Dio (Cassius Dio 56, 7, 3 and Suet. *Aug*. 34, 2), he proposed that in 4 CE a revision of the law of 18 BCE had been passed, a revision intended to sharpen (see p. 62 of his 1894 publication) the measures of the *leges Iuliae*, and that this initiative had sparked renewed resistances and the grant of some more time to meet the requirements of the law. This approach has been furthered much more recently by another legal historian, Tullio Spagnuolo Vigorita, whose study of Augustan laws has not been noticed by most Ovidian scholars. In fact, both Jörs and Spagnuolo Vigorita, on their part, do express some interest in Ovid. After his detailed examination of the history of the laws, Jörs adds one unexpected final page (ibid. p. 65) which is entirely on Ovid. Here is the last paragraph in the 1894 publication:

> Des Kaisers Herz blieb hart, und der Dichter musste seine Verachtung der *Lex de adulteriis* zehn Jahren nach der Entstehung jehnes Buches schwer bussen: in Tomis ist er gestorben.

Tullio Spagnuolo Vigorita goes further and he draws attention to the question (in my view a very interesting one) of the relationship between Ovid's work and certain areas of the public opinion. He argues without quoting evidence: "Ovidio era il poeta preferito degli oppositori del principe, o quanto meno renitenti al modello che egli voleva imporre"[11], and finally proposes that this is the atmosphere, influenced by the resistance against the laws that was growing in Roman society since 4 CE, where the relegation of Ovid in 8 CE took place. Of course, talking of 'opposition' has become unpopular both with ancient historians and with a number of literary scholars. They rightly protest that modern scholars have a vested interest in imagining Ovid as an author who resists totalitarianism, that his is not political opposition, and that the exile poetry is one of the best pieces

[11] Spagnuolo Vigorita 1997, 54.

of evidence that we have for what Imperial loyalism was like, and finally that Ovid was a frivolous and unserious poet.[12]

But what about the impact of the Julian laws on marriage and adultery? Now this is exactly the problem that the publication of the Troesmen inscription brings again into the limelight. The matter is put succinctly by Eck: the new text reveals "in welcher Weise und mit welcher Hartnäckigkeit Augustus versuchte, seine Vorstellungen über Heirat, Ehe, Kinderzeugung und Scheidung durchzusetzen und vor allem auch, welche Widerstände er erfahren musste [...] vor allem in Senat und Ritterstand"[13]. He notices that the account in Cassius Dio (56, 10, 3), with Augustus unusually delivering a long speech to the *equites* in the arena to defend the laws after dissenting demonstrations, entails that the texts had been around and had been discussed earlier (Eck 2013, p. 83).[14] Now the inscription from Moesia quotes passages from a *commentarius*, not really a law as Jörs had surmised, but a project of a law, and the surviving quotations allow us to infer that it was long and detailed, at least 49 'chapters' (*kapita*). A substantial text, hitherto unknown, but a text that made it to the provincial city of Troesmen and was inscribed in public 180 years later: this must be the missing link that had been conjectured by Jörs and Spagnuolo Vigorita, and its dating, secured by the new inscription, fits the bill: a *commentarius* made public by the consuls on June 28 of the year 5 CE. If we look at the historical context from this point onwards, not from the legislation of 18 BCE, we now see a different sequence: the memory of the *Ars Amatoria*, published 2 CE (or perhaps even later), is now quite fresh, and if we allow some months for a renewed opposition in the Roman elite, the date of Ovid's exile in 8 CE seems like a logical fallout. If we ask about the date of the *lex Papia Poppaea* and the gap in the chronology, we easily realize that in the gap we not only have Ovid's exile, but the very critical impact of the Pannonian insurrection of 6 CE, with a

[12] For variations of those approaches, important and independently conceived, see for example Habinek 1998; La Penna 2018; Labate 1984; Millar 1993.

[13] Eck 2016, 602.

[14] The cautious and careful discussion of Wardle 2014, 272-77 on Suet. *Aug.* 34 ('laws on expenditure, adultery and chastity, bribery, and the Orders' obligation to marry') shows how bold and against the grain the proposal of Jörs had been; at p. 276 Wardle inclines to use 'Occam's razor' to get rid of the problem. On the range of intentions, implications and meanings that can be ascribed to the so-called matrimonial laws and morality legislation the treatment of McGinn 1998 is still instructive. On the importance of looking at legal aspects in Ovid's poems see Ziogas 2016, with bibliography, and in particular, on authority and performance, poetics and the law, note the important discussion of Lowrie 2009. Ovidian scholars should not worry too much about determining the *true and authentic* meaning of the marriage laws *before* engaging the interpretation of the poetic texts: the range and variability of meaning, with the laws being contested, revised, slandered, appropriated and exploited, is precisely the historical context that we need to make more sense of Ovid's text, and 'context' is too tidy and static as a metaphor. What we need to establish is a field of tensions and variations.

long war,[15] and numerous problems for the Roman economy and quality of life. The newly revised sequence of events makes us realize that the authority behind the *commentarius* of 5 CE was none other than Augustus himself; that against him and no one else there was a significant opposition (if this is the appropriate word to use: Eck uses the plural, *Widerstände*), as is clear from the fact that Augustus and no one else spoke defensively in public about the law. But in the end what Rome had was not more *leges Iuliae*: the two consuls who signed the final law, the *Papia Poppaea*, were both unmarried and so they were the first, illustrious victims of their own law. In the years between the composition of the *Ars* and Ovid's exile the *leges* had already incorporated their own opposition, deferrals, restatement and corrections. Not unlike Ovid,[16] Augustus is an author caught in a constant process of revisiting and rereading his own opus.

This is not to say that I have any opinion or new contribution on the issue of the mysterious Ovidian *error*, or on how to rank the relative importance of the *error* versus the *Ars Amatoria* versus (why not?) a third factor (some additional dimension of the events that may well have existed, or be perceived, at the time). The fact that Ovid offers *two* alternative reasons for his exile has led scholars to believe that one of them (or both) must necessarily be 'the truth', but in any case we know that the whole business was not regulated by legal precedent, so the reality might have been even more complicated. The main take-outs of this new discovery for the problem of Ovid's exile have now been expounded with admirable lucidity and speed by Gregory Hutchinson[17] and I have nothing to add to his paper. My angle is rather the kind of input that we can glean about the question of the audience, the audience of Ovid and also the audience of the legislation of the *princeps*. It seems to me that raising questions about the audience of the *Ars Amatoria* is a helpful initiative at this stage, after 2000 years of Ovid's exile and of its reception. The Ovidian bimillenary, following immediately after the bimillenary of Augustus, has encouraged a vision of his work that is polarized between the poet and the *princeps* with very little space for the audiences and indeed for Roman society. The two bimillenaries have been neatly organized in two areas, each with its own politics and approach: as a literary scholar with an interest in Ovid and in dissonant readings of Augustan culture, I have been invited to speak at some Ovidian bimillenary events, but not to the Imperial ones.[18] The Ovidian bimillenary is resurrecting a number of readings that are conducive to idealizations of Ovid as a model for liberal intellectuals of modern societies. The

[15] The Illyrian leader Bato only surrendered in the summer of 9 CE, a few days before the catastrophe at Teutoburg. The whole atmosphere of military and economic tension is surely relevant to some aspects of Ovid's early exile poetry, as Wiedemann 1975 for example has forcefully argued in a paper whose methodology remains unchallenged.

[16] On this important aspect of Ovid's production note Martelli 2013.

[17] Hutchinson 2017, who proposes a dating of 9 not 8 CE for the actual deportation of Ovid to Pontus.

[18] La Rocca 2013 is the most important result of the emperor's bimillenary.

Augustan bimillenary has been full of historians and (especially) art historians who celebrate the political project of the principate and its unity. This situation requires a change of perspective, to avoid the tedious and predictable separation between praise of Ovid and praise of Augustus, and literary non-conformism versus integrative propaganda, and to find an alternative to endless second-guessing of authorial intentions in poetry and of political intentions in real society. This is particularly important because of the laudatory function that seems inseparable from so many millennial celebrations, and is frequently needed as an implicit justification of the public funding that supports those events.

The question of an audience for Ovid's *Ars Amatoria* had been helpfully enhanced by Roy Gibson's commentary on book 3, one of the best fruits of the Ovidian revival of the late twentieth century. Previously, some grounds for discussion had been set up in important work by Antonio La Penna and Mario Labate. They usefully invoke modern concepts such as 'modernization', 'relativism' and *società galante* to characterize the word of the *Ars Amatoria.* Gibson's approach is a progress and refinement on this tradition: he has pointed out that the poetic text constructs a world of ambiguity and blurred difference, and that this is not just a frivolous celebration of libertinage: it is a service for a specific group of elite male readers, the ones who are exploiting 'grey areas' and ambiguities of status in the womanhood of Rome. Those people, essentially male, stand to gain from fruition of *Ars Amatoria* 3 and its advice for women.

Now La Penna has repeatedly denied that in Ovid one could discern anything like opposition to Augustus,[19] but he is working on a model where only the political intentions of the intellectuals matter, and where the alternative is typically between 'engagé' poetics and bourgeois escapism. If we focus on audiences instead, and forget for a moment the polarization between intellectuals and political leadership, we end up with a different impression – but first let me emphasize the good aspects of the approach used by La Penna and Labate. This kind of work is efficacious as a criticism of many attempts to reappraise Ovid as a post-modern 'liberal'; a position later, and with a different agenda, made untenable and discredited by feminist readings. It also brings out the function of irony and sophistication in the text of the *Ars,* but it generates the impression that the only politics in the text is some kind of superficial liberalism. The problem with the 'liberal' approach to Ovid is that it is hard to separate respectable and despicable readings of Ovid's *Ars Amatoria* – the defense of sexual liberty against totalitarian repression is just one appropriation of the text, but it has overlaps with the abject appropriation of Ovid by communities of 'red pill' activists who style themselves 'pickup artists' (cf. the abrasive discussion of Zuckerberg 2018)[20] and

[19] Lately in La Penna 2018, a *summa* of his life-long activity as a historian of Roman literature.

[20] For my own approach to the representation of women in the *Ars* see Barchiesi 2006. Gibson's work is now complemented by the useful commentary on *Tristia* 2 by Ingleheart 2010.

weaponize Classics to demean women. As for the revolutionary fact that Ovid's *Ars Amatoria* 3 is addressed to women (just like the *Decameron*, a work which is tendentiously presented by Boccaccio as '*Remedia Amoris* book 2' as well as a sequel to *Ars Amatoria* 3), Gibson has reminded us that "clearly, the wider audience of *Ars* 3 is frequently envisaged as a 'male' one" (2003, 36). I fully agree with this line of thought when it shows that important strands of Ovid's work are deeply connected to the dominant ideology of the principate: world conquest, artificiality and spectacle, celebrations of urbanism. Yet, as Don Fowler once wrote,[21] a certain kind of historicism makes contrast and contradiction irrelevant: even if you shoot the Emperor, you are still reinforcing his system of domination. Ovid's exile poetry can be read in many ways as subversive, and still it is collusive with Augustan power in advocating the empire as a civilizing barrier against the barbarians of the North (cf. Habinek 1998, 153).

But the new text from Romania shows that this is not the end of the story. It would be a mistake to use Gibson's approach in order to deny that the Augustan laws were relevant to the reception of the *Ars Amatoria* in Roman society. In his preface to the commentary, Gibson has been quite explicit: "it is plain, from the evidence reviewed above, that *Ars* 3 runs contrary to the spirit of the Augustan legislation"[22]. However, he goes on to say: "but the poem was not the reason for the poet's exile". And why? Because "at least six years intervene between the publication of *Ars* 3 and Ovid's exile in AD 8 (more in the case of the first two books)". This argument is a familiar one, and Gibson brings serious arguments against Charles Murgia's attempt to date *Ars* 3 later than the first books of the *Metamorphoses*. The new evidence about the law, as Hutchinson points out, creates problems for the "intervening years" approach to the problem. But this is not going to be that kind of paper: again, I have no hope to come up with a new explanation, after 2000 years, for the causes of Ovid's relegation.

The audience that Gibson has identified for the *Ars Amatoria* – elite Roman males who viewed a certain practice of sexuality as their prerogative – did not exist solely in the space created by literature and entertainment. It was also, to a certain extent, *the audience of the Augustan laws,* the audience of the new model of morality (and taxation) that was being implemented by the government of Rome. Their reaction mattered to Augustus, as did their preferences in lifestyle and their interest in the *Ars Amatoria*, the only elegiac text that can actually be translated into a way of life. If this was the gallery to which both Ovid and the *princeps* were speaking, we can experiment with modes of reading that bring back the specific nature of historical audiences, not just the voices of the poet and the emperor. This could be important not only for scholars of Ovid, but also for scholars of Boccaccio. They may have stopped too early to ask questions about the kind of push-back that Boccaccio anticipated or perceived when he was

[21] Fowler 2000, 63.
[22] Gibson 2003, 36.

designing the *Decameron*. We need to bring back a sense of Boccaccio's audiences if we want to give value to his Ovidian intertextuality in the *Decameron*.

Both legal discourse and Roman poetry are discursive practices, not reproductions of reality: they strive to affect and modify. We should be cautious about our terminology: *equites* looks more historically founded and specific than 'Roman readers', 'elite Roman males' or even 'the public of recitations at Rome', but it is far from clear what the reality on the ground and in the arena was, or its perception anyway, when people were celebrating the return of Germanicus from the Illyrian wars, and Suetonius and Cassius Dio talk about "the *equites*" and their loud dissent. I am reminded of a detail in *Tristia* 4, 10 that has received much less attention in comparison to the story of a poetic and erotic vocation, and to the implications of 'I was born in the year of two dead consuls': the initial, earnest note of 'equestrian pride':

> *Si quid id est, usque a proauis uetus ordinis heres,*
> *non modo Fortunae turbine factus eques.*
> (8-9)
>
> I was heir to a rank that came from forefathers of ancient times,
> not a knight made fresh by Fortune's whirlwind.

We know thanks to the splendid work of Greg Rowe on the origins of Imperial ideology that "the fullest evidence for what the life of an Augustan *eques Romanus* involved, what activities he participated in and what ideological expressions he contributed to as an *eques*, is offered by the poet Ovid"[23]. Yet this is not simply a reminder that Ovid participated in the rituals and ideologies of Augustan society: this society also had spaces of dissent and protest, as Rowe documents in his whole chapter (pp. 67-84).

Be that as it may, it is difficult to set a limit to the ambition and the reach of the Julian family legislation: this is why discussions of the *Ars* in its historical context need to take into account the reactions of the audience. Already around 18 BCE (Liv. *Per.* 59; Suet. *Aug.* 89.2; Wardle 2014, p. 276 and 496), Augustus had made use of a Republican speech, the oration *On increasing offspring* by the censor Q. Caecilius Metellus Macedonicus, 131/130 BCE; if my speculative argument is correct, there is a pointed and irreverent allusion to that text already in Ovid's *Amores* 3, 11, 39, cf. Barchiesi 2001, 156. If we consider the reactions to the laws that surface in the years between 4 and 9 CE, this intertextuality is even more significant. In the meantime, we have even more evidence than we imagined about the reach of the laws and the range of possible reactions.

A text that exists for us in a couple of Greek papyri from the mid second century CE, the mysterious epitome-cum-rulebook studied by Anna Dolganov under the title *Gnomon of the Idios Logos,* is a good test case because, like the

[23] Rowe 2002, 67.

Troesmen epigraphic material, it is unpredictable, a random discovery that escapes the circuit between Ovidian texts and their interpretation. Like our inscription from Moesia, it is a compilation that includes authentic material from the Augustan marriage legislation, yet in a context that we find profoundly heterogeneous with the original context of the *leges Iuliae* in the setting of Rome. Here is a comment by Dolganov (forthcoming):

> Of the 62 extant chapters dedicated to status, marriage and inheritance in the *Gnomon*, at least 26 (and possibly more) derive from known Augustan laws regulating marriage and manumission. The marriage laws were part of a widely publicized Augustan program of social reform at Rome, initiated by Augustus to effect the demographic and moral renewal of Roman society. The inclusion of these laws in a contemporary fiscal manual for a procurator in Roman Egypt is striking, because it suggests that the Augustan social reforms were part of a broader vision or agenda that extended beyond Rome and Italy to the provinces of the Roman Empire.

"Widely publicized" is hardly an exaggeration if we think of the range of reactions on record.

For Ovid's audiences, arbitrating between innocent and dangerous interpretations of the poetic text always was hard work[24] and still is important today. It is telling that Boccaccio, who had no access to the historical audience of the Ovidian corpus, but had a profound familiarity with his texts and his practice of autography, decided to use Ovid for a poetics of friction, not only a poetics of fiction.[25]

***

[24] Cf. Barchiesi-Hardie 2010.

[25] My thanks to Melanie Möller and Stephen Heyworth for their support and encouragement; to Vera Engels and Christian Badura for their editing. – After submitting this paper I have come across the important essay by Markus Asper, *Distinctive Readings: Callimachus and Roman Equites*, in: *Philologia Antiqua* 9 (2016), pp. 21-32, on a different topic, but with a related emphasis on active receptions and reading communities. I dedicate this paper to Mario Citroni, who has done so much to keep this 'socio-poetic' approach alive among Latinists.

References

Auzzas, G. (ed.): *Epistole*, in: G. Boccaccio, *Tutte le opere di Giovanni Boccaccio*, ed. by V. Branca, 10 vols, 1964-98, vol. 1 (1992), pp. 495-856.

Barchiesi, A.: *Allusion and society: Ovid the Censor*, in: *Idem*, *Speaking Volumes*, London 2001, pp. 155-61.

———: *Women on top: Livia and Andromache*, in R. Gibson et al. (eds.), *The Art of Love*, Oxford 2006, pp. 96-120.

Barchiesi, A./Hardie, Ph.: *The Ovidian career model: Ovid, Gallus, Apuleius, Boccaccio*, in: Ph. Hardie/H. Moore (eds.), *Classical Literary Careers*, Cambridge 2010, pp. 59-88.

Bragantini, R.: *Petrarch, Boccaccio and the space of vernacular literature*, in: I. Candido (ed.), *Petrarch and Boccaccio. The Unity of Knowledge in the pre-modern world*, Berlin/New York 2018, pp. 313-39.

Dimmick, J.: *Ovid in the Middle Ages: authority and poetry*, in: Ph. Hardie (ed.), *The Cambridge Companion to Ovid,* Cambridge 2002, pp. 264-87.

Dolganov, A.: *Imperialism and social engineering: Augustan social legislation in the Gnomon of the Idios Logos*, in: K. Harter-Uibopuu/T. Kruse (eds.), *Dienst nach Vorschrift: Vergleichende Studien zum 'Gnomon des Idios Logos'*, Wien (forthcoming).

Eck, W.: *Das Leben römisch gestalten. Ein Stadtgesetz für das Municipium Troesmis aus den Jahren 177-180 n. Chr.*, in: G. De Kleijn/S. Benoist (eds.), *Integration in Rome and the Roman world*, Leiden 2014, pp. 75-88.

———: *Die lex Troesmensium: ein Stadtgesetz für ein municipium ciuium Romanorum*, in: *ZPE* 200 (2016), pp. 565-606.

Enenkel, K.E.: *Die Erfindung des Menschen. Die Autobiographik des frühzeitlichen Humanismus von Petrarch bis Lipsius*, Berlin 2008.

Fabbri, R.: *Tutte le opere di Giovanni Boccaccio*, Milan 1992.

Fowler, D.: *Roman constructions*, Oxford 2000.

Gibson, R.K.: *Ovid,* Ars Amatoria *Book 3*, Cambridge 2003.

Habinek, Th.: *The Politics of Latin Literature. Writing, Identity, and Empire in Ancient Rome*, Princeton 1998.

Hardie, Ph. (ed.): *The Cambridge Companion to Ovid*, Cambridge 2002.

Hejinian, L.: *My Life*, Los Angeles 1987.

Hutchinson, G.: *Some new and old light on the reasons for Ovid's Exile*, in: *ZPE* 203 (2017), pp. 76-84.

Jörs, P.: *Die Ehegesetze des Augustus*, Marburg 1984.

Ingleheart, J.: *A Commentary on Ovid, Tristia II*, Oxford 2010.

Labate, M.: *L'arte di farsi amare*, Pisa 1984.

La Penna, A.: *Ovidio: innovazione dei valori e relativismo delle forme*, Pisa 2018.

La Rocca, E.: *Augusto, Catalogo della mostra*, Milan 2013.

Lowrie, M.: *Writing, performance and authority in Augustan Rome*, Oxford/New York 2009.

Martelli, F.K.A.: *Ovid's revisions. The editor as author*, Cambridge 2013.

Millar, F.: *Ovid and the Domus Augusta. Rome seen from Tomoi*, in: *JRS* 83 (1993), pp. 1-17.

McGinn, Th.: *Prostitution, sexuality and the law in ancient Rome*, Oxford 1998.

Pianezzola, E.: *Conformismo e anticonformismo politico nell'*Ars Amatoria *di Ovidio*, in: *QIFL* 2 (1972), pp. 37-58.

Romano, V. (ed.): *Giovanni Boccaccio, Genealogie deorum gentilium libri*, 2 vol., Bari 1951.

Rowe, G.: *Princes and political culture*, Ann Arbor 2002.

Simpson, J.: *Chaucer as a European author*, in: S. Lehrer (ed.), *The Yale Companion to Chaucer*, New Haven/London 2006, pp. 55-86.

Spagnuolo Vigorita, T.: *Casta Domus. Un seminario sulla legislazione matrimoniale augustea*, Neapel 1997.

Wiedemann, Th.: *The political background to Ovid's Tristia II*, in: *CQ* 25 (1975), pp. 264-71.

Wong, R.P.: *Scatterthought.com* (last change to website: 2014).

Ziogas, I.: *Love Elegy and Legal Language in Ovid*, in: *Idem*/Ph. Mitsis (edd.), *Wordplay and Powerplay in Latin Poetry*, Berlin/Boston 2016, pp. 213-240.

Zuckerberg, D.: *Not all dead white men. Classics and misogyny in the digital age,* Cambridge (MA)/London 2018.

William Fitzgerald (London)

Poets Are Exiles

My title is, I hope, a recognisable version of the cliché that poets are outsiders, not at home in the world, *maudits*, and the like. Baudelaire, remembering the exiled Andromache of *Aeneid* 3 (*Andromaque, je pense à vous*), compares himself to a swan, escaped from its cage and out of place in the big city, a ridiculous figure "comme les exilés, ridicule et sublime" (*Le Cygne*).[1] James Joyce's *alter ego*, Stephen Dedalus, vowed that he would express himself "in some mode of life and art as freely as I can, using for defence the only arms I allow myself to use – silence, exile, and cunning"[2]. Many poets and writers have been exiles in reality, of course, and have written from exile, about exile. For them, as for Ovid, exile was all too real, and far from being a pose or a strategy. But inevitably the association between being a poet and being an exile was available, even when exile was involuntary. In fact the two states could be compared as, for instance, two fates over which one has no control. Ovid tells us, from exile, of how, faced with his father's objections, he tried not to be a poet, and to write prose, but in vain: whatever he tried to say came out as verse (*trist.* 4, 10, 26: *et quod temptabam scribere versus erat*). He was compelled to be a poet, as he would be compelled to become an exile when Jupiter's thunderbolt fell on him. The disaster of Ovid's exile has often been compared to the moment his mistress closed the door on him, at the beginning of *Amores* 2, forcing him to return to writing elegiac couplets:

> *in manibus nimbos et cum Iove fulmen habebam,*
> *quod bene pro caelo mitteret ille suo.*
> *Clausit amica fores! ego cum Iove fulmen omisi;*
> *excidit ingenio Iuppiter ipse meo.* (*am.* 2, 1, 15-18)

Why do writers write? Because they must; because they cannot do otherwise, or so they tell us. Perhaps the only way to explain the motivation of an activity that seems so gratuitous is to claim that the poet must be *driven* to write by love, or hate, or outrage, or exile.

In his exile poetry Ovid is driven by the circumstances to talk about why he writes, for whom he is writing, and what the nature of his relationship with the reader is. But does Ovid actually *think* about poetry in his exile, or does he just opportunistically apply whatever idea or topos suits the theme of the moment?

[1] On *Le Cygne,* see Joséphine Jacquier: *Fragmentierte Antike. Auf den Spuren einer modernen* chrêsis *in Baudelaires* Fleurs du Mal, Heidelberg 2010, pp. 168-190.

[2] James Joyce: *A Portrait of the Artist as a Young Man*, ed. S. Deane, London 1992, pp. 268 sq.

What he says in one place may contradict what he says elsewhere. Effective rhetoric, not literary theory, would seem to be his aim. But might Ovid's contradictions, or the oppositions into which his occasional statements fall, reveal something about the structural relationship between being an exile and being a poet? Might exile, throwing him out of his habitual context, make strange his own practice, and bring some aspects of that practice more forcefully to the fore? Much of what Ovid says because he is an exile is true because he is a poet. In particular, writing in and from exile, Ovid must confront a number of sharp dichotomies in the practice of poetry: between inward-directed and outward-directed motives for writing, between writing poetry and sending it, between the rhetorical or persuasive and the aesthetic or transcendent aspects of poetry, between forgetting suffering and exaggerating it, between the poet's experience and the reader's.

Edward Said, whose writings on exile have received more attention than most, discusses the intellectual significance of exile for modern writers. On James Joyce's self-inflicted exile he comments: "Joyce picked a quarrel with Ireland and kept it alive so as to maintain the strictest opposition to what is familiar"[3]. He cites Theodor Adorno, for whom the exile's intellectual mission is to refuse the state of affairs in which every object is a commodity, and language is jargon: "It is part of morality not to be at home in one's home."[4]

This sounds distinctively modern, and Ovid is far from seeing an intellectual pay-off in his exilic state, still less of claiming exile, or "the strictest opposition to what is familiar", as his moral duty. Such an outsider stance is more characteristic of his love poetry, though even there he was perfectly at home in his home. But some of the other things that Said says about writing and exile might be more familiar to Ovidians.[5] For instance, "There is the sheer fact of isolation and displacement, which produces the kind of narcissistic masochism that resists all efforts at amelioration, acculturation and community."[6] Ovid maintains a situation of complete alienation from his surroundings, and maintains it in a way for which "narcissistic masochism" would not be a bad description: no one has suffered like him, unless it be the great sufferers of myth, and there is no upside whatever to his situation. Said goes on: "Wilfulness, exaggeration, overstatement: these are characteristics of being an exile, methods for compelling the world to accept your vision – which you make more unacceptable because you are in fact unwilling to have it accepted. It is yours, after all."[7] Ovid tells us that his woes are as numerous as the trees in a wood, the sand in the Tiber, the blades of grass in the Campus Martius, the stars in the sky, and the motes in the dust:

3 Edward Said: *Reflections on Exile and other essays*, Cambridge (MA) 2000, p. 182.

4 *Ibid.*, p. 184.

5 See also Melanie Möller's article *Ovid and Odysseus: On the Rhetoric of Exile* in this volume.

6 *Ibid.*, p. 183.

7 *Ibid.*, p. 182.

Tot mala sum passus, quot in aethere sidera lucent
parvaque quot siccus corpora pulvis habet:
multaque credibili tulimus maiora ratamque,
quamvis acciderint, non habitura fidem. (*trist.* 1, 5, 47-50)

Ovid's claim here that he has suffered things so extraordinary that they won't be believed, though they really did happen, reverses the ambition of an epic poet to write things that are fictional, or wonderful, but in such a way as to compel belief. We will not believe Ovid because whatever he writes comes out as 'verse', or rather poetic topoi, *maiora credibili*. But does he *want* to be believed? Said suggests that maybe he does not: "It's his, after all". When Ovid tells us, as he often does, that his exile poetry is a product not of his *ingenium* but of his fate, does he want us to believe him?

Non haec ingenio, non haec componimus arte,
materia est propriis ingeniosa malis. (*trist.* 5, 1, 27 sq.)

On the one hand, Ovid's exile inaugurates a poetry that insists on its own unvarnished authenticity, an insistence that is echoed by the 'confessional' poetry with which we moderns are so familiar. Repeated previous claims that his exile poetry is artless or unrevised and lacks polish, reach their apogee in Ovid's rejoinder to his friend's imagined protest that he could have borne his woes better had he remained silent: like Phalaris in the brazen bull, he should be allowed to scream (*trist.* 5, 1, 49-62). On the other hand, Ovid insists that the Muse is his constant and faithful companion in his exile. He is proud of the fact that the *lector* has bestowed fame on his poetry while he was still alive, and that the Muse will see to it that Ovid the exile will eventually find a place that is his, in Helicon (*trist.* 4, 10, 115-122, on which, see below).

The claim that his sufferings will not be believed is an aspect of Ovid's more general insistence on the asymmetry between poet and reader. There will always be a surplus of sheer experience on his side. The reader will not believe what he says, for only *he*, Ovid, knows its truth. Choose the smallest of my sufferings and it will be bigger than you think, he says: as many reeds as cover a wet ditch, as many bees as flowery Hybla guards, as many ants as carry grains in underground stores [...] so many are my sufferings. Believe me, my *querela* is smaller than the truth (*trist.* 5, 6, 35-42). If his own copy of the book he is writing is blotted by tears, as he claims (*trist.* 3, 1, 15 sq.), we are reminded that ours is not. So, perhaps it is essential to poetry that, however much it may seek to convey the poet's experience to the reader it will also convey the unbridgeable divide between what the poet has experienced and what the reader has understood. The experience, after all, is the poet's. That gap is part of what the reader is to take from this poetry, and intrinsic to its nature. However, the asymmetry between writer and reader might work to the reader's advantage as well as the poet's. In Tomis Ovid lacks ears to listen to his poetry, or a ready performance context and an immediate audience;

this means that being a poet is divided more starkly into two aspects, writing and sending (*cur scribam* [...] *cur mittam*, *trist.* 5, 1, 79). In a number of passages Ovid asks his correspondent to receive what he sends him, although he doesn't have it himself:

> *accipe supremo dictum mihi forsitan ore,*
> *quod tibi qui mittit non habet ipse, vale!* (*trist.* 3, 3, 87 sq.)[8]

We could take this narrowly to mean that reader has the *salus* or *valetudo* that the poet is sending with his greetings but does not himself have. A further point would be that if these words are spoken with Ovid's last breath (albeit *forsitan*!), then the reader reads the words that the poet no longer has the breath to utter. More radically, we could ask if Ovid does not *have* what he has sent because he has *sent* it. Is there something in his poetry that, once it has been sent, only its audience can have, something from which the poet himself is excluded? What the reader has is a poem, which it can never quite be in the same way for its author. So, the obverse of the fact that the reader can never really know what the poet has suffered is that the poet can never really have what he sends, because once it has been sent, it has become a poem.

When Ovid, at the end of *trist.* 5, 1, distinguishes reasons for writing from reasons for sending he tells us:

> *cur scribam, docui. cur mittam, quaeritis isto?*
> *vobiscum cupio quolibet esse modo.* (*trist.* 5, 1, 79 sq.)

Philip Hardie has pointed out that expressions like *quolibet modo* are common in the exile poetry, expressing the constriction of his circumstances.[9] The word (*quolibet*) *modo* echoes the words Ovid put in the mouth of his addressee earlier:

> *'quis tibi, Naso, modus lacrimosi carminis?' inquis*
> *idem fortunae qui modus huius erit* (*trist.* 5, 1, 35 sq.)

In the earlier case, *modus* means both 'limit' and 'metre', and the question answers itself: the *modus* of a *lacrimosum carmen* is the *tearful modus*, elegiacs, the *modus* of his fate. But this tautology, immanent to the poetic medium, is matched by an external pressure expressed by the same words: the *lacrimosum carmen* will find *modus* when it has had the effect of persuading someone to end his exile. When the word *modus* returns in the final couplet it expresses both the poet's attempt to have real world effects, however faint (namely, to be with his addressee *quolibet modo*) and a reminder that, in the end, this is only poetry (*modus*). Poetry is not so much communication as pure communicativity.

8 Cf. *Pont.* 1, 3, 1 sq.; *trist.* 5, 13, 1 sq.; *Pont.* 1, 10, 1 sq.
9 Philip Hardie: *Ovid's Poetics of Illusion*, Cambridge 2002, pp. 283 sq.

Let me return to the first part of the double question *cur scribam* [...] *cur mitto?* Why does Ovid write? He has been exiled because of his poetry, so why is he still writing it? This question is raised again and again. He would prefer not to put his hand to the very activity that put him in this situation, but what can he do? He can't stop, a victim of his own *ingenium*. (*trist.* 3, 3, 74; cf. *trist.* 2, 1 sq.).

> *Non equidem vellem, quoniam nocitura fuerunt,*
> *Pieridum sacris inposuisse manum.*
> *sed nunc quid faciam? vis me tenet ipsa sacrorum,*
> *et carmen demens carmine laesus amo.* (*trist.* 4, 1, 27-30)[10]

Like Baudelaire's self-tormentor, he is the knife and the wound ("je suis la plaie et le couteau", *L'Héautontimorouménos* 21). Or perhaps he is an addict, like Odysseus' companions enjoying the lotus for the very taste that harms them (*trist.* 4, 1, 31 sq.).[11] Or like a lover who knows that there is a problem but persists and pursues the *materia* of his own *culpa* (33 sq.). This, of course, is not just an analogy, for it is precisely the poetry he wrote as a lover, knowing that it was subversive, that got Ovid into this trouble. So, is writing poetry simply a masochistic compulsion?

As we have seen, Ovid distinguishes between the inward-directed and the outward-directed role of poetry, between, as he puts it, why he writes and why he sends. The answer to the first question is more often than not that poetry is the only activity that supports him in his misery. Excusing the fact that there may be flaws in his poetry Ovid says:

> *exul eram, requiesque mihi, non fama petita est,*
> *mens intenta suis ne foret usque malis.* (*trist.* 4, 1, 3 sq.)

There follows a fourteen-line list of people, generic and mythological, whose sufferings were or are alleviated by *numerus* (6, 10), from the slave ditch-digger who sings to mitigate his work to Orpheus, grieving for his lost wife. So it is for Ovid. But how could it be that, though he can only sing songs forced out by his sufferings, writing makes him *inmemor* (40) of his present situation, which is his only subject?

> *semper in obtutu mentem vetat esse malorum,*
> *praesentis casus inmemoremque facit.* (*trist.* 4, 1, 39 sq.)

Again, how does writing about your suffering keep it from being *semper in obtutu*? Ovid suggests that, just as the Bacchant does not feel her self-inflicted wounds,

[10] Cf. *Pont.* 1, 5, 25-56.

[11] See also Maximilian Haas' article *Exzessives Schreiben. Von Ransmayr zu Ovid (trist. 4,1 und Pont. 1,2)* in this volume.

sic ubi mota calent viridi mea pectora thyrso,
altior humano spiritus ille malo est. (*trist.* 4, 1, 43 sq.)

So, we have two reasons why writing poetry makes him forget the very thing he is writing about: the metre, rhythm of the 'song' (*numerus*, 6, 10); and the heightened state brought about by writing. In the end, though, Ovid finds that while he is writing his wounds are only renewed:

corque vetusta meum, tamquam nova, vulnera novit,
inque sinum maestae labitur imber aquae. (*trist.* 4, 1, 97 sq.)

Let us have a closer look at the *numerus* which Ovid identifies at the beginning of the poem as an anaesthetic of suffering. On the one hand the *numerus* of verse helps to mitigate *labor* (*trist.* 4, 1, 5-18); on the other hand, Ovid's particular *numerus*, the elegiac couplet, is ideal for e*numer*ating his troubles (55-59) and these come back to him as though new (95-100). *Numerus* is like the water in Pontus, seawater of which it is hard to say whether it quenches or increases thirst (*qui potus dubium sistat alatne sitim*, *Pont.* 3, 1, 17 sq.). We might then posit two contradictory functions of poetry: the rhetorical, expressive function, which dwells on, magnifies and makes vivid his sufferings, and the wordiness, the rhythmical, musical aspect, the craft, through which he is lulled into forgetfulness of those same sufferings:

detineo studiis animum falloque dolores,
experior curis et dare verba meis. (*trist.* 5, 7, 38 sq.)

The mere fact of 'giving words' to his suffering, not in the sense of expressing it but as, so to speak, pouring words into its gaping hole, serves to deceive it (*dare verba* in its metaphorical sense).

Another connection between poetry and exile derives from the play Ovid makes with the equivalence between exile and death. This sometime appears in the form "Since I am already dead, I can't become any deader" (*Pont.* 4, 16, 51-20; *trist.* 3, 3, 49-54). But death has particular significance for poets, who are concerned with *fama* and with posterity, which usually come into play after the poet's death. One is reminded of the famous remark, attributed variously to Peter Bogdanovich on Elvis Presley and to Gore Vidal on Truman Capote: "his death was a good career move". But Ovid boasts that he does not need this move, for he is dead while alive, not only with respect to his exile but also with respect to his poetry:

tu mihi quod rarum est, vivo sublime dedisti
nomen ab exequiis quod dare fama solet. (*trist.* 4, 10, 121 sq.)

Perhaps exile and poetry come together at *Pont.* 3, 4, 73-76, where writings find favour after death, because envy attacks the living. If it is a kind of death to live badly, Ovid continues (75 sq.), then his death lacks only a tomb and he is able to live his own posterity. A similar connection is made between the circumstances of exile and those of being a poet, when Ovid declares that he has become his name, not only because poetic *fama* has given him this name, but because it is the only part of him that has not been exiled:

Nasonisque tui, quod adhuc non exulat unum
nomen ama, Scythicus cetera Pontus habet. (*trist.* 3, 4, 45 sq.)

A propos of Ovid's frequent naming of himself, Garth Tissol comments: "The author's name gains in significance by its separation from the physical self; Ovid is eager to become his name, which, like his writings, can leave 'the rest' behind and take his place in Rome, loved by his friends."[12] Duncan Kennedy puts the author's absence in a different light: "Writers are in some sense always absent, but seem to be most at 'home' in their bookcases and are readily 'represented' by their books – Ovid provides an originary instance, and the blots we are asked to imagine on the pages of the copy of the *Tristia* we read evoke the presence and emotional turmoil of the author"[13]. Ovid is torn between two contradictory urges: the urge to become a book or a name, something that can be an object of *fama*, and the urge to be present, in all the immediacy of his suffering, through his poetry.

There is a certain reciprocity between the absent Ovid whose name, detached from his body, carries the *fama* of his poetry in Rome, and the *fama* of Rome that reaches his ears in Tomis and inspires Ovid's poetry. *Fama*, as Philip Hardie has shown, is a producer of absent presences.[14] In *Pont.* 3, 4 (cf. *trist.* 4, 2) he refers to his description of a triumph that he has not actually seen; *fama* became his eyes (*oculi fama fuere mei*, *Pont.* 3, 4, 20 – with the possibility of the reverse if he is returned to Rome).[15] He is like the epic poet who has not seen the deeds of which he sings, but only heard their *kleos* (*Iliad* 2, 486). But Ovid does not quite take this tack. Just as Ovid is dead while alive both because of his exile and because of his poetic fame, so the *fama* that comes from Rome about the triumph is both the epic 'renown' that has reached remote Tomis and the attenuated 'rumour' that is a second best to actually being there.[16]

[12] Garth Tissol: *Ovid, Epistulae ex Ponto Book 1*, Cambridge 2014, p. 20.

[13] Duncan Kennedy: *In the Step(pe)s of Genius: Pushkin's Ovidian Exile*, in J. Ingleheart (ed.), *Two Thousand Years of Solitude: Exile after Ovid*, Oxford 2011, pp. 189-206, here pp. 200-201.

[14] Philip Hardie: *Rumour and Renown: Representations of Fama in Western Literature*, Cambridge 2012, p. 10.

[15] Mario Labate speculates, with Ovid's authority, on the poetry that Ovid would have written had he been returned to Rome, a poetry of presence much like Martial's panegyrical poetry. Mario Labate: *Elegia triste ed elegia liete: Un caso di riconversione letteraria*, in: *MD* 19 (1987), pp. 103-112.

[16] Hardie's distinction, Hardie 2012, p. 3.

Perhaps the most intractable aspect of ancient poetics for the modern reader is the role of the Muse. The uses to which Ovid puts the figure of the Muse are so many and so varied that we are hard put to see her as anything other than a useful bundling device. The Muse can represent his work, his poetic genre or type (*mea Musa*), but she is also often an agent. And as an agent she has many capacities. As the Muse who knows everything, for instance, she knows the truth about Ovid's *culpa*, namely that it was not a *scelus* (*trist.* 4, 1, 23 sq.). She is most prominent in the last poem of *Tristia* 4 (4, 10), which begins with an autobiographical sketch, and describes how the Muse drew the young Ovid to poetry (*inque suum furtim Musa trahebat opus*, *trist.* 4, 10, 20). In the final passage Ovid thanks the Muse: although there is no one to hear him here in exile, he owes it to her that he writes, and this keeps him alive and sane. From providing *solacia* and affording *requies* and *medicina* to Ovid (117 sq.), the Muse becomes his *dux et comes* (119). She will rescue him from the Ister and give him a place on Helicon. In fact, the Muse has so many different functions and fulfils so many different roles that we may suspect that Ovid and his Muse are a self-sufficient couple. Perhaps his personal Muse serves as a substitute for the real persons on whom his return depends. Unlike Augustus, the Muse *will* save him from the Ister and give him a place of his own (99-120). Something about the phrasing of this passage is not quite right. The Muse will give him a place *medio Helicone* (120): plumb in the middle of Helicon. But the word *medio* is discordant, drawing our attention to the fact that 'Helicon' in this usage does not refer to a place, unlike the *medius* in Ovid's complaint that he lives *mediis Getis* (*Pont.* 2, 20). You cannot be 'right in Helicon' because geography is not at issue. And perhaps it is this disjunction between geographically located mountain and poetic symbol which reminds Ovid that a very real place, namely Rome, decides who goes to Helicon. So it is that the end of this poem turns surprisingly and without warning from gratitude to the Muse to gratitude to the *candidus lector* who has guaranteed Ovid's *fama*. This acknowledgement that in the end it is the anonymous Roman *lector* on whom Ovid's Heliconian status depends gives another twist to one of the forms in which Ovid expresses his conviction that his work will last into posterity. In the exile poetry it appears most notably in the lines:

> *quilibet hanc saevo vitam mihi finiat ense.*
> *me tamen extincto fama superstes erit.*
> *dumque suis victrix septem de montibus orbem*
> *prospiciet domitum Martia Roma legar.* (*trist.* 3, 7, 49-52)

In the context of exile this is as much a statement of dependence as a claim to longevity ("*only* as long as there is a Roman empire will I be read").[17] As exile, Ovid is forced to think about the context in which his poetry can have meaning,

[17] On this passage, see Melanie Möller: Vivere me dices, sed sic, ut vivere nolim: *Zur Poetik der Existenz in Ovid, trist. 3,7*, in: *Wiener Studien* 126 (2013), pp.141-143.

because that context is not here, in Tomis. These are lines that might provoke some reflection by us, gathered here in twenty-first century Germany to deliver the fruits of our reading of Ovid. Do we marvel at the fact that Ovid's poetry has lasted a lot longer than even he anticipated, for the Roman Empire is long dead, or do we ask ourselves what metamorphosed or symbolic form of the Roman empire guarantees that we are still reading Ovid in his native Latin? Are we *media Roma* in the same sense that Ovid expected the Muse to land him *medio Helicone*?

***

Bibliography

Hardie, Ph.: *Ovid's Poetics of Illusion*, Cambridge 2002.

——: *Rumour and Renown: Representations of Fama in Western Literature*, Cambridge 2012.

Jacquier, J.: *Fragmentierte Antike. Auf den Spuren einer modernen* chrêsis *in Baudelaires* Fleurs du Mal, Heidelberg 2010.

Joyce, J.: *A Portrait of the Artist as a Young Man*, ed. S. Deane, London 1992.

Kennedy, D.: *In the Step(pe)s of Genius: Pushkin's Ovidian Exile*, in: J. Ingleheart (ed.), *Two Thousand Years of Solitude: Exile after Ovid*, Oxford 2011, pp. 189-206.

Labate, M.: *Elegia triste ed elegia liete: Un caso di riconversione letteraria*, in: *MD* 19 (1987), pp. 103-112.

Möller, M: Vivere me dices, sed sic, ut vivere nolim: *Zur Poetik der Existenz in Ovid, trist. 3,7*, in: *Wiener Studien* 126 (2013), pp. 127-144.

Said, E.: *Reflections on Exile and other essays*, Cambridge (MA) 2000.

Tissol, G.: *Ovid, Epistulae ex Ponto Book 1*, Cambridge 2014.

Maximilian Haas (Heidelberg)

Exzessives Schreiben. Von Ransmayr zu Ovid (*trist.* 4, 1 und *Pont.* 1, 2)

1 Ökonomie des Furors (*trist.* 4, 1)

Die Frage nach dem Exzess des Schreibens setzt die nach dem Maß des Schreibens voraus. Gibt es das überhaupt, ein Schreiben im (rechten) Maß, das in Gegensatz zu einem verschwenderischen, ausschweifenden, unkontrollierten, überschüssigen, ja rasenden Schreiben gebracht werden könnte? Und wenn dem so ist, *woran* könnte das moderate Schreiben sein Maß nehmen? Um eine Auffassung vom Exzessiven aus der poetischen Vorstellungswelt Ovids selbst entwickeln zu können, soll zunächst so etwas wie ein Aufriss der inneren Maß- und Messlehre der ovidischen Exildichtung versucht werden.

Die klassische Antwort auf die Frage, wonach sich das Maß des Schreibens richten könne, lautet: nach dem Gegenstand. Im Fall der Exildichtung Ovids also nach dem Ausmaß des in der Verbannung erfahrenden Leids. An vielen Stellen seines Spätwerks scheint Ovid tatsächlich die Frage nach dem Maß seines poetischen Schreibens (etwa in *trist.* 5, 1: *quis tibi, Naso, modus lacrimosi carminis?*, 35) in der Frage nach der Angemessenheit aufgehen und die Ausmaße seines traurigen Dichtens von den Ausmaßen des Gegenstands abhängen zu lassen (*idem, fortunae qui modus huius erit*, 36). Aus dem Eingangsgedicht des vierten *Tristien*-Buchs lässt sich allerdings eine komplexere Antwort auf unsere Frage ableiten. Indem Ovid hier eine Poetologie entwirft, die den Ursprung der Dichtung in der Beschwernis der menschlichen Welt erkennt, entwickelt er, fast beiläufig, auch eine regelrechte Theorie des poetischen Maßes. Zunächst wird die Dichtung in ihrer lindernden Wirkung vorgestellt (3-20).[1] Ihre Funktion ist es, Entspannung (*requies*, 3) in einem Zustand der Anspannung (*mens intenta*, 4) zu verschaffen.[2]

[1] Zur Struktur dieses Gedichts vgl. Williams 1994, der einen Kontrast zwischen dem bukolischen Kolorit der Anfangspartie (5-20) und den epischen Konnotationen der Verse 53-106 feststellt (pp. 61-70).

[2] Der Gedanke, den Prozess der sprachlichen Verfertigung in den dynamischen Zusammenhang von geistiger und körperlicher An- und Entspannung zu rücken, ist rhetorischer Provenienz (vgl. Möller 2013, bes. pp. 101-104). Wenn Melanie Möller die philologische Disposition im Gegensatz zur rhetorischen gerade wegen ihrer Unabhängigkeit von Zeitspannungen als Entspannung charakterisieren kann (vgl. Möller 2009, pp. 155-159), dann scheint die ovidische Dichtung, schon weil sie ihre metrische Verfassung aus der gemessenen Zeit der Arbeitswelt ableitet, als Mittel der Entspannung zum Scheitern verurteilt.

Als Mittel der Entspannung (Nietzsches Wort wäre „Tonicum“) muss die Dichtung also ihr Maß nach dem Maß der Anspannung richten. So bestimmt das *pensum* der spinnenden Magd die Länge ihres Arbeitslieds (vgl. 13 sq.). Doch nicht so sehr das Ausmaß der Mühe ist hier maßgeblich für die Konstitution der Dichtung als vielmehr ihre innere Organisation: Aus dem Takt der Ruderschläge (*quique refert pariter lentos ad pectora remos*) ergibt sich der *beat* des Lieds (*in numerum pulsa brachia pulsat aqua*, 9 sq.), der Rhythmus des Spinnerinnengesangs leitet sich aus dem Gleichmaß ihrer Bewegungen ab (*cantantis pariter, pariter data pensa trahentis*, 13), und mag das Singen des Gräbers auch außer Takt sein (*indocili numero*), scheint in der Vinkulation seines Fußes schon die strenge Handhabung der Metrik auf (*vinctus* […] *compede*, 5).[3] In ihrer ‚aufhebenden‘ Funktion (*levat*, 19) erscheint die Dichtung als das exakte Negativ der im poetischen Bild eingefangenen Arbeitswelt. Hier nimmt das *otium* genauestens Maß am *neg-otium*.

Es ist nur konsequent, wenn Ovid aus diesem Entwurf einer an den geregelten Abläufen der produktiven Welt bemessenen Dichtung das Gegenkonzept einer *exzessiven* Dichtung entwickelt. Sein Ausgangspunkt ist dabei seine spezifische Aporie, dass das Mittel, das Linderung und Erholung verspricht, zugleich auch der Grund des eigenen Übels ist (29-40). Obwohl er ahnt, dass er daran Schaden nimmt (*sentit* […] *sua damna fere*, 33), kommt der Dichter vom „Stoff“, den er braucht, nicht los (*materia*, 34). Zu süß ist das Gift der Lotosfrucht (31), das bekanntlich das Heimweh stillt, als dass er es entbehren könnte. Der Vergleich mit der Lotosfrucht zeigt bereits an, dass die betäubende Wirkung des ovidischen Dichtens weit über den lindernden Effekt des produktiven Gesangs hinausgeht – und ins Destruktive umschlägt (*nocuit*, 32).[4] Während die produktive Dichtung lediglich „mildert“ (*mollit*, 6), „besänftigt“ (*mulcet*, 12) und „lindert“ (*attenuasse*, 16),[5] macht die Kunst Ovids das Übel „vergessen“ (*inmemorem facit*, 40). Der negierende Effekt, welcher der Kunst in ihrer Scheinhaftigkeit grundsätzlich eignet (vgl. *fallitur* […] *decipiturque*, 14), wird im Fall der ovidischen Dichtung verabsolutiert (*vetat*, 39). Diese Dichtung ist nicht das genaue „tonische“ Äquivalent der menschlichen Anstrengung unter umgekehrten Vorzeichen, kein einfaches *remedium*, sondern Rauschmittel, das zur Besinnungslosigkeit führt (*stupet*, 42). Die betäubende Kraft ihrer Inspiration übersteigt das Maß

[3] Vgl. Tib. 2, 6, 25-26 für das Bild des angeketteten Arbeiters. Zum „romantischen“ Motiv der Ableitung urbaner Poesie aus volkstümlichen Gesängen und der häufigen Inszenierung eines solchen Ursprungs in der augusteischen Dichtung, vgl. Schwindt 2016b.

[4] Vgl. Oliensis’ feinsinnige Lektüre von 4, 1 im Kontext der anderen Gedichte desselben Buchs. In ihrer Deutung schwankt das im Gedicht entfaltete Imaginarium zwischen dem Ausdruck melancholischer Ohnmacht und unterschwelliger Aggression („crosscurrents of rage“), Oliensis 2004, pp. 299 sq.

[5] Zu den poetologischen Implikationen dieser Verben sowie von *levat* in 19 vgl. Williams 1994, pp. 61-65.

menschlichen Übels: *altior humano spiritus ille malo est* (44). In einem Gedicht, das so ausführlich vom Ausgleich und der Isometrie zwischen Dichtung und menschlicher Beschwernis handelt, muss der Komparativ *altior* mit besonderer Emphase gelesen werden. Diese Steigerungsform ist der logische Abschluss einer nahezu analytischen Herleitung des poetischen Exzesses aus der Übersteigung eines menschlichen Maßes.

Dass es Ovid hier um den Entwurf einer Ökonomie des poetischen Schreibens geht, wird nicht nur durch die Herleitung der Dichtung aus der Arbeitswelt nahegelegt. Auch der Schluss des Gedichts weist darauf hin, wenn das elegische Dichter-Ich nach der *utilitas* seines Schreibens fragt: *saepe tamen dixi: 'cui nunc haec cura laborat?* (93).[6] Ebenso oft (erneute Einleitung mit *saepe*) aber wirft der Dichter seine Schriften mit „besinnungsloser Hand" (*manus demens*) ins Feuer, und nur ein kleiner Rest ist zum Versand nach Rom übriggeblieben (101-103).[7] Die Ökonomie des Exzesses zu verstehen, bedeutet nicht allein die Logik der Verausgabung zu beherrschen, sondern zuvor schon die Regeln der Herstellung formalisiert zu haben; es bedeutet, die Anti-Ökonomie aus der Ökonomie ableiten zu können und zwischen den Verfahren des Aufbaus und denen, die regelmäßig den Zusammenbruch produzieren, hin und her zu pendeln. Vielleicht verstehen wir jetzt etwas besser die paradoxe Formel, die Ovid für seinen Schreibeifer gefunden hat:

> *forsitan hoc studium possit furor esse videri,*
> *sed quiddam furor hic utilitatis habet.* (*trist.* 4, 1, 37 sq.)

2 Vom Problem, zu Ende zu schreiben (Ransmayr, *Die Letzte Welt*)

In Christoph Ransmayrs Roman *Die Letzte Welt* findet die Frage nach dem Maß des Schreibens ihre Thematisierung in der verwandten Frage, wie eine Geschichte zu ihrem Ende komme. Wie endet die *Letzte Welt* denn selbst? – Durch die Restauration einer verlorengegangenen Immanenz. Am Ende von Ransmayrs Verbannungsroman steht die metaphysische Heimkunft.[8] Wohl auch dass dieser

[6] Zum zentralen Motiv der *utilitas* in der ovidischen Exildichtung vgl. Stroh 1971, pp. 250-252, und dens., 1981, pp. 2644-2646. Für Nagle 1980 bezeichnet der Begriff den Selbstzweck der ovidischen Exildichtung (p. 71). Williams 1994 beschreibt, wie Ovid das Horazische *utilitas*-Konzept umgestaltet (pp. 89 sq.).

[7] In der Verknappung der poetischen Produktion scheint in verfremdeter Gestalt ein Ideal alexandrinischer und neoterischer Ästhetik auf. Zur Modifizierung der seit Kallimachos' apologetischer Vorrede traditionellen Bescheidenheitstopik vgl. Williams 1994, pp. 50-99; Claassen 1999, pp. 214-219.

[8] Hardie 2002 sieht in der Inszenierung eines organischen Abschlusses eine allgemeine Tendenz der zeitgenössischen Rezeption der ovidischen Exildichtung: „Ovid's exile

postmoderne Roman in seiner krypto-epischen Anlage die Ringform des *nostos* besitzt, lässt ihn, besonders im Vergleich zu Ovids Exildichtung, so seltsam unmodern erscheinen:

> Aus Rom verbannt, aus dem Reich der Notwendigkeit und der Vernunft, hatte der Dichter die *Metamorphoses* am Schwarzen Meer zu Ende erzählt, hatte eine kahle Steilküste, an der er Heimweh litt und fror, zu *seiner* Küste gemacht und zu *seinen* Gestalten jene Barbaren, die ihn bedrängten und in die Verlassenheit von Trachila vertrieben. Und Naso hatte schließlich seine Welt von den Menschen und ihren Ordnungen befreit, indem er *jede* Geschichte bis an ihr Ende erzählte. (p. 254)

Aufsehenerregend an dieser Passage ist die Benennung des Verfahrens, durch das die Fremde bewältigt wird. Das Mittel der Aneignung ist nicht etwa die List der Vernunft, sondern das unwahrscheinliche Stratagem phantastischer Erzählung. Das Erzählen erscheint als Exorzismus der Fremdheit. Naso assimiliert die fremde Umgebung bis zu dem Grad, dass er am Ende sogar in ihr vollkommen aufgehen kann („[d]ann war er [*sc*. Naso] wohl auch selbst eingetreten in das menschenleere Bild, […].“, *ibid.*). Ist die Assimilation des Fremden abgeschlossen, wird das Weitererzählen unmöglich. Der „Eintritt in das menschenleere Bild“ seines eigenen narrativen Schauplatzes bedeutet zwangsläufig auch Nasos Verstummen (sei es in der Gestalt eines kullernden Kiesels, eines Kormorans oder als Purpurmoos auf einem Mauerrest).[9] Auch die Figuren der Erzählung werden durch den Prozess des Erzählens selbst abgeschafft: Indem der Dichter „jene Barbaren“ Tomis „zu *seinen* Gestalten“ macht, befreit er „seine Welt“ von ihnen. Am Ende ist diese Welt „menschenleer“. Das wesenhaft Fremde (der Barbar) kann nicht assimiliert werden, ohne dabei seine Auflösung zu erleiden.

Durch die asyndetische Reihung zweier Prädikate („hatte […] zu Ende erzählt, hatte […] zu *seinen* […] gemacht“) wird nicht nur zwischen Fremdheit und Erzählung ein Zusammenhang hergestellt, sondern auch zwischen Aneignung und Ende. Wird die Aneignung nicht als eine gesonderte Phase der literarischen Arbeit verstanden, sondern mit den Verfahren der künstlerischen Formgebung selbst gleichgesetzt, so kommt eine Erzählung genau dann zu ihrem Ende, wenn der Prozess der stofflichen Appropriation abgeschlossen ist. Als Prozess der künstlerischen Formung gedacht impliziert Aneignung auch ein Moment der Transformation. Der Dichter macht sich einen literarischen Gegenstand durch die Formung zu eigen. Wenn Ransmayr schreibt, Naso habe „zu *seinen* Gestalten jene Barbaren“ gemacht, dann meint das Wort „Gestalt“ nicht nur einen literarischen Agenten, sondern streicht auch das Thema der äußeren Form und ihrer

exerts a powerful pull on modern writers in whom a sense of cultural or political alienation provokes a desire to come home, to establish contact with a fixed and lasting presence“ (p. 326).

9 Zum Motiv der Verwandlung in einen Gegenstand des Naturschauplatzes bei Ransmayr vgl. Honold 2009.

Wandelbarkeit heraus (*mutatas dicere formas*). Die metamorphotischen Episoden in der *Letzten Welt* sind nicht bloß Verwandlungsgeschichten, sie sind Geschichten, die von narrativer Anverwandlung erzählen.

Unterbrechen wir kurz unseren Gedankengang, um eine methodologische Frage zu klären: Welchen Erkenntnisgewinn verspricht die Lektüre von Ransmayrs Roman für unsere Deutung der ovidischen Exildichtung? Wie lässt sich die Ausweichbewegung auf einen anderen, noch dazu späteren Text rechtfertigen? Die Idee, Ovids Sammlung der Exilgedichte im Licht einer metamorphotischen Poetik zu lesen, ist durchaus keine genuin Ransmayrsche Intuition.[10] Ovid selbst kleidet das Thema der Verbannung immer wieder in Vokabeln und Bilder, die wir aus den *Metamorphosen* gut kennen. Die Engführung von Verwandlungs- und Verbannungsthematik rührt von ihrer strukturellen Ähnlichkeit her: In vielen ovidischen Darstellungen ruft die Verwandlung ebenso wie die Verbannung eine derartige Verlust- und Fremdheitserfahrung hervor, dass sie die Fundamente der Selbstkonzeption erschüttert. Zum Anstoß einer Relektüre des ovidischen Spätwerks kann Ransmayrs Roman deshalb werden, weil er diesen häufig beschriebenen Zusammenhang zwischen dem Selbstverlust in der Metamorphose und der Fremdheitserfahrung im Exil durch den oben dargestellten Aspekt der Aneignung durch Verwandlung erweitert. Die Metamorphose figuriert in Ovids Exildichtung nicht nur als Prozess der psychologischen (Selbst-)Entfremdung, sondern auch als Dynamik der literarischen, wenn nicht gar lebensweltlichen, Appropriation.[11] In der metamorphotischen Perspektive der *Letzten Welt* auf das Exil Ovids gehen Entfremdungserfahrung und (Wieder-)Aneignung als gegenstrebige Momente desselben Vorgangs literarischer Umformung deutlicher hervor, als dies in der Forschungsliteratur zu Ovids Exildichtung geschehen ist. Dank dieser analytischen Leistung kann die Lektüre von Ransmayrs Roman zum Verständnis des Verhältnisses zwischen dem *magnum opus* des Dichters und seinem Exilwerk beitragen.

Für unsere Fragestellung ist wichtig, dass die Denkfigur der Metamorphose das Problem des Maßes und des Exzesses in der Form des Endes und seiner Überschreitung thematisiert. In seinem Aufsatz *Vom Aufhören* unterzieht Reinhart Herzog die paradoxe Zeit-Struktur der Metamorphose einer eindringlichen phänomenologischen Untersuchung. Indem der Dichter „mit dem Verwandlungsvorgang in der Dauer des menschlichen Endes die Unwandelbarkeit des

[10] Wegweisend Hinds 1985, bes. pp. 20-27.

[11] Hinds 1985 fasst die in der Exildichtung stattfindende Umschrift („rewrite") der *Metamorphosen* selbst als eine Metamorphose auf (p. 25). Vgl. auch Labate 1987, der die Exilwerke als eine „literarische Umfunktionierung" („riconversione letteraria") der frühen Liebeselegie des Dichters liest: „È una specie di scommessa quella che Ovidio accetta: mostrarsi al tempo stesso diverso ed eguale, mostrarsi cambiato sullo stesso terreno che aveva causato la condanna" (p. 94).

Naturwesens [...] erscheinen lässt"[12] führe die Poetik der *Metamorphosen* ins Zentrum einer ästhetischen Kernfrage, „insofern Ästhetik, insbesondere Dichtung, sich stets damit befaßt, ein Telos zu setzen, es fungibel zu setzen oder zu durchstreichen."[13] Ovids Leistung sei es, das eschatologische Denkbild der Dauer im Ende in eine ästhetische Darstellungsform überführt zu haben: „Das Ende wird als Bruchstelle zwischen ästhetischer und lebensweltlicher Erfahrung selbst dargestellt. Auf die Darstellung dieser Bruchstelle selbst aber erhebt das Kunstwerk noch Anspruch."[14] Dieser Übergang von der Kunst zur Lebenswelt, den die Kunst noch einfängt, ist genau der Übergang, den Ovid am Anfang der *Tristien* inszeniert. Wenn Ovid etwa im Eingangsgedicht der Sammlung schreibt, dass das „Antlitz" seines Schicksals nun in den Kreis der Metamorphosen aufgenommen werden könne (*inter mutata referri / fortunae vultum corpora posse meae*, 119 sq.), dann liegt der Witz dieser Aussage in der Abbildung der beschriebenen *mise-en-abyme*-Struktur. Was in den *Tristien* eine gelegentliche Pointe ist, wird in der *Letzten Welt* zum intellektuellen Punkt des gesamten Romans. Bemerkenswert ist, dass Ransmayr auch das Struktur-Paradox der Metamorphose, die das Ende überschreibt, wiederum auf die Ebene der literarischen Produktion reflektiert. Paradigmatisch für die Unfähigkeit des metamorphotischen Erzählers, das Ende in seiner Endgültigkeit stehen zu lassen, mag Nasos Bericht vom Überleben Deucalions und Pyrrhas nach der Sintflut stehen:[15]

> Vielleicht also sei es nur geschehen, weil sie [*sc.* Echo], die einzige Zeugin seiner Vision, es so oder ähnlich hören wollte, vielleicht aber auch, weil es tatsächlich ein Bild aus der Zukunft war, daß der Verbannte nach der Vollendung des Weltuntergangs ein Floß durch die zurückweichende Flut treiben ließ. [...] Eng umschlungen lagen zwei Schiffbrüchige auf den Planken, ein Mann und eine Frau, die den Untergang *und* das Wiederauftauchen der Welt aus dem Morast erleben mußten. (p. 146)

Nicht zufällig fungiert Echo als „einzige Zeugin" der diluvialen Katastrophe, verkörpert sie doch ein Prinzip, durch das die Stille des Abschlusses unter Inkaufnahme der Wiederholung hinausgezögert wird. Während Nasos Erzählung hatte sie Anstoß genommen vor allem an der „Stille dort unten!", an der „unvorstellbaren Lautlosigkeit" unter den Wassermassen (p. 145). Es ist das Verstummen der erzählenden Stimme, das sie nicht erträgt. Die emphatische Koordination von „Untergang *und* Wiederauftauchen" problematisiert die Fortsetzung der Narration über das Ende hinaus.

[12] Herzog 1996, p. 213.
[13] *Ibid.*, p. 310.
[14] *Ibid.*, p. 313.
[15] In der germanistischen Forschung hat die Endzeitmotivik bei Ransmayr reichlich Beachtung gefunden. Vgl. Knoll 1997; Mosebach 2003; Pethes 2009.

Die Unfähigkeit der Verwandlungserzählung, die Lautlosigkeit des Endes auszuhalten, zeigt sich auch in einer anderen Geschichte Nasos:

> Als auf Aegina in diesen Tagen auch die Klage des letzten Menschen verstummt war, verließen die Ameisenvölker ihre Eiche, flossen den Stamm hinab wie das Wasser eines Wolkenbruchs, verteilten sich in vielen Adern über die Leichenfelder und ergriffen dort von allen Leerräumen Besitz, eroberten gegen die Übermacht der Fliegen die Augenhöhlen, die offenen Münder, die Bäuche, Gehörgänge und die flachen Senken, die an der Stelle der Pestbeulen geblieben waren. (p. 56)

In der obsessiven Fokussierung auf die Leerräume findet der *horror vacui* des Erzählers seinen thematischen Niederschlag. Indem die Ameisen die *vacua* der massenhaften Verendung ausfüllen und aus ihrer Verschmelzung mit den Leichen ein „neues Geschlecht von Aegina" ersteht, wird auch hier das Ende durchgestrichen.

Die Darstellung dieser grotesken Wiederbelebung der Pestleichen erinnert uns daran, dass hinter unserer bisher unemphatischen Rede vom Ende, das in der Metamorphose überschrieben wird, das menschliche Ende steht, der Tod.[16] Dass die Metamorphose als literarische Gattung die Darstellung des Todes vermeidet, hat schon Hermann Fränkel beobachtet und Ovids Wahl dieser Form seinem „sanften Charakter" („mild disposition") zugeschrieben.[17] In letzter Analyse bleibt das Maß jeglichen Schreibens auf das Maß des menschlichen Lebens bezogen. Das Exzessive der Metamorphose liegt darin begründet, dass sie *das* menschliche Maß schlechthin durchstreicht. Der letzte Teil dieses Beitrags soll sich daher in Verbindung mit der Figur der Metamorphose mit dem vielleicht einprägsamsten und wohl häufigsten Bild der ovidischen Exilsammlung befassen: mit dem des Lebens im Tod.[18]

3 Die Tränen der Niobe (*Pont.* 1, 2)

In seinem Kommentar zu den *Tristien* bemerkt Georg Luck zum Erstarren der phrygischen Bacchantin (*stupet*, 42) im oben besprochenen Eingangsgedicht des vierten Buchs Folgendes: „Vielleicht weist Catull 64, 60 *saxea ut effigies bacchantis* auf ein berühmtes hellenistisches Kunstwerk hin, das Ovids Leser kannten."[19] Ob Ovid tatsächlich an eine bekannte Skulptur dachte, mag dahinstehen. Aber zumindest das Implikat von Lucks Vermutung, nämlich dass mit dem Erstarren der Mänade der (metamorphotische) Zustand der Versteinerung

[16] Zur Darstellung des Todes bei Ransmayr vgl. Pfeiferová 2007.

[17] Fränkel 1945, p. 99.

[18] Zur Todesmetaphorik in den Exilgedichten vgl. Doblhofer 1987, pp. 166-178; Nagle 1980, pp. 22-32; Williams 1994, p. 197; Claassen 1999, pp. 239 sq.

[19] Luck 1977, p. 234.

eng verbunden ist, findet (auch ohne den Umweg über Catull oder die Kunstgeschichte) Bestätigung. In *Pont.* 1, 2 bringt Ovid selbst den *stupor* in Zusammenhang mit der Metamorphose der Niobe (29). Wie im *Tristien*-Gedicht ist der *stupor* hier ein herbeigesehnter Zustand, unterbricht er doch, wenigstens zeitweise, den Fluss der Tränen: *fine carent lacrimae, nisi cum stupor obstitit illis* (27). Da die *lacrimae* in der Bildwelt der ovidischen Exilsammlung metonymisch für die *carmina lacrimosa* einstehen (cf. *trist.* 5, 1, 35), wird hier die in *trist.* 4, 1 entwickelte Idee eines Schreibens bis zur Besinnungslosigkeit wieder aufgenommen. Wenn der *finis lacrimarum* als das Ende des Klagegesangs verstanden werden kann, dann findet es innerhalb des veranschaulichenden Vergleichs mit dem Schicksal der Heliaden seine Entsprechung in der *velatio* der *ora clamantia*. (31 sq.)

Schauen wir uns die beiden zur Illustration herangezogenen Metamorphosen genauer an. Obwohl Ovid in beiden Fällen an den tragischen Hintergrund ihrer Verwandlungen erinnert, nennt er erst Niobe, dann die Heliaden „glücklich", nur um das Paradox in zwei erläuternden Relativsätzen gleich wieder aufzulösen: Niobe habe durch ihre Versteinerung ihr Bewusstsein abgelegt (*posuit sensum*, 30), die Klage der Heliaden finde durch ihre ‚Verbaumung' ein Ende (31 sq.). Die Verdopplung des mythologischen Beispiels dient dem Dichter zur analytischen Trennung von Innenleben (*sensus*) und dessen Ausdruck (*clamantia ora*). Wir werden sehen, dass es Ovid bei der Aufrufung dieser beiden mythologischen Episoden um die Spaltung zwischen Innen und Außen geht, wie sie die Metamorphose in Ovids Darstellungen so häufig herbeiführt. Dieses Schisma des Selbst ist in den folgenden beiden Versen zumindest angedeutet, wenn Ovid die selbstdistanzierende Formel *ille ego* verwendet (33 sq.).

Natürlich sind die Mythen der Niobe und der Heliaden denkbar schlecht gewählt, wenn es darum gehen soll, den *finis lacrimarum* zu illustrieren. Beide Mythen finden sich in den *Metamorphosen,* und eine Pointe beider Episoden liegt darin, dass der Tränenfluss der lamentierenden Gestalten nach ihrer Verwandlung gerade *nicht* zu einem Ende kommt (Vgl. *Met.* 6, 310-312 und 2, 364-366). Der ununterbrochene Strom der Tränen garantiert, um es mit den Begriffen Herzogs zu sagen, in beiden Metamorphosen die Fortdauer im menschlichen Ende. Den semiotischen Status der Tränen nach der Verwandlung bestimmen zu wollen, wäre ein müßiges Unterfangen: Sind sie etwa weiterhin Ausdruck eines nun (fast) verschütteten Innenlebens oder sind sie zur leeren Form geworden, die auf nichts mehr als auf sich selbst verweist? Dass die Tränen der Heliaden den Latinerinnen zum Schmuck dienen, mag Letzteres nahelegen – oder aber gerade im Kontrast zum traurigen Ursprung die Tragik einer fundamentalen Inkommensurabilität hervorstreichen. Eine Frage, die wir eher beantworten können, ist, warum Ovid gerade diese beiden unpassenden Beispiele wählt. Der Effekt ihrer Inkongruenz vermag das Reflexionspotenzial der ovidischen Dichtung gut zu veranschaulichen, zielt er doch auf einen theoretischen Punkt ab, der in das Zentrum der *Metamorphosen*-Poetik führt. Der trotz der Erstarrung zu Stein und zu Holz fortgesetzte Tränenfluss erinnert uns daran, dass es neben der Verwandlung, in der das menschliche Bewusstsein mit der äußeren Form zugrunde geht, auch einen Typus der Metamorphose gibt, bei dem das Innenleben trotz der äußeren Veränderung intakt bleibt (die Episoden der Io und des Actaeon sind wohl die beiden eklatantesten Beispiele für diese Art der Verwandlung). In diesen Fällen entfalten die *Metamorphosen* ein Drama der gespaltenen Psyche und gewinnen der Paradoxie einer Fremdheitserfahrung innerhalb des Selbst die eindrücklichsten sprachlichen und philosophischen Pointen ab. In der Actaeon-Erzählung vermittelt nicht zufällig das Bild der Tränen, die als Ausdruck eines Inneren über ein Antlitz strömen, das diesem Inneren nicht mehr entspricht, die prägnanteste Vorstellung des psychosomatischen Schismas: *lacrimaeque per ora / non sua fluxerunt; mens tantum pristina mansit* (*met.* 3, 202 sq.).[20] Ovid sieht seinen Zustand in der tomitanischen Verbannung im Licht dieser ‚schizogenen' Art der Metamorphose, wenn er das Fortbestehen seines Bewusstseins beklagt: *vivimus ut numquam sensu careamus amaro* (37). Daher überrascht es auch nicht, dass sich die elegische Stimme an exponierten Stellen der Exilsammlung mit der Figur des Actaeon vergleicht. Besonders prominent ist der Bezug auf den unglücklichen Jäger im zweiten *Tristien*-Buch, wo der Rückgriff auf den Mythos zur Differenzierung zwischen *crimen* und *error* bei der Verdeutlichung der Schuldlosigkeit im eigenen Fall dient (103-106).[21] Weniger auffällig, für unsere Untersuchung aber einschlägiger ist die Actaeon-Reminiszenz des allerletzten Verses der Exildichtung: *non habet in nobis iam nova plaga locum* (*Pont.* 4, 16, 52, vgl. *iam loca vulneribus desunt*, *met.* 3, 237). Der Dichter führt uns ein letztes Mal seinen wunden Leib vor Augen, weil das Residuum des Lebens, das ihm noch geblieben ist, gerade in der ständigen Anschauung des eigenen Leids besteht: *praebeat ut sensum materiamque mali* (50). Jetzt erfassen wir die ganze actaeonische Dimension der Verbannungsstrafe: Ovid ist dazu verdammt, Betrachter und, mehr noch, Dichter seines eigenen Untergangs zu werden. Der Begriff der *materia* erlaubt uns, wieder an das Thema des Schreibens anzuknüpfen. Das Exzessive liegt nicht nur im Überschuss eines nackten Lebens nach der existentiellen Verlusterfahrung, sondern noch mehr in der obsessiven Selbstbezüglichkeit eines sich selbst ausgesetzten Bewusstseins. So ist es auch der Solipsismus, zu dem die Isolation der Verbannung den Dichter führt (*ipse mihi – quid enim faciam? – scriboque legoque*, 91), der in *trist.* 4, 1 die Frage nach der *utilitas* seines Schreibens auslöst. Die spezifische psychologische Verfassung, die der

[20] Vgl. Schwindt 2016a, pp. 72-77.

[21] Vgl. die Verhandlung der Schuldfrage in der Actaeon-Episode: *at bene si quaeras, Fortunae crimen in illo, / non scelus invenies; quod enim scelus error habebat?* (*met.* 3, 141 sq.). Der Verweis auf die *Metamorphosen*-Erzählung ist auch in *trist.* 4, 1 erkennbar (23 sq.). Bömer 1969 folgert aus dem vielfachen Bezug der Exilwerke auf die vom Dichter betonte Unschuld des mythischen Helden in den *Metamorphosen*, dass Ovid die Verse 141 sq. der Episode nachträglich zur Zeit seines Exils ergänzt habe (pp. 488 sq.). Williams 1994 hält diesen Schluss für unbegründet (p. 175).

künstlerischen Isolation und Produktion ohne Nutzen entspricht, kommt auch zum Ausdruck, wenn der Dichter sein Schreiben in der wohl melancholischsten Metapher der Exilsammlung einem im Dunkeln aufgeführten Tanz gleichsetzt: *in tenebris numerosos ponere gestus / quodque legas nulli scribere carmen, idem est* (*Pont.* 4, 2, 33 sq.). Die Vorstellung kinetischer Autoaffektion, welche die Idee eines Tanzes, den der Tänzer selbst nicht sieht, hervorruft, entspricht der Selbstbezüglichkeit, die das poetische Bewusstsein des Spätwerks prägt. Die Engführung von *gestus* und *versus* leitet sich von der das Imaginarium der Exilgedichte fundierenden Identifikation von Dichterkörper und poetischem *corpus* ab, von der auch der schaurige *closure*-Effekt des letzten ovidischen Verses herrührt. Erst in der totalen Preisgabe des Selbst im finalen Bild seines vollständig verwundeten Körpers kommt Ovids dichterischer Exzess zum eklatanten Abschluss.

***

Bibliographie

Bömer, F.: *P. Ovidius Naso. Metamorphosen*, Buch I-III, Heidelberg 1969.

Claassen, J-M.: *Displaced Persons. The Literature of Exile from Cicero to Boethius*, London 1999.

Doblhofer, E.: *Exil und Emigration. Zum Erlebnis der Heimatferne in der römischen Literatur*, Darmstadt 1987.

Fränkel, H.: *Ovid. A Poet Between Two Worlds*, Berkeley/Los Angeles 1945.

Hardie, Ph.: *Ovid's Poetics of Illusion*, Cambridge 2002.

Herzog, R.: *Vom Aufhören. Darstellungsformen menschlicher Dauer im Ende*, in: K. Stierle/R. Warning (Hgg.), *Das Ende. Figuren einer Denkform*, München 1996, pp. 283-329.

Hinds, S.: *Booking the Return Trip. Ovid and* Tristia *1*, in: *PCPhS* 31 (1985), pp. 13-32.

Honold, A.: *Verwandlung und Versteinerung.* Die Letzte Welt *als Schauplatz einer Naturpoetik nach Ovid*, in: *Die Rampe* 3 (2009), pp. 70-77.

Knoll, H.: *Untergänge und kein Ende. Zur Apokalyptik in Christoph Ransmayrs* Die Letzte Welt *und* Morbus Kitahara, in: *Literatur für Leser* 4 (1997), pp. 214-224.

Labate, M.: *Elegia triste ed elegia lieta. Un caso di riconversione letteraria*, in: *MD* 19 (1987), pp. 91-219.

Luck, G.: *P. Ovidius Naso. Tristia*, Band II, Kommentar Heidelberg 1977.

Möller, M.: *Rhetorik und Philologie. Fußnoten zu einer Theorie der Aufmerksamkeit*, in: J.P. Schwindt (Hg.), *Was ist eine philologische Frage?*, Frankfurt a.M. 2009, pp. 137-159.

——: *Ciceros Rhetorik als Theorie der Aufmerksamkeit*, Heidelberg 2013.

Mosebach, H.: *Endzeitvisionen im Erzählwerk Christoph Ransmayrs*, München 2003.

Nagle, B.R.: *The Poetics of Exile. Program and Polemic in the Tristia and Epistulae Ex Ponto of Ovid* (coll. *Latomus* 170), Brüssel 1980.

Oliensis, E.: *The Power of Image-Makers: Representation and Revenge in Ovid* Metamorphoses *6 and* Tristia *4*, in: *ClAnt* 23.2 (2004), pp. 285-321.

Pethes, N.: *Naturgeschichte der Zerstörung. Evolution als Narrativ für die ‚Stunde Null' bei W.G. Sebald und Christoph Ransmayr*, in: P. Brandes/B. Lindner (Hgg.), *Finis. Paradoxien des Endes*, Würzburg 2009, pp. 169-188.

Pfeiferová, D.: *Christoph Ransmayr*, in: Dies., *Angesichts des Todes. Die Todesbilder in der neueren österreichischen Prosa. Bachmann, Bernhard, Winker, Jelinek, Handke, Ransmayr*, Wien 2007, pp. 199-209.

Schwindt, J.P.: *Thaumatographia oder Zur Kritik der philologischen Vernunft. Vorspiel. Die Jagd des Aktaion (Ovid,* Metamorphosen*, 3, 131-259)*, Heidelberg 2016 [= Schwindt 2016a].

——: *The Magic of Counting: On the Cantatoric Status of Poetry (Catullus 5 and 7; Horace* Odes *1.11)*, in: Ph. Hardie (Hg.), *Augustan Poetry and the Irrational*, Oxford 2016, pp. 117-133 [= Schwindt 2016b].

Stroh, W.: *Die römische Liebeselegie als werbende Dichtung*, Amsterdam 1971.

——: *Tröstende Musen. Zur literarhistorischen Stellung und Bedeutung von Ovids Exilgedichten*, in: *ANRW* 31.4, Berlin/New York 1981, pp. 2638-2684.

Williams, G.D.: *Banished Voices. Readings in Ovid's Exile Poetry*, Cambridge 1994.

Jürgen Paul Schwindt (Heidelberg)

Sterbende Stimmen Ovids *minimal art* oder Wie endet die augusteische Literatur?

Endlich darf ich vom Ende sprechen. Seit ich zuerst Reinhart Herzogs letzten Aufsatz „Vom Aufhören" las,[1] verfolgt mich die Vorstellung, es müsse in letzten Texten diesen eigentümlichen Ausdruck des Todes geben. Manch einer wird sich erinnern: Nach Herzogs nie ganz aufgeklärtem Verschwinden – man fand seinen Leichnam Wochen später in einem Waldstück bei Kirchwalsede im Landkreis Rotenburg an der Wümme – zog man aus der Schreibtischschublade seines Bielefelder Dienstzimmers diese kleine Studie über die (unheimlich genug) „Dauer im Ende" in den Ovidischen *Metamorphosen*. Die Frage, die mich seither nicht mehr loslässt, ist, ob das Faszinosum dieser letzten Texte seine Ursache in dem äußeren Umstand habe, „dass es eben die letzten sind", oder nicht vielmehr in der besonderen Machart der Texte selbst wurzele. Nicht über Ahnungen und Projektionen möchte ich also sprechen, sondern über die Art und Weise, wie sich das Ende in den Texten zeigt.

Nun könnte man sagen: „Einen weiteren Beitrag zur Problematik der Werkschlüsse (*closure*) brauchen wir nicht!". Aber nicht *darum* geht es mir, in einem als Abschluss *gedachten* Text die (Selbst)Thematisierung des Zuendekommens aufzusuchen, sondern darum, Worte zu finden für etwas, das ich den Akt oder das Ereignis der „Erschöpfung" nenne.

Erinnern wir uns an Roland Barthes' zweite (und leider auch schon vorletzte) Vorlesung am *Collège de France*, die er unter den beziehungsreichen Titel „Le Neutre" stellte. Sie ist erst 2002, ein Vierteljahrhundert nach ihrer Aufzeichnung, aus dem Nachlass erschienen.[2] In unsystematischer Folge verhandelt der Autor dort vorzugsweise „toute inflexion qui esquive ou déjoue la structure paradigmatique, oppositionnelle, du sens, et vise par conséquent à la suspension des données conflictuelles du discours" („jede Modulation [...], welche die paradigmatische, oppositionelle Struktur des Sinns meidet oder außer Kraft setzt und demnach darauf abzielt, die konfligierenden Diskurselemente in der Schwebe

[1] R. Herzog, *Vom Aufhören. Darstellungsformen menschlicher Dauer im Ende*, in: *Das Ende. Figuren einer Denkform*, hrsg. v. K. Stierle u. R. Warning, München 1996, S. 283-329 (= Poetik und Hermeneutik XVI).

[2] R. Barthes, *Le Neutre. Cours au Collège de France (1977-1978)*, texte établi, annoté et présenté par T. Clerc, Paris 2002.

zu halten“[3]). Zu jenen „Zustände(n) und Verhaltensweisen, die den Konflikt in der Schwebe halten“ („aux états et aux conduites qui suspendent le conflit“[4]), rechnet Barthes die „Erschöpfung“ („la fatigue“). Er beschreibt sie als eine von der Gesellschaft nicht anerkannte „Intensität“.[5] Schon Maurice Blanchot forderte das Recht auf Müdigkeit: „Je ne demande pas qu'on supprime la fatigue. Je demande à être reconduit dans une région où il soit possible d'être fatigué“[6]. Barthes deutet die Erschöpfung als „erschöpfende Forderung des einzelnen Körpers, der das Recht auf soziale Ruhe beansprucht (dass die Sozialität in mir für einen Augenblick zur Ruhe kommt = topisches Thema des Neutrums)“[7].

Wir müssten uns nicht lange bei diesen Erinnerungen an einen verstörenden Moment der Theoriebildung der späten siebziger Jahre aufhalten, wenn Barthes nicht wenigstens andeutete, dass das Neutrum der Müdigkeit zugleich den Raum bildet, in dem die „Schöpfung“ möglich wird.[8] Das ist mehr als nur ein Wortspiel des klugen deutschen Übersetzers Horst Brühmann. Barthes' Sondierungen in der neutralen Zone haben mich schon bei meinen ersten Gehversuchen auf dem Feld der Untersuchung der römischen Elegie daran denken lassen, dass es eine lohnende Aufgabe sein könnte, im Phänomenbereich der Erschöpfung den seltsam fruchtbaren Boden zu erkennen, auf dem sich die Antriebskräfte zur Entwicklung und Degeneration auch mancher literarischer Gattungen formieren.

Wenn ich es richtig sehe, ist eine befriedigende Erklärung für die kurzfristige Blüte der römischen (Liebes)Elegie noch nicht gefunden. Man meint, in ihr den Reflex auf die bekannten Entwicklungen in Politik und Gesellschaft erkennen zu können: das Bedürfnis nach radikaler Umkehr und Redefinition tradierter Einstellungen und Werte. Man liest sie als herausragendes Dokument einer Jugendkultur und erblickt in den lustvoll markierten Grenzüberschreitungen die *rites de passage* einer Generation, die, dem Horizont der Bürgerkriegsepoche kaum entwachsen, in der „neuen“ Zeit noch nicht angekommen ist. Das ist alles vielleicht nicht falsch, greift aber doch viel zu kurz.[9] Problematisch sind besonders diejenigen Lesarten, die unterstellen, die römische (Liebes)Elegie folge einer

3 Ebd., S. 261 (die dt. Übersetzung v. H. Brühmann: *Roland Barthes, Das Neutrum. Vorlesung am Collège de France*, hrsg. v. E. Marty, Texterstellung, Anmerkungen und Vorwort von T. Clerc, Frankfurt a.M. 2005, S. 341).

4 Ebd., S. 342 (dt.) bzw. S. 261 (frz.).

5 „En fait fatigue = une intensité : la société ne les reconnaît pas“ (ebd., S. 44).

6 M. Blanchot, *L'Entretien infini*, Paris 1969, S. 21.

7 Brühmann 2005, S. 50 („revendication épuisante du corps individuel qui demande le droit au repos social [que la socialité en moi se repose un moment = thème topique du Neutre]“, Barthes 2002, S. 44).

8 S. den Abschnitt „La fatigue comme création“, ebd., S. 48f.

9 Vgl. meine Kritik an der herkömmlichen kulturgeschichtlichen Kontextualisierung in Verf., *Der Karneval des Properz. Zur Objektepistemologie der augusteischen Dichtung*, in: Markus Hilgert, Kerstin P. Hofmann, Henrike Simon (Hrsg.), *Objektepistemologien*, Berlin 2018, S. 313-325.

(inneren?) Entwicklungslinie von frühem Aufbruch in den melancholischen Etüden des Gallus und Tibull über die hitzige Aufgipfelung des *furor* bei Properz zur gelassen-ironischen Distanzierung und Verabschiedung einer als verbraucht erkannten Form durch Ovid. Literaturgeschichtliche Epochen sind keine Erzählungen, und schon gar nicht taugen sie für Biographien. Gewiss, das Bedürfnis der lesenden Nachwelt ist stark, die Unebenheiten der Überlieferung zu glätten. Nur darf dies nicht nach Maßgabe einer Entwicklung geschehen, die in einem menschlichen Leben sinnvoll sein mag, nicht aber in dem, was es überschreitet, sprengt und in eine Perspektive rückt, die eben nicht mehr die des *secundum hominem* (*kat' anthropinon*) ist: in der Literatur.

Die Erschöpfung ist also möglicherweise etwas, das schon ganz am ‚Anfang' der Elegie seinen Ort hat. So lese ich Properzens Elegie 1, 3 als programmatischen Auftakt eines Gedichtzyklus, der sich aus der totalen Erschöpfung allmählich zu immer neuen Sprecheinsätzen erhebt, die freilich die große Müdigkeit nie ganz loswerden können. Schlaf, Traum und Tod sind die Ingredienzien, aus denen die elegische Welt des Properz sich speist.

Das elegische Spätwerk des Ovid liefert keine den Gedichten des großen Vorgängers auch nur annähernd vergleichbare, tiefe Philosophie des Todes. Das ist nicht sein Ehrgeiz. Es hat sich einer anderen Sache verschrieben: Es arbeitet an seiner Auflösung im Textkörper. Wir müssen uns die Sache ungefähr so vorstellen. Da schreibt einer – so sollen wir glauben – um sein Leben. Schriebe er nicht, wäre er schon so gut wie tot. Solange er schreibt, kann er hoffen, in das Zentrum zurückzukehren, aus dem er verstoßen wurde. Schon dies, das Schreibenmüssen, ist eine Zumutung. Es gibt keine Poetik oder Theorie der Literatur, die den Schreibzwang entschuldigte.[10] In den *Tristien* und *Epistulae ex Ponto* aber schreibt es immerzu.[11] Und dies, nüchtern betrachtet, bei abnehmender Ereignisdichte. Wo aber nichts passiert, braucht es auch keine Information. Der Fokus könnte sich jetzt, modern gesprochen, nach innen richten. Jetzt wäre die Stunde für *confessio* und Konversion. Um darüber urteilen zu können, ob und wie der Text sich zu solchen Akten verstehe, sollten wir das Drama der späten Dichtung auf drei Ebenen untersuchen, immer, versteht sich (mit Blick auf den knapp bemessenen Raum), in kürzester Skizze: 1) auf der Ebene der Wiederholung; 2) auf der Ebene der Intensität; 3) auf der Ebene der Konstitution des elegischen Ichs.

[10] Aber es gibt viele, die die überschießende *verbositas* geißeln. Und so sucht auch das elegische Ich gelegentlich noch die Etikette zu wahren: *haec quoque, quae legitis, siquid mihi, Maxime, credis, / scribimus invita vixque coacta manu* (*ep.* 1, 5, 9f.); *vix venit ad partes, vix sumptae Musa tabellae / imponit pigras paene coacta manus* (*ep.* 4, 2, 27f.).

[11] S. den selbstironischen Kommentar des elegischen Ichs: *ergo ego, ne scribam, digitos incidere cunctor?* (*ep.* 4, 14, 19).

1) Die Wiederholung des thematisch immer Gleichen ist ein häufiges Thema in den späten Briefen. Der Anfang von *ep.* 3, 7 gibt ein unbeschönigtes Bild vom Sachverhalt:

Verba mihi desunt eadem tam saepe roganti,
iamque pudet vanas fine carere preces.
taedia consimili fieri de carmine vobis,
quidque petam cunctos edidicisse reor.
nostraque quid portet iam nostis epistula, quamvis
cera sit a vinclis non labefacta meis.[12]

Zunächst ist festzuhalten, dass der Sprecher, auch wenn er eingangs das Gegenteil behauptet (*verba mihi desunt*), um Worte natürlich nicht verlegen ist. Sie fließen ihm auch in der scheinbaren Palinodie mühelos zu. Schwieriger ist, dass die Wende, die im folgenden Vers, v. 7, verkündet wird (*ergo mutetur scripti sententia nostri*), dem beklagten Umstand nicht wirklich beikommen kann. Die erschöpfenden Topoi werden nun einfach umgekehrt: „Dass ich Hoffnungen setzte auf euch, verzeiht es mir, Freunde! / Künftig will ich nicht mehr solch einen Fehler begehn, / will auch der Gattin nicht länger zur Last sein, die sich wohl redlich / zeigt gegen mich, aber doch ängstlich und wenig bemüht“[13]. Unter anderen, negativen Vorzeichen derselbe Duktus. Wenn man nicht genau hinhört, klingt es wie das Rauschen eines Katalogs, den man so schon oft gehört hat. Welche Rolle spielt es für die Wahrnehmung einer Form, wenn in ihr – nur unter veränderten Vorzeichen – die gleichen Inhalte repetiert werden? Ich würde doch meinen, keine! Der Wiederholung durch Verkehrung von Inhalten entkommen zu wollen, möchte eine abwegige Vorstellung sein, eine Vorstellung jedenfalls, die sicher nicht der Idee des Textes konveniert. Denn in ihm ist die Wiederholung des immer Gleichen unter welchen Vorzeichen auch immer das Strukturprinzip und das *movens*, das ihn allein möglich macht. Wir kennen es von den Heiligen-Anrufungen der Katholischen Kirche: Dort kommt es nicht auf den überraschenden Übergang oder Wechsel an, sondern auf die Schaffung eines ‚basso continuo‘, der die Intensität der Zwiesprache mit dem Gott oder dem Vermittler und Fürsprecher schafft und sicherstellt. Es geht darum, eine Tonlage zu finden, die das *perpetuum mobile* des elegischen Sprechens möglich macht. Darum darf es keine allzu heftigen Ausfälle in welche Richtung auch immer geben. Ein Augustus, der drauf und dran wäre, mich aus der schwarzmeerischen Depression zu erlösen, möchte eine tolle Sache sein, würde aber das Ende meines fein equilibrierten Gesanges bedeuten.

[12] Ich zitiere nach der Ausgabe von S.G. Owen, *P. Ovidi Nasonis Tristium libri quinque Ibis Ex Ponto libri quattuor Halieutica Fragmenta*, Oxford 1915.

[13] Die Übersetzung von W. Willige, *Publius Ovidius Naso, Briefe aus der Verbannung. Lateinisch und Deutsch*, eingeleitet und erläutert v. G. Luck, Zürich/Stuttgart 1963 (lat.: *quod bene de vobis speravi, ignoscite, amici: / talia peccandi iam mihi finis erit. // nec gravis uxori dicar: quae scilicet in me / quam proba tam timida est experiensque parum*).

Man hat oft behauptet, der vom elegischen Sprecher selbst mitgeteilte Umstand, dass er im Exil ohne Bibliothek auskommen müsse (*cf. trist.* 3, 14, 37f. u. 5, 12, 53), habe ihn in den *circulus vitiosus* eines seinen schöpferischen Quellen immer mehr entfremdeten Schreibens getrieben. Was für ein Unsinn! Die zunehmende Ausdörrung und Verödung der sogenannten Quellen der Inspiration bringt den Schreibenden zum Wesentlichen seiner Aufgabe, wenn er in der forcierten Reduktion den Mechanismus einer neuen Lust erkennt. Deshalb wohl müht er sich auch nicht allzu sehr, die Endlosschleife der Wiederholung auszusetzen, sondern verbleibt noch in der Abkehr von ihr im Modus der Repetition.[14] In der letzten Elegie des letzten sicher von Ovid herausgegebenen Gedichtbuches, in *ep.* 3, 9, tritt er denn auch nicht mehr sogleich dem gegen seine Dichtungen erhobenen Vorwurf entgegen, sie enthielten immer das Gleiche, sondern verschärft selbst die Anklage, indem er auf die schwindende Qualität der Gedichte zu sprechen kommt. Lustvoll gibt er die Kriterien und die Maßstäbe preis, um deren Einhaltung es ihm nach allem, was wir sehen können, in den früheren Werken immer zu tun war.[15] Die Preisgabe aber gewinnt bei ihm die Form des Bekenntnisses. Er *gesteht* den Schreibzwang: *nec tamen,* ***ut verum fatear tibi****, nostra teneri / a componendo carmine Musa potest. / scribimus et scriptos absumimus igne libellos* (*trist.* 5, 12, 59ff.). In keinem anderen Werk des Ovid begegnen die Begriffe und Szenarien des Geständnisses in solcher Dichte wie in den späten Briefen. Allein in den *Tristien* finden sich 18 Belege, darunter 13 mit Bezug auf das geständige elegische Ich und – interessanter noch – 14 mit Bezug auf die Praxis des Schreibens und Sprechens. Wir dürfen zur Kenntnis nehmen, dass die eingangs unterstellte Inhaltsleere der späten Briefe durchaus dazu genutzt ist, den Blick nach ‚innen' zu richten. Wir sehen das elegische Ich, wie es sich in den Formularen seiner Selbstrechtfertigung verstrickt, in Begründungen darüber, warum es trotzdem schreibt. So kann es nicht wundernehmen, dass zuletzt auch die Form des Geständnisses, das den ‚Dichter' doch hatte entschuldigen sollen, entwertet wird – oder vielmehr eingeht in eine neue Form: die des sich immer weiter ritualisierenden Ansprechens gegen die *prima causa* des beklagten Verhängnisses. Warum denn betet der Beter seinen Rosenkranz? Weil es die Lust des gefallenen Menschen ist, seiner Unterwerfung die schwindelerregende Form eines letzten bekenntnisstolzen Tanzes zu geben. Solange der Beter betet, hat das Böse keine Macht über ihn. Die Hölle muss warten.

[14] Eine ähnliche Lusterfahrung erwächst dem elegischen Ich aus der wiederholten Lektüre eines Redetextes, den ihm Cotta Maximus sandte: *quae quamquam lingua mihi sunt properante per horas / lecta satis multas, pauca fuisse queror. // plura sed haec feci* ***relegendo saepe****, nec umquam / non mihi, quam primo,* ***grata fuere magis****. // cumque nihil* ***totiens lecta*** *e dulcedine perdant, /* ***viribus illa suis, non novitate, placent*** (*ep.* 3, 5, 9-14).

[15] Noch in den ersten *Tristien*-Büchern grämt er sich ob der unvollendet gebliebenen Hauptwerke, der *Metamorphosen* und *Fasten* (z.B. *trist.* 3, 14, 19ff.).

2) Zu den intensivsten Bildern der *Metamorphosen* zählen jene autoreferentiellen Erzählungen, in denen der Umschlag vom Singen oder Künden (*dicere*, *canere*) zum bloßen Klingen und Tönen (*murmurare*) das Thema ist. Haupt und Leier des Orpheus tönen noch im Hebrus-Strom treibend:

membra iacent diversa locis; caput, Hebre, lyramque
excipis, et (mirum!) medio dum labitur amne,
flebile nescioquid queritur lyra, flebile lingua
murmurat exanimis, respondent flebile ripae.[16]

Die Erzählung von der Zerreißung des Sängers und dem merkwürdigen Überleben der Stimme gibt die poetologische Signatur des *Tristien*- und späten Exil-Werkes. Das dreifache *flebile – flebile – flebile* ist die Intonation und Abbildung jener Wiederholung, die bei völliger Indefinition des Inhaltes das Strukturgesetz der Dichtung des exilierten Poeten wird. »*Flebile nescioquid queritur lyra*« gibt dieser Dichtung einen Titel, einen Namen. Es ist der Name des „Je ne sais quoi", das die Kunstdichtung der späten Republik und der frühen Kaiserzeit von Anfang an begleitet (Catull, Vergils Bukolik). Es geht jetzt nicht mehr um Themen und Inhalte, sondern darum, dass einer trotzdem singt, gegen alle Wahrscheinlichkeit und ungeachtet dessen, dass dort, wo früher „Sinn" war, jetzt nur mehr der Ton der Klage herrscht. So konnte Canens, die Gattin des Picus, zur Ahnherrin der römischen Musen werden. Dem Stiftungsakt voraus geht die völlige Auszehrung, der Exzess der Klage und der Exzess oder ‚Auszug' des Liedes aus den sterblichen Resten des Körpers:

ultimus aspexit Thybris luctuque viaque
fessam et iam longa ponentem corpora ripa.
illic cum lacrimis ipsos modulata dolores
verba sono tenui maerens fundebat, ut olim
carmina iam moriens canit exequialia cycnus;
luctibus extremis tenues liquefacta medullas
tabuit inque leves paulatim evanuit auras.[17]

Eine gleiche Auszehrung hatte auch Echo an ihrem Leibe erfahren:

spreta latet silvis pudibundaque frondibus ora
protegit et solis ex illo vivit in antris.
sed tamen haeret amor crescitque dolore repulsae;
extenuant vigiles corpus miserabile curae
adducitque cutem macies et in aera sucus
corporis omnis abit. vox tantum atque ossa supersunt:

[16] *Met.* 11, 50-53. Ich zitiere nach der Ausgabe von R.J. Tarrant, *P. Ovidi Nasonis Metamorphoses*, Oxford 2004.
[17] *Met.* 14, 426-432.

vox manet; ossa ferunt lapidis traxisse figuram.
inde latet silvis nulloque in monte videtur,
omnibus auditur: sonus est qui vivit in illa.[18]

Wir sahen es ja schon: Die Erschöpfung ist das, was macht, dass am Ende noch etwas ist ... Oder, sie gibt aus sich die Schöpfung frei: den elegischen Ton, die Klage, den reinen Klang. Der ‚Inhalt' ist jetzt ein Existential; oder wie nennen wir es, wenn es heißt: *sonus est qui vivit in illa*? Leben ist nur noch dort, wo Klang ist. Das elegische Ich der *Tristien* vergleicht sich in 5, 1, 11-14 mit dem Kaystrischen Schwan, der *ore ... deficiente* seinen eigenen Tod (*suam ... necem*) beklagt, und schließt in paradoxer Zuspitzung: *efficio tantum ne mihi funus eat*.

3) Vor dem Hintergrund der bis hierher skizzierten Reduktionsverfahren ist es nur konsequent, wenn das elegische Ich der Exildichtung auch den letzten Schritt geht und sich der materialen Statur seiner Dichtung immer mehr ähnlich zu machen versucht: Das beginnt gleich im ersten Gedicht der *Tristien*, hier zunächst mit der umgekehrten Bewegung. Der *liber* des Dichters soll an dessen Stelle nach Rom gehen und in allem seinem Herrn ähnlich sein. Was am Schluss des ersten Horazischen Epistelbuches ein hübscher Einfall war, wird hier zur existentialpoetischen Übung. Der Dichter zieht sich aus und tritt in den Kreis der Verwandlungen ein:

his mando dicas, inter mutata referri
fortunae vultum corpora posse meae.[19]

Die Literatur, auf deren Trennung vom Leben er doch schon um seiner Ehrenrettung willen immer so viel Wert gelegt hatte, darf nun geradezu an seine Stelle treten. Der in Rom zurückgebliebene Freund soll nicht auf das Bildnis des Ovid am Ringe starren, sondern lieber dessen Dichtungen als besseres Bild seines Lebens nehmen:

grata tua est pietas: sed carmina maior imago
sunt mea, quae mando qualiacumque legas.[20]

Lesen soll er zumal die *Metamorphosen*, wenngleich der Künstler sie, verzweifelt ob ihres unabgeschlossenen Zustandes, verbrennen wollte wie einst Althaea den Holzscheit. Bilder und Erzählungen der *Metamorphosen* dienen jetzt zur Veranschaulichung der *condicio* des Dichters. Und wie in Althaeas Holzscheit das

[18] *Met.* 3, 393-401. In v. 396 (***ex**tenuant*) folge ich der Konjektur eines leider nicht mehr namhaft zu machenden Humanisten (oder Schreibers); die Vulgata hat *et tenuant*. Die vv. 400f. – wohl zu Unrecht – athetiert von Heinsius (dem Tarrant auch hier folgt).

[19] *Trist.* 1, 1, 119f.

[20] *Trist.* 1, 7, 11f.

Leben des Sohnes verbrennt, empfindet Ovid, wie im Feuer sein eigen Fleisch und Blut untergeht. Alles Indizien für eine neue Sicht auf das Verhältnis von Kunst und Leben.

Worauf ich aufmerksam machen möchte, ist, dass im Spätwerk des Ovid eine frühere Entscheidung neu verhandelt wird. Die Einsicht in die Notwendigkeit der Trennung von Kunst und Leben ist etwas, das sich die spätrepublikanische Literatur gegen heftige Widerstände des zeitgenössischen Kulturbetriebes hart erarbeitet hat.[21] Für Ovid wird die *lex Catulli* im zweiten Buch der *Tristien* geradezu zum Kernsatz seines dichterischen Selbstverständnisses. Hängt nicht alles daran, dass Augustus erkennen muss, dass der Autor für die Tollheit seiner Werke nicht haftbar gemacht werden kann? Wenn man verstanden hat, mit welcher Emphase der Verfasser des zweiten *Tristien*-Buches die Trennung von Kunst und Leben betreibt, darf man erstaunt sein über die Vehemenz, mit der Ovid in anderen Büchern sein Heil in der vollkommenen Auflösung im Buche sucht.[22]

Im Einzelnen verläuft die Annäherung des elegischen Ichs an sein Buch kompliziert. Das letzte Gedicht des ersten *Tristien*-Buches berichtet davon, wie das Buch den trotzigen Naturgewalten, der Hohen See und dem Sturm, abgerungen und am Ende zum Flucht- und Ruhepunkt im Aufruhr der Elemente wird:

> *vincat hiems hominem; sed eodem tempore, quaeso,*
> *ipse modum statuam carminis, illa sui.*[23]

Die Symbiose von Buch und Dichter ist den Elementen abgetrotzt. Noch ist es das Ich des Dichters, das das Maß der Dichtung bestimmt. Die Dichtung reicht immer so weit, wie der Atem des Dichters sie trägt. Am Ende steht der Hauch, den das elegische Ich *supremo ore* verströmt:

> *scribere plura libet: sed vox mihi fessa loquendo*
> *dictandi vires siccaque lingua negat.*
> *accipe supremo dictum mihi forsitan ore,*
> *quod tibi qui mittit, non habet ipse, ‚vale'.*[24]

[21] S. Verf., *»Autonomes« Dichten in Rom? Die* lex Catulli *und die Sprache der literarischen Phantasie*, in: Verf. (Hrsg.), *Klassische Philologie* inter disciplinas. *Aktuelle Konzepte zu Gegenstand und Methode eines Grundlagenfaches*, Heidelberg 2002, S. 73-92, u. M. Möller, Talis oratio – qualis vita. *Zu Theorie und Praxis mimetischer Verfahren in der griechisch-römischen Literaturkritik*, Heidelberg 2004.

[22] Dass Buch und Dichter zuweilen trotzdem getrennt erscheinen (z.B. *trist.* 5, 4, 4: *heu quanto melior sors tua* [i.e. *epistulae*] *sorte mea est*; cf. *ep.* 4, 9, 1-8), spricht nicht gegen diese Annahme. Das elegische Ich gefällt sich in der souveränen Moderation seines gedoppelten Lebens. Die Erfahrung der Einheit wird in der erinnerten Trennung nur desto intensiver genossen.

[23] *Trist.* 1, 11, 43f.

[24] *Trist.* 3, 3, 85-88.

Das ist die Konsequenz der Engführung von Dichter und Dichtung, dass sie in der Vereinigung in der dramatischen Form, im performativen Vollzug des Gedankens ununterscheidbar werden. Jeder Brief gibt erneut das Schauspiel des sich im Prozess der Dichtung ganz ausgebenden Dichters. Dass das ‚Kapital' nach dem schönen Gesetz des Pythagoras dabei nicht verloren geht, ist die existentialpoetische Pointe der aus *met.* 15 bezogenen, jetzt aber in den monologischen Skizzen performativ zur Anschauung gebrachten Strategie: Überleben durch konsequente Reduktion und Umwandlung aller vitalen Impulse in die prekäre Währung der Unsterblichkeit: *ingenio tamen ipse meo comitorque fruorque*[25].

Im Spätwerk des Ovid sehen wir den Schöpfer des „Labors der Moderne" noch einmal im Selbstversuch: Für meine Deutung ist es dabei völlig unerheblich, ob der Dichter wirklich das Opfer einer Relegation geworden oder aus freien Stücken in die Imagination eines Exils geflohen ist. Man kann es auch so zuspitzen: Wäre Ovid nicht verbannt worden, so hätte er die Verbannung erfinden müssen, um selbst an sich diese letzte Probe seiner Kunst zu vollziehen und eine Antwort auf die Frage zu finden, wie man der einen großen Erschöpfung entkommen könnte. Die Trennung von Kunst und Leben war, gewiss eine große Innovation. Ovid behandelt sie – nach Catull – schon als literarhistorischen Topos. Die reizvollere Frage aber war, so sehe ich es heute, wie es sich in einem Kunstleibe, in dem Leben und Dichtung aufs Engste zusammengespannt sind, aushalten ließe: „Ich bin mein Buch".[26] Diese letzte Ovidische Metamorphose ist vielleicht die einzige, deren Erfahrung uns wirklich möglich ist. Und vielleicht weichen wir ihr deshalb so gerne aus – und nennen „Metonymie", was in der Existentialgrammatik des Ovid (vom ***ore legar** populi per**que** omnia saecula **fama** ... **vivam*** [*met.* 15, 878f.] bis zu *trist.* 3, 7, 50-52 u. 4, 10, 127f.) ein Akt der Rettung (von was? s.u.) und Freiheit ist.

Kehren wir kurz zum Anfang zurück! Ovids Schreiben verstanden wir als ein Anschreiben gegen das Verstummen, gegen den Tod. Da schreibe einer, so sagten wir, „um sein Leben. Schriebe er nicht, wäre er schon so gut wie tot". Das ist die *eine* Seite des Dramas. Sie rechnet mit zwei klar geschiedenen Fronten: hier das Schreiben, dort der Tod. Vielleicht ging das schreibende Ich ja wirklich einmal von solchen Voraussetzungen aus. Aber es spricht vieles dafür, dass es irgendwann erkannte, dass dieses Schreiben „ums Leben" ein Schreiben zum Tode

[25] *Trist.* 3, 7, 47.

[26] Hierher gehört auch etwa das Aperçu *sumque argumenti conditor ipse mei* und überhaupt der Eingang des 5. *Tristien*-Buches: *Hunc quoque de Getico, **nostri** studiose, **libellum** / litore praemissis quattuor adde meis. // **hic quoque talis erit, qualis fortuna poetae**: / invenies toto carmine dulce nihil. // **flebilis ut noster status est, ita flebile carmen, / materiae scripto conveniente suae.** // integer et laetus laeta et iuvenalia lusi: / illa tamen nunc me composuisse piget. // ut cecidi, subito perago praeconia casus, / sumque argumenti conditor ipse mei* (v. 1-10).

war und dass man diesen Tod annehmen (*confiteor*) und also sterben müsse (*conversio*), um überdauern zu können. Für die Form dieser Dauer im Tode gibt es keinen befriedigenden Ausdruck. Ich stelle sie mir als große Erschöpfung vor. Wie sagt Roland Barthes am Ende seiner Vorlesung über die Erschöpfung? „Die Erschöpfung ist also schöpferisch, vielleicht von dem Moment an, in dem man bereit ist, ihr nachzugeben“[27]. Das ist das Ovidische *confiteor*. Barthes fährt fort: „Das Recht auf Müdigkeit … gehört also zum *Neuen*: Neue Dinge entstehen aus dem Überdruß – aus dem ‚Genug!‘“[28]. Das ist die Ovidische *conversio*. So geht die schöpferischste Phase der lateinischen Literatur, die mit einem Ende begonnen hatte, nämlich der Frage, wem der Dichter das fertige Büchlein widmen solle (Catull, *c.* 1), mit einem Anfang zuende: der Entstehung dieses herrlichen Zwitters aus Mensch und Buch. [Es ist kurios, dass sich zwei ganz verschiedene Traditionen auf ihn berufen können: die Buchliteratur und die Literatur des humanen Betreffs.]

Barthes schließt: „DIE ERSCHÖPFUNG (ab)“ – „*Exit* la fatigue“[29]. Wir sagen: „Vorhang auf für die Schöpfung des Buches im Menschen des Buches im Menschen des Buches im Menschen —— des Menschen im Buche des Menschen im Buche des Menschen im Buche —— des Buches im Menschen des Buches im Menschen des Buches im Menschen —— des Menschen im Buche des Menschen im Buche des Menschen im Buche ——“ …

***

[27] Brühmann 2005, S. 55 („La fatigue est donc créatrice, à partir du moment, peut-être, où l’on accepte d’en prendre les ordres“, Barthes 2002, S. 48).

[28] Ebd. („Le droit à la fatigue […] fait donc partie du nouveau: les choses nouvelles naissent de la lassitude – du ras-le-bol“, ebd., S. 49).

[29] Ebd., S. 55 bzw. 49.

Bibliographie

Barthes, R.: *Le Neutre. Cours au Collège de France (1977-1978)*, texte établi, annoté et présenté par T. Clerc, Paris 2002.

Blanchot, M. : *L'Entretien infini*, Paris 1969.

Brühmann, H.: *Roland Barthes, Das Neutrum. Vorlesung am Collège de France*, hrsg. v. E. Marty, Texterstellung, Anmerkungen und Vorwort von T. Clerc, Frankfurt a.M. 2005.

Herzog, R.: *Vom Aufhören. Darstellungsformen menschlicher Dauer im Ende*, in: K. Stierle/R. Warning, *Das Ende. Figuren einer Denkform*, München 1996, S. 283-329 (= Poetik und Hermeneutik XVI).

Möller, M.: Talis oratio – qualis vita. *Zu Theorie und Praxis mimetischer Verfahren in der griechisch-römischen Literaturkritik*, Heidelberg 2004.

Owen, S.G.: *P. Ovidi Nasonis Tristium libri quinque Ibis Ex Ponto libri quattuor Halieutica Fragmenta*, Oxford 1915.

Schwindt, J.P.: *»Autonomes« Dichten in Rom? Die* lex Catulli *und die Sprache der literarischen Phantasie*, in: Ders. (Hrsg.), *Klassische Philologie* inter disciplinas. *Aktuelle Konzepte zu Gegenstand und Methode eines Grundlagenfaches*, Heidelberg 2002, S. 73-92.

——: *Der Karneval des Properz. Zur Objektepistemologie der augusteischen Dichtung*, in: M. Hilgert/K.P. Hofmann/H. Simon (Hrsg.), *Objektepistemologien*, Berlin 2018, S. 313-325.

Tarrant, R.J.: *P. Ovidi Nasonis Metamorphoses*, Oxford 2004.

Willige, W.: *Publius Ovidius Naso, Briefe aus der Verbannung. Lateinisch und Deutsch*, eingeleitet und erläutert v. G. Luck, Zürich/Stuttgart 1963.

Index nominum

Index locorum